第二卷

海南历史文化
HAINAN
HISTORY&CULTURE

社会科学文献出版社
SOCIAL SCIENCES ACADEMIC PRESS (CHINA)

主　　编　闫广林

副　主　编　刘复生　张朔人

编辑部成员　闫广林　刘复生　张朔人
　　　　　　常如瑜　张　睿

文 字 校 对　沈　琦

主办：海南省历史文化研究基地
　　　海南大学海南历史文化研究基地

目　录

明太祖对待南海周边诸国政策初探

南炳文

明太祖时期对待南海沿岸诸国的政策，过去已有一定的研究（如邱炫煜有《明帝国与南海诸蕃国关系的演变》，曹永和有《试论明太祖的海洋交通政策》一文，载《中国海洋发展史论文集》），但尚有进一步研究的空间。这一方面有搞清历史问题的学术价值，也对今人和后人有一定的启示，具有实践意义。

一　地理界定

过去对于明代与南海周边国家关系的研究，多笼统地以东南亚甚至再加上印度洋沿岸诸国为其地理范围。但时至今日，由于信息的畅通，大家的地理知识更加丰富，"南海"一词所包括地域已经具有明确的范围。因此，本人这次发言，为了防止误会的发生，即比较严格地以今天地图上标记的"南海"范围作为研究的范围。诸如今天"爪哇海"沿岸不属"南海"沿海的地区，即不予考虑。

二　明太祖重视与南海周边诸国发展关系

明太祖十分重视发展与南海周边诸国的关系。1368 年即洪武元年，明太祖正式即位建立明朝，当年即派使颁诏安南，第二年年初至三年又颁诏南海周边占城、暹罗、三佛齐、浡泥、真腊等国。这种积极主动与南海周边诸国联系的举动，收到了明显的效果。洪武二年至四年，占城、安南、浡泥、三佛齐、暹罗、真腊先后派使臣来到明朝。十年，淡巴又派使臣来到明朝。十一年，彭亨使臣又至。以上来到明朝的使臣，包括了今南海周边的越南、柬埔寨、泰国、马来西亚、印度尼西亚以及文莱等 6 个国家。

洪武二十四年以后，南海沿边诸国使者前来者数量有所减少，明太祖认为是由于"三佛齐乃生间谍"① 所致。鉴于这种情况，洪武三十年八月丙午，明太祖特地下令礼部移文暹罗，令其遣人向统属三佛齐之爪哇转达明朝的意见，即希望爪哇发挥作用，说服三佛齐，不可继续阻挠明朝与南海各国发展关系。可惜的是，此后不到一年，明太祖即撒手人寰，接着是数年之久的"靖难之役"，妨碍了明太祖愿望的实现。但其由始至终重视发展与南海周边诸国的关系，是显而易见的。

发展与包括南海周边诸国在内的各个近邻和远邻国家的关系，是中国历代王朝的一贯政策，明太祖重视发展与南海周边各国的关系，当是这一传统政策的继续。而如果将眼光放在明太祖当时所面临的具体国内外环境进行考察，则会发现其实行这一政策，实与当时其在境内尚需用不少的时间进一步完成统一（当时实际情况是洪武二年统一陕西，四年统一四川，十五年统一云南，至二十年方初步统一东北地区）、在境外则始终面临着北边元朝残余势力的威胁有关。发展了与南海周边诸国的关系，即解除了后方的忧虑，可以专心完成境内的统一事业，特别是可以专心对付咄咄逼人的北方元朝残余势力的威胁。另外，明太祖积极发展与南海周边诸国的关系，为永乐时期中国与南海周边诸国关系的进一步发展奠定了基础，其历史影响不应忽视。

三　建立松散的互利的宗主国与藩属国关系

明太祖对待南海周边诸国政策的基本内容是在明朝与诸国之间，建立宗主与藩属的关系，这种关系以明朝为宗主国，以诸国为藩属国，但关系相当松散，经济上宗主国实行厚往薄来的方针，为宗主国和藩属国尤其为

---

① 《明太祖实录》卷 254，第 6 页。

藩属国带来安宁为建立这种关系的重要目的。

（一）以小事大的松散臣属关系

明太祖颁诏南海周边诸国，所谋求与之建立的关系，是以小事大的"君臣"① 关系。宋濂《浡泥入贡记》中记载洪武初沈秩出使浡泥交涉的情形说："（浡泥）国王马合谟沙，僻处海中，倨傲无人臣礼，秩令译人通言曰：'皇帝抚有四海，日月所照，霜露所坠，无不奉表称臣。渤泥以弹丸之地，乃欲抗天威耶？'王大悟，举手加额曰：'皇帝为天下主，即吾之君父，安敢云抗！'"② 这是反映当时明与南海周边诸国所建关系在政治上不平等的典型记录。

为了体现这种在政治上不平等的"君臣"关系，当时规定凡与明朝建立这一关系的南海周边国家，其国王必须得到明朝皇帝的认可与册封。新老国王更替之时，要先报告老国王之死讯，而后报告新国王的情况，经明朝审核、册封，才算合法。如洪武二年，明太祖派张以宁往封陈日煃为安南国王，及张以宁至安南，陈日煃先卒，"姪日熞嗣位，遣其臣阮汝亮来迎，请诰印，以宁等不予"。日熞只好另遣使请命于明朝。等到办完在明朝报告老国王死去等手续，明朝才派新使赴安南，正式封陈日熞为国王。③

明朝和与之建立了关系的南海周边诸国虽有君臣名分，而南海周边诸国的内部政务等，明朝并不多加干涉，是一种高度自治的状况，史料中保存着洪武二年八月丙子明朝封高丽国王的诏书，其中称："尔高丽天造东夷，地设险远，朕意不生衅隙，使各安生，何数请隶？而辞意益坚，群臣皆言当纳所请，是以一视同仁，不分化外，允其虔恳，命承前爵。仪从本俗，法守旧章。"④ 这表明，明太祖对归顺称臣的高丽，并不要求其在礼乐制度及法律政令上改从明朝，允许其依从本国风俗和旧有的规定。这是高度自治的办法。与此相类的记载，在有关南海周边诸国与明朝关系的史料中没有发现，但从所能见到的有关史料中，也没有见到过相反的记载。可以推定，明太祖实行的对南海周边诸国的政策当与对高丽者没有差别。换言之，明太祖对与之有关系的南海周边各国的政策，虽规定了君臣名分，

---

① 《明太祖实录》卷254，第6~7页。

② 《明经世文编》卷2。

③ 《明史》卷321。

④ 《明太祖实录》卷44，第5页。

形成了宗主国与藩属国的不同政治地位,但实际关系相当松散。

(二) 有利于受封国的朝贡交往

明太祖与南海周边诸国建立起宗主国与藩属国的关系后,平日主要以举行朝贡活动作为体现这一关系的形式。所谓朝贡活动,是指藩属国要在一定的时期内有人(主要是派使臣)携带表文、贡品前往宗主国朝见明太祖,接受明太祖的指令和回赠。这既是一种政治性活动,也是一种经济性的交换。

当时来朝的南海周边各国使臣,贡来的有当地的各种特产和工艺品,包括孔雀、火鸡、五色鹦鹉、犀牛、白猴、象、虎、槟榔、菠萝蜜、胡椒、檀香、速香、丁香、没药、苏木、米脑、番布、苾布、琉璃、金银器等,还有番奴、阉竖等。回赠的赐品包括《大统历》、文绮纱罗、瓷器、钞、金、银等。有时贡品和赐品数量颇大。如洪武二十年七月乙巳,真腊使臣贡象 59 只,香 6 万斤,暹罗国贡胡椒 1 万斤,苏木 10 万斤,其使臣个人还另献 "翠羽香物" 等。[①] 洪武二十三年四月暹罗来贡,"苏木、胡椒、降香等物" 达 "一十七万一千八百八十斤"。[②] 为了运送这些贡品,使团的人数有时也很多,洪武二十年十月辛亥,占城来贡之使团有 158 人之多。[③] 洪武十六年八月乙未,明朝遣使赐占城、暹罗、真腊三国国王各织金文绮 32 匹、瓷器 19000 事。[④]

明太祖很重视朝贡活动,曾称:"朕居中国,抚辑四夷,彼四夷外国有至诚来贡者,吾以礼待之。"为此,于洪武十二年九月戊午因发现中书省不及时报告占城使者来贡之事,而对丞相严加批评。[⑤] 洪武二十年八月丁卯,占城使来贡象,十一月戊戌发现天冷,特地赐之御寒之衣及被,其回至广东,又遣中使赐之道里费,并设宴款待。[⑥] 其之重视朝贡活动,主要是从政治着眼,因而常常是不考虑经济成本。洪武初沈秩出使浡泥时,勃泥国王曾念及本国 "地瘠民贫,愧无奇珍以献",沈秩马上声明:"皇帝

---

① 《明太祖实录》卷 183,第 4 页。
② 《明太祖实录》卷 201,第 1 页。
③ 《明太祖实录》卷 186,第 2 页。
④ 《明太祖实录》卷 156,第 2~3 页。
⑤ 《明太祖实录》卷 126,第 4 页。
⑥ 《明太祖实录》卷 184,第 3 页;卷 187,第 2 页。

富有四海，岂有所求于王！但欲王之称藩，一示无外尔。"① 这个声明其实正是明太祖本人的主张。所以他多次强调南海周边各国来贡之物"不必过厚，存其诚敬可也"，② "所贡之物务从简俭"，"物不贵多，亦惟诚而已"。③ 但对于明朝的赏赐，却一再强调要多。如洪武十六年五月戊申，他对礼部官员讲："诸蛮夷酋长涉履山海，动经数万里，彼既慕义来归，则赍予之物宜厚，以示朝廷怀柔之意。"④ 这是针对所有来贡者而言者，南海周边诸国来贡者自亦包括其中。当时南海周边各国贡使来明，除携带贡品外，还附带个人货物在明朝出卖。对此明太祖不予禁止，而且还发令给予免税的优待。有时特别针对某些特定入贡国而发令，如洪武四年七月乙亥，下令"谕福建行省，占城海舶货物，皆免其征"。⑤ 洪武四年九月丁丑，户部报告，"高丽、三佛齐入贡，其高丽海舶至太仓，三佛齐海舶至泉州海口"，并请"征其货"，而明太祖"诏勿征"。⑥ 有时针对所有海外入贡国而发令，如洪武十七年正月丁巳，明太祖"命有司，凡海外诸国入贡，有附私物者，悉蠲其税"。⑦ 不管哪种情形，南海周边国家都在免税优待之列。由此看来，明太祖实行的政策使南海周边诸国在与明朝进行的朝贡活动中，经济方面大得好处。史籍记载，明太祖多次下令，不许南海周边国家频繁入贡，要求三年一贡，⑧ 但不能落实，入贡国仍频频前来，如洪武二十年，安南竟一年来贡三次。⑨ 这显然是因为朝贡为入贡国大得经济利益的好机会所致。

（三）强调为藩属国带来安宁与双方互利

明太祖在处理与南海受封诸国关系时，主要强调为藩属国带来安宁。在册封南海周边各国国王的诏书中，他每每明确表达出这一态度。如洪武二年六月壬午封安南国国王的诏书中说："朕荷天地之灵，肃清华夏，顷

① 《明经世文编》卷2。
② 《明太祖实录》卷106，第1页。
③ 《明太祖实录》卷122，第4页。
④ 《明太祖实录》卷154，第1页。
⑤ 《明太祖实录》卷67，第4~5页。
⑥ 《明太祖实录》卷68，第5页。
⑦ 《明太祖实录》卷159，第4页。
⑧ 《明太祖实录》卷73，第3~4页；卷88，第4~5页；卷100，第2~3页；卷106，第1页；卷122，第4页；卷194，第5页；卷198，第3页。
⑨ 《明太祖实录》卷182，第3页；卷184，第2~3页；卷185，第4页。

驰书而往报，冀率土以咸宁。卿能奉表称臣，专使来贺，法尔前人之训，以安遐埌之民，眷兹勤意，深可嘉尚。是用遣使赍印，仍封尔为安南王。"① 洪武二年十二月甲戌封占城国王的诏书说："朕今混一四海，抚驭万方，欲率土之咸宁，尝驰书以往报，而尔能畏天命，尊中国，即遣使称臣，来贡方物，思法前王之训，以安一境之民，眷兹忠诚，良可嘉尚。是用遣官赍印，封尔为占城国王。"② 这里的"冀率土以咸宁"及"欲率土之咸宁"，说的正是为了让受封国得到安宁。

其时南海周边国家受封之后，明朝要遣使祭祀其国山川之神。这固然表达着其国与明朝有臣属关系之义，但其高调明确宣示的目的，却在于使受封国得到安宁。如洪武三年正月庚子遣使祭祀过安南、占城山川后所刻石碑纪事中称："今思与普天之下共享升平之治，故具牲币遣使往祭于（其国山川之）神。神既歆格，世保境土，使风雨以时，年谷丰登，民庶得以靖安，庶昭一视同仁之意。"③ 明太祖之屡次下令，不许南海周边各国频繁入贡，其说出的原因在于认为"诸夷限山隔海，若朝贡无节，实劳远人，非所以绥辑之也"。这显然也是在强调使受封国得到安宁。

为了表明其重视使受封国得到安宁，明太祖还极力提倡受封国相互间要和睦相处、"相安于无事"。④ 洪武十年暹罗王由于"内修齐家之道，外造睦邻之方"，被明太祖大加表彰，称其"可谓贤德矣"。⑤ 凡受封国间出现相互间争战之事，明太祖就从"朕为天下主，治乱持危理所当行"⑥ 出发，积极调解。如安南与占城屡生争端，兵戎相向，明太祖每得报告，总是立即遣使下诏，要求"罢兵息民"，"各守疆土"，"保境安民，勿事纷争"。⑦ 洪武四年七月乙亥，占城一方要求明朝"赐以兵器"，以使"安南不敢欺凌"。明太祖则以"是助尔相攻，甚非抚安之义"为由，拒绝答应，坚定地以减少冲突为依归。⑧

明太祖与南海周边各国建立宗主与藩属的关系，强调使受封国得到安

---

① 《明太祖实录》卷 43，第 3 页。
② 《明太祖实录》卷 47，第 4~5 页。
③ 《明太祖实录》卷 48，第 4~5 页。
④ 《明太祖实录》卷 126，第 5 页。
⑤ 《明太祖实录》卷 115，第 5 页。
⑥ 《明太祖实录》卷 47，第 3~4 页。
⑦ 《明太祖实录》卷 47，第 3~4 页；卷 67，第 4~5 页；卷 126，第 5 页。
⑧ 《明太祖实录》卷 67，第 4~5 页。

宁，这对受封国是十分有利的。如其调解安南与占城的战争冲突，就一度收到"两国皆听命罢兵"的效果。① 但是，明朝也可从中得到好处。作为其南方近邻的南海周边各国，与之关系亲密而局势稳定，这除有利于其解除南侧来犯之忧，以专心致力于解决境内和境外的其他问题外，还可使其在一定程度上得南海周边各国的助力。如占城曾帮之对付海寇，② 安南曾在其云南驻军粮饷困难时，提供 5000 石粮饷之帮助。③

由此看来，明太祖所推行的与南海周边诸国建立宗主国与藩属关系的政策，在一定意义上是为双方缔造一种地区性的国际安全协作体系，在当时起了积极的正面作用，对后人处理地区内的国际关系有一定的启示意义。但从当今的大小国地位应当平等的观念讲，这个安全协作体系中的臣属关系有其历史的局限性。在体系内的经济交往上，中国付出较多，在当时由于太祖注意限制尚未出现严重问题，但其存在使大国不可为继的内在缺陷，到永乐以后便显露出来，后人应予充分注意。体系内相互关系十分松散，各国高度自治，这是明朝与其他处于藩属地位的国家地位差别不大的优点，但后来西方殖民主义者东来后各国因此而被逐个击破的历史事实，又表明这一体系有各国相互支援力度过弱的缺陷。

四　将南海周边各国列为不征之国

明太祖主张对于"西北胡戎"之外包括南海周边国家在内的各个"蛮夷小国"，不可加兵。洪武四年九月辛未，明太祖"御奉天门，谕省府台臣曰：'海外蛮夷之国，有为患于中国者，不可不讨。不为中国患者，不可辄自兴兵。古人有言，地广非久安之地，民劳乃易乱之源。如隋炀帝妄兴师旅，征讨琉球，杀害夷人，焚其宫室，俘虏男女数千人，得其地不足以供给，得其民不足以使令，徒慕虚名，自弊中土。载诸史册，为后世讥。朕以海外诸蛮夷小国，阻山越海，僻在一隅，彼不为中国患者，朕决不伐之，惟西北胡戎世为中国患，不可不谨备之耳。卿等当记所言，知朕

---

① 《明太祖实录》卷 47，第 3～4 页。
② 《明太祖实录》卷 84，第 7 页。
③ 《明太祖实录》卷 163，第 3 页。

此意.'"① 编成于洪武六年五月之《祖训录》曾将此意写进其中，并将不征者，除"西洋"外，还具体写上了安南、占城、暹罗等三个南海周边国家的名字。② 至二十八年闰九月编成的《皇明祖训》，除"西洋"外，对"不征"者具体列出的南海周边国家更增加至安南、暹罗、真腊、占城、湓亨（即彭亨）、三佛齐、渤泥等7个。③

明太祖的这一主张，在处理明与南海周边各国关系的实践中，得到了认真落实。一旦南海周边各国发生了不合乎明朝意愿的行为，明太祖采取的办法都是"动武"之外的措施。有的是遣使批评，令其改过自新，并且对方听从劝告，当即交好如初。如洪武二十一年四月壬子，由于明朝使臣经过占城时，所带"真腊所贡象五十二只"，被占城派人"诈为强寇，攘夺其四之一"，明太祖即遣使往占城，批评其国王此事"一则无以小事大之心，一则失交邻国之好，信义俱亡，何以保国"。令其"涤虑改图，毋贻后悔"。④ 第二年正月己卯，占城国王遣使前来"谢过"，明太祖即"诏赐绮帛钞锭"，⑤ 原谅了其过失。有的是停止接受其朝贡。如洪武二十六年四月丙申，由于安南发生了"弑主废立"之事，有违明朝不许犯上作乱的主张，也有违明朝维持藩属国安宁局面的意愿，视之为不义，明太祖下诏"绝安南国朝贡"，"仍命广西都指挥使司、布政使司自今勿纳其来使"。⑥第二年五月甲寅，安南改由广东来贡，明太祖一方面遣人诘责广东地方官"擅纳其使"，另一方面"仍却其贡献不受"。⑦

明太祖之主张在通常情况下不征南海周边诸国，是因为其欣赏中国"凡日月所照，无有远近，一视同仁，故中国奠安，四方得所"的传统政治理想。⑧ 他曾明确说明其不征南海周边诸国等的原因：南海周边诸国等"限山隔海，僻在一隅，得其地不足以供给，得其民不足以使令"，"无故兴兵，致伤人民"，⑨ 对其用兵是"劳民"、"易乱"、"徒慕虚名、自弊中

---

① 《明太祖宝训》卷6，第26页。
② 《祖训录》之《箴戒》。
③ 《皇明祖训》之《祖训首章》。
④ 《明太祖实录》卷190，第1~2页。
⑤ 《明太祖实录》卷195，第1页。
⑥ 《明太祖实录》卷227，第2页。
⑦ 《明太祖实录》卷233，第2页。
⑧ 《明太祖实录》卷37，第22页。
⑨ 《皇明祖训》之《祖训首章》。

土"。^① 这里"致伤人民"中的"人民"，应当是既包括明朝的"人民"，也包括南海周边诸国的"人民"。明太祖由此而提出的不征南海周边诸国的主张及其实行，无疑是有利于明朝和南海周边诸国人民的。这种用非战争手段处理国与国关系的主张，反映了中华民族不黩武、以仁爱精神对待邻邦的优良传统。

明太祖之主张不征南海周边诸国，并非是主张在任何条件下都不予征伐，其前提是其与"西北胡戎世为中国患"不同，而"不为中国患"，^② 反对的是"彼既不为中国患"，而我"倚中国富强，贪一时战功，无故兴兵"。^③《皇明祖训录·祖训首章》称："若其自不揣量，来扰我边，则彼为不祥。"在其否定的对南海周边诸国征伐之"兴兵"二字前特地加上"无故"二字，以作限制。这就表明，明太祖是不能容忍南海周边诸国侵扰中国边疆的，如果不幸发生此类事件，将与对待"世为中国患"之"西北胡戎"一样而"选将练兵，时谨备之"，^④ 不惜一战。关于这一点，一定不可忽视，否则就不能全面地了解明太祖对南海周边各国的不征政策。这一点，反映了中华民族坚持反对外来侵犯的另一光荣传统。

五　禁止明朝私人与南海周边各国交往

洪武年间，由于倭寇经常骚扰中国，从辽东至广东无不受其害。^⑤ 另外，张士诚、方国珍余部及其他海盗这时也活动于沿海，对抗新成立的明朝，甚至与倭寇等外国势力勾结起来。如《明史纪事本末》卷55《沿海倭乱》载："张士诚、方国珍余党导倭寇出没海上，焚民居，掠货财，北自辽海、山东，南抵闽浙、东粤，滨海之区，无岁不被其害。"有鉴于此，明太祖为了国家的安全，在采取措施加强沿海防御力量的同时，屡次下令禁止民人私自出海，禁止民人与海外诸国私自交往，禁止民人下海与外国

---

① 《明太祖实录》卷68，第4页。
② 《明太祖实录》卷68，第4页。
③ 《祖训录》之《箴戒》。
④ 《皇明祖训》之《祖训首章》。
⑤ 如《明太祖实录》卷235，洪武二十七年十月己巳载辽东金州；卷38，洪武二年正月载山东海滨郡县；卷44，洪武二年八月乙亥载南直淮安；卷53，洪武三年六月载浙江温台明州；卷74，洪武五年六月丙戌载福建宁德；卷132，洪武十三年七月壬寅载广东东莞。

互市。如洪武四年即曾下令"禁滨海民不得私出海"。① 洪武十四年十月己
巳，"禁濒海民私通海外诸国"。② 洪武二十三年十月乙酉，又下诏"户部，
申严交通外番之禁"。③ 在洪武二十七年以前，命礼部严禁"私下诸番互
市"，违者"必置之重法"。④ 洪武三十年四月乙酉再次申明此禁，要求
"人民无得擅出海与外国互市"。⑤ 为彻底根绝民人私自下海与外国互市，
甚至曾下令"禁民间用番香、番货"，"凡番香、番货皆不许贩鬻，其见有
者，限以三月销尽。民间祷祀止用松柏枫桃诸香，违者罪之。其两广所产
香木，听土人自用，亦不许越岭货卖，盖虑其杂市番香，故并及之"。⑥ 明
太祖作出以上关于禁止民人私自出海、与海外诸国私自交往和下海与外国
互市的规定，其目的一方面是为了避免下海民人支持或联合原有的海盗、
外国势力共同对付明朝，另一方面也是为了防止增加海上的新海盗，因为
下海的民人中多有商人，而当时的下海商人多为海盗与商人两种身份兼而
有之者。至于下海民人之支持海盗和外国势力，其最为明太祖所忧虑者，
乃在其中的商人从私利出发，将"金银铜钱、段匹、兵器等""前代以来
不许出番"的战略物资，出卖给他们。⑦

明太祖禁止民人私自出海、与海外诸国私自交往、下海与外国互市的
规定，从史料记载看，皆非单独针对南海周边诸国而言，而是泛指"海外
诸国"，但也不见将南海周边诸国除外者，因此它们对南海周边诸国完全
适用。⑧

为了国家的安全，在当时特定的条件下，明太祖禁止私人与南海周边
诸国交往，禁止私人与之进行交易，这不能被认为是完全不妥的。但无疑
不利于明朝对外贸易的发展，在发展经济方面不能不说是一项损失。倘能

---

① 《明史纪事本末》卷 55《沿海倭乱》。
② 《明太祖实录》卷 139，第 7 页。
③ 《明太祖实录》卷 205，第 4 页。
④ 《明太祖实录》卷 231，第 2 页。
⑤ 《明太祖实录》卷 252，第 2 页。
⑥ 《明太祖实录》卷 231，第 2 页。
⑦ 《明太祖实录》卷 205，第 4 页。
⑧ 《明太祖实录》卷 188，第 3 页，洪武二十一年正月甲午载："温州永嘉县民因暹罗人贡，
买其使臣沉香等物，时方严交通外夷之禁，里人讦之，按察司论当弃市。上曰：永嘉乃
暹罗所经之地，因其经过与之贸易，此常情耳，非交通外夷之比也。释之。"不细加分
析，这一条记载似乎给人一种明太祖允许私人与暹罗这一南海周边国家交往的印象。而
实则不然，因为这次交往，发生于私人与暹罗贡使之间，是朝贡活动中被允许的商业交
易，实属朝贡范围内的正常活动，与朝贡范围以外的禁止私人交通外国没有关系。

改禁止为加强管理，从而既能保证国家的国防安全，又能为对外贸易的正常进行提供条件，当为理想之举。可惜明太祖念不及此。此种缺陷之发生，似与明朝建国之初社会生产尚未充分恢复、自给自足的自然经济在国民经济中所占比例甚高有关。考虑到这一点，对于明太祖的这一失虑，似乎也不应过分指责，应给予相当的理解。

（作者单位：南开大学历史学院）

史前考古与海南黎族"南来说"刍议

司徒尚纪

　　海南黎族是我国全在海岛上的一个少数民族，有其特殊生态环境和民族文化，但对其来源，却见仁见智，长期以来"大陆来源说"为主流。而基于政治形势，"南来说"只在学术界部分人士中流行，在社会上没有多少声音和影响。近年，黎族"南来说"重新抬头，得到更多人认同。本文即在此基础上，主要借助于史前考古成果，认为部分黎族先人在史前某个时期从南海周边或南太平洋地区流入海南岛，与从大陆移入那部分黎族先人会合，后发展为黎族各支系，在岛上繁衍生息至今。

一　黎族先人非岛上土生土长族群

　　地质史表明，海南岛作为一个大陆岛，与祖国大陆有过多次分合过程。早在更新世末，雷州地洼中部产生断陷，形成琼州海峡，直到全新世早期，海面上升，海南岛再次脱离大陆，成为一个独立地理单元，这距今约 1.2 万～1.0 万年。海南这个地质运动历史和它圈层状地形以及热带森林密布的自然环境，对生物的起源和进化有特殊意义。达尔文进化论的支持者，英国自然科学家华莱士（A. R. Wauace，1823－1913）曾指出，因为长期孤悬海外，海峡和海洋成为一些动物和植物迁移不可逾越的障碍；海岛与大陆生态学不同，严格来说没有第一性意义，即海岛的动植物区系有自己特点，与大陆不一样。这个观点用于海南岛，即可知海南岛会保留大陆没有的物种，大陆一些物种也会被海峡阻隔而不能进入岛上。按人类起源和进化过程，170 万年前，元谋人已经诞生，此后，北京人、封开人、马坝人先后出世，但海南已独立成海岛。在一个仅有 3.5 万平方千米的岛上，基本不可能完成从猿到人的进化过程，即海南不可能产生人类祖先，岛上人类都是外来的，而不会是土生土长繁殖过来的。

另外，从人类起源及其迁移路径而言，一种说法是人类起源于非洲，后向亚洲迁移，在第四纪青藏高原隆起以后，即沿其边缘进入西江流域，向东南亚和沿"东海走廊"向中国大陆中部、北部以及东北亚地区转移。[①] 这条古人类迁移路线，完全有可能经过海南岛进入东南亚广大地区。

这样一来，即有岛外古人类进入海南繁衍生息。而海南岛史前考古，目前未发现仍无旧石器时代早期智人。考古学家根据三亚落笔洞发现距今 1 万年文化遗物遗存，"推测（海南岛）新石器早期的人类应是从我国大陆进入的"。[②] 其"年代初步推测为距今七八千年的新石器早期。这是海南岛首次发现的年代最早的古人类的居住遗址"。[③] 既然海南岛旧石器文化完全是空白，这就完全排斥了海南本岛存在古人类的可能性，即海南古人类应是从海外进入，此后不断繁衍至今的。虽然黎族先人与海南古人类还有很大距离，但在缺乏其他古人类存在背景下，姑且将黎族先人视为海南最早居民。即使如此，也无证据显示黎族先人是海南土生土长的，他们也是岛外居民，最早在史前某个时期进入岛上。

二 移族先人"南来说"依据

基于海南岛居南海交通要冲，为人类南来北往必经之地，故其岛上居民应有南北两个源头。原始居民从大陆进入海南的"大陆说"已流行多时，并有充分论证，毋庸置疑。但其既有南来之条件和可能，则应给予更多关注和论证，兹述如次。

---

① 张镇洪：《岭南文化珠江来》，中国评论学术出版社，2006，第 196 页。
② 郝思德、黄万波编著《三亚落笔洞遗址》，转见杨式挺《岭南文物考古论集续集》，岭南美术出版社，2011，第 300 页。
③ 周伟民等：《海南史要览》，海南出版社、南方出版社，2008，第 2 页。

（一）石器考古佐证

1. 中石器文化考古

在人类文化史上，继旧石器之后，通常认为是中石器时代，距今约 1.2 万年。由于受最后一次冰期影响，环境产生很大变化。在华南地区，由于大面积大陆冰川出现，海平面大幅度下降，海水降到 130～145 米以下，大片大陆架出现，半岛和陆块、岛屿与陆块、陆块与陆块等相互连接，变成通道，极大地方便了古人类和动物群的迁移，为人类活动和文化交流提供更宽广天地，南中国海再次成为古人类交往通道。在南中国海北部，属于这一时期文化遗址遗存不少，包括广西宾县盖头洞、柳江思多岩、陈家村、崇左矮洞、柳州白莲洞、大龙潭鲤鱼嘴下层、桂林穿山月岩东岩洞、甑皮岩，广东阳春独石仔、封开黄岩洞、罗沙岩上层、英德青塘朱屋岩和云岭牛栏洞等遗址。这些遗址遗存出土石器以大中型者居多，也比较进步，其中阳春独石仔还有七件"苏门答腊式"石器，显示其来源或受海外石器文化影响。而更加明显的是南亚和东南亚地区也有同类石器文化，如越南和平省的"和平文化"，马来西亚沙捞越西部的尼阿洞穴遗址，泰国北碧府柿约乡僧侣遗址、泰国西北部的仙人洞遗址等，它们与上述珠江流域同时代石器文化的共同性，说明以南中国海为通道而发生的自旧石器以来的文化交流始终没有断绝。

对于海南岛三亚落笔洞遗址，可视为从旧石器到新石器的一个过渡时期，它所出土的文化堆积物即与岭南上述遗址性质、风格一致。据此有理由推断，岭南大陆有来自东南亚的石器文化，则海南岛作为交通枢纽，当有南来古人类到来。当然，这须考古实物来验证。

2. 新石器文化考古

新石器时代，南中国海地理环境发生变化。根据 ^{14}C 测定，南海诸岛大部分岛屿露出水面时间距离现在约 5000 年，这就为这一时期原始人类在海上活动提供了方便，即可以乘独木舟或木筏在岛屿和大陆之间往来。有段石锛是我国南方古越人新石器文化的特型器物，除在中国台湾、菲律宾等地发现以外，在南太平洋的波利西尼亚群岛、社会群岛和苏拉威西，以及北婆罗洲一带均有发现，表示古越人有可能利用南海方便条件航海至这些地区，与那里的人类发生文化接触与交流。最典型的南海西樵山是一个巨大的新石器加工场，其代表性细石器和双肩石器，不仅辐射珠江三角洲、广东南部、广西南部和海南岛、粤东、粤北，可能还渡海进入台湾新竹、基隆、台中、高雄、台东，以及溯西江进入云贵高原，而且还向南传播到海外，包括中南半岛诸国、马来西亚、印度、孟加拉等国家和地区。西樵山石器文化的创造者和百越先民，以擅长舟楫著称，在南中国海大陆架出露、海水变浅背景下，完全有可能在海面上使用简单航海工具，将自己创造的石器文化传到他们所到之处，从而在太平洋、印度洋很多地区留下海洋文化的印记。在这个过程中，海南岛完全有可能成为南北石器文化交流通道，岛上三亚、东方、乐东、昌江、陵水、定安、通什、琼山、万宁等新石器遗址出土石斧、石锛、有肩石器等即与以上地区风格一致，显示海南岛和岭南其他地区一样，古人类彼此间往来，不仅有中国人类南下，也有东南亚、南太平洋古人类北上，发生南北之间双向文化交流，相信会有南方古人类进入海南。

(二) 语言考古学证据

语言学研究表明，史前时期在西南太平洋地带的三大群岛，即印尼群岛、菲律宾群岛和我国台湾，以及岭南等地区广泛使用 "南岛语族"，我国南方百越先民是南岛语族不可分割的组成部分，彼此间有深刻的亲缘关系。而体质人类学研究说明，"古华南类型" 人群与东南亚的印尼人、大洋洲的美拉尼西亚人特征接近。这一研究成果佐证了南岛语族在华南的联系，包括台湾海峡西岸、西向岭南，北上江浙都是百越—南岛一体化人群文化的范畴。历史学者吕思勉说："粤者盖今所谓马来人。"[①] 历史学者翦伯赞也指出："中国人种的来源不是一元，而是两个系统的人种，即蒙古高原与南太平洋。" 对于后者，翦伯赞进一步认为，"这另一个系统的人种从南太平洋出发，沿马来半岛的海岸，向北推进，而达到中国的南部"；"南太平洋系人种之移入中国，似乎经由两条路线，其一支似系由安南溯湄公河与澜沧江或由缅甸伊洛瓦底江以达于云南。这一支人种就是后来所谓西南夷的祖先，亦即今日夷族和苗族的祖先。其另一支则系由安南沿今日之东台湾海岸进入中国之广西、广东、福建东南沿海一带，其前锋甚至达台湾、琉球乃至日本。这一支人种就是后来百越族之祖先，亦即今日瑶

---

① 吕思勉：《中国民族史》，世界书局，1934，第 109 页。

族、僚族及海南岛的黎族、台湾的番族之祖先。"① 而原广东省民族研究所
所长刘耀荃先生在《海南岛古代历史的几个问题》一文中提出，南洋一带
小黑人可能是海南最早的土著居民。在黎族血统中带有黑人基因。在对黎
族进行体质测量中，具有宽鼻、眉骨突起、棕肤色、突颚等特征；但另一
方面，黎族又具有圆头、黄棕皮色等蒙古人体质特征，并有蒙古眼，故黑
人身体一些特征出现在黎族身上，② 表明海南岛和南洋之间，种族往来早
就发生，血缘交流结果，才形成黎族以上体质人类学特征。

　　人类迁移必然伴随着语言的传播，20 世纪 30 年代以来，人类学者林惠
祥、凌纯声等先后从民族学、考古学的文化因素比较出发，提出南岛语族华
南大陆起源论点，认为华南百越人就是古代马来人，即"原马来人"，华南
大陆、东南亚到西南太平洋三大群岛之间的土著文化共同体构成了"亚洲
（亚澳）地中海文化圈"。③ 而南中国海周边地区族群都属这个文化圈之内，
使用南岛语族，他们也包括在南中国海海洋文化体系中。只是秦汉以后，中
原王朝势力不断南下，汉人大量南迁，郡县制推行，汉文化成为岭南地区文
化主流，百越—南岛系统土著民族文化被汉藏语族文化取代或覆盖，而退出
历史舞台，但不等于终结。其仍以文化积淀方式留存下来，包括岭南在内我
国东南沿海壮侗语族各系和这些地区汉族语言中即有不少这种遗存，如黎、
水、侗、壮族的口语和方言即与中国台湾高山族、菲律宾土著，马来语等南
岛语言在基本词汇上有很多共性。闽、粤汉语方言和客家方言的构词和语音
特征，亦与台湾阿美族、排湾族等高山族分支有很多共语。也就是说，由于
南方汉语融合了南岛语要素，而与北方汉语有不少差异，成为南方汉语方言
甚多的一个重要原因。如中国通常将汉语划分七种方言，岭南就占有粤方
言、客家方言、潮汕方言三种。它们很多用词和构词法都有别于北方汉语。
故屈大均《广东新语·文语》说："自阳春至高雷廉琼，地名多曰那某、罗
某、多某、扶某、过某、峨某、陀某、打某……地黎称峒名有三字者，如那
父爹、陀横大、陀横小之类；有四字者……"这些地区有属粤方言也有属闽
南方言区。这些地名不能用汉语解读，被认为是古越语残余。古越语今为壮

① 转见周伟民、唐玲玲《中国与马来西亚文化交流史》，海南出版社、南方出版社，2008，
　第 20 ~ 21 页。
② 林惠祥：《南洋马来族与华南古民族的关系》，《厦门大学学报（社科版）》1958 年
　第 1 期。
③ 参见《容观夐人类学文集》，民族出版社，2003，第 155 ~ 157 页。

侗语族，下分多个语支，如黎语即为其一支，仅用以表示聚落地名用词即有抱（含宝、保、报、包）、番、什、毛等。这类地名占了海南黎区地名很大一部分，它们既属壮侗语族，也是南岛语在海南积淀遗存的有力证明。其实，我国不少语言学家通过语言材料比较，早就证实南太平洋岛屿上一些说南岛语的民族与我国百越先民操共同语言，并与今菲律宾语、马来语为代表的南岛语与包括海南黎族在内的侗台语族各语言作比较，发现它们同出一源，即我国南方汉语有不少南岛语成分，仅侗泰语词汇与南岛语有关的词约330个。人类学者容观夐举例说，海南黎语与壮语、傣语、水语等同语族诸语言有不少同源词，但数词都大不一样。例如这几种语言除"一"、"二"以外，自"三"以上至"十"、"百"、"千"、"万"几乎与中古汉语的数字相近。而黎语却不是这样，其形式上跟印度尼西亚语、台湾高山语比较接近。有些南岛语词只与侗台语的黎语有关，如"马"、"五"、"六"、"十"、"肺"、"在"等。民族语言学者解释说，在大批汉人进入岭南以前，黎族先民已漂离海上，因远离大陆，接受汉文化较晚，受影响也少，因而保留了黎族固有数词，并与印度尼西亚语、台湾高山语形式接近。① 这无疑是南岛语进入岭南有力的凭证，也说明使用南岛语居民是海洋社会族群，南中国海无疑是这个族群活动的重心。

（三）器物考古佐证

史前考古的器物也验证南中国周边海洋族群文化的共同性。树皮布是有力证据之一。中外人类、考古学家在树皮布起源分布上的认识基本上是一致的。东南亚的印度尼西亚、波利尼西亚、美拉尼西亚，以及密克罗尼西亚等许多岛屿原住居民都使用树皮布作为服饰。西方一些原始艺术和民族著作对此多有描述。如中山大学容观夐教授推介詹姆斯·埃奇－帕廷顿和查尔顿·希普同一书名画集《太平洋岛屿原住民的武器、工具、装饰品及衣着选集》即收入制作树皮布用的工具、成品式样等。而考古发现显示，香港、深圳、珠海、中山出土过制造树皮布用的石柏，台湾台南也出土过有条沟的树皮布打棒。据此有学者认为树皮布起源地可能在中国岭南范围内。② 邓聪先生对树皮布作过田野调查和深入研究，他指出："以环珠

---

① 参见《容观夐人类学文集》，第155～157页。
② 邓聪：《树皮布——中国对世界衣服系统的伟大贡献》，《中国文物报》2000年11月15日，第3版。

江口文化的树皮布石拍，流行于距今 6000～5000 年前之间，是迄今东亚已知最古老的树皮布文化系统。由珠江口南向中南半岛、越南北部的冯原文化有丰富的树皮布资料，年代可能在距今 4000～3500 年之间。泰国及马来半岛的树皮布文化稍晚，在距今 3500 年前稍后，菲律宾、台湾等地都具有别具特色的树皮布文化，年代迄今所知不超过距今 3500 年。太平洋岛屿均为树皮布文化繁盛区域，其年代更应在距今 3500 年之后。"[1] 邓聪进而强调"发源于南中国的树皮布文化，从西南中国经中南半岛，席卷东南亚岛屿后，从海路跨过太平洋进入中美洲。树皮布在中美洲更广泛被用作纸，具有记载文化的功能，对中美洲的历史影响至为深巨"。[2] 海南黎族即为制作树皮布能手，在现今通什海南民族博物馆中仍陈列着制作树皮布工艺和式样。笔者于 2011 年 4 月在深圳文博展览会上亲见海南馆展示用见血封喉树制作树皮布衣服，开口要价 1 万元。宋乐史《太平寰宇记》载："琼州生黎巢居深山，织木皮为布"；又曰："儋州黎人……绩木皮为布。"上古黎族先人广泛分布在海南岛、雷州半岛，树皮布应是他们的常服。又越南也有过繁荣一时的树皮布文化，菲律宾的树皮布又来源于越南，加上上述东南亚地区树皮布，则南中国海周边都是树皮布分布区，说明至少从史前时期开始，这些岛屿原住民已有树皮布文化往来，不管哪里是其发源地，树皮布制作和传播都是不争的事实。

另一种称为"吹筒"的狩猎武器，也将海南、雷州半岛与东南亚史前文化连在一起。"吹筒"为一种管状器物，是用竹或木做成的管子，长可 2 米左右，依靠口吹气体为动力，将带有毒液箭头从筒中吹出，射杀小动物。其射程可达 10 多米，毒液来自见血封喉树，至今在海南、雷州半岛仍可见这种高大乔木（如在儋州、保亭、雷州市郊等）。据悉，婆罗洲、马来半岛等地土著小黑人和其他原始居民，曾广泛使用这种武器来猎取小型动物。无独有偶，20 世纪 20 年代，有一外国传教士亨西·伊伯特（Hensi Imbert）曾在雷州半岛发现"吹筒"。这位教士在调查报告中说："此外尚有一个证据可以说明广东省从前可能有过小黑人的存在。因为其地到现在尚在使用吹筒。此武器最常见于婆罗洲的小黑人及马六甲的西蒙（Semang）人中。有一传教士在雷州半岛找到一件甚佳的吹筒标本，长

---

① 邓聪：《史前蒙古人种海洋扩散研究》，《东南文化》2000 年第 11 期，第 14 页。
② 邓聪：《史前蒙古人种海洋扩散研究》，《东南文化》2000 年第 11 期，第 19 页。

3.97 米，吹矢长 57~58 厘米，矢镞用铁或木。我们所得的吹筒标本乃获
自江洪港（在今遂溪县）者，其地在 Weitchao 岛（琼为涠洲岛）之对面，
在雷州半岛以南 110 华里。该地居民今日仍以吹筒射鸟及狩猎麝香猫、狐、
野猫等小动物。"① 海南岛黎人传统狩猎武器也是吹筒，所用见血封喉树，
在黎区甚为常见。笔者 2011 年到雷州半岛调查，即在遂溪、廉江等地闻说
当地尚保留吹筒，唯未见实物。而在中国古籍上，也不乏有关马来西亚等
地使用吹筒的记载。宋赵汝适《诸蕃志》曰："穷谷别有种落，号海胆，
人形而小，眼圆而黄，虬发露齿，巢于木颠，或三五为群，跧伏榛莽，以
暗箭伤人，多罹其害，投以瓷碗，则俯拾忻然跳呼而去。"② 这种暗箭伤人
武器，应为吹筒一类器物，与后来西洋教士所记和在雷州半岛所见如出一
辙，应是古代琼雷与海外居民往来一种物证。

　　实际上，树皮布和吹筒仅是连接海南黎族与东南亚族源关系的媒介之
一。早在 20 世纪 30 年代，德国民族学家 H. 史图博曾两次深入海南作田野
调查，后著《海南岛民族志》在柏林出版，1964 年由广东民族研究所从日文
译成中文（油印本）。该著列举黎族与东南亚、中国台湾民族相同的文化特
质近 30 项，包括刀耕火种、收割工具镰刀、柱子仓库、用牛踩耕、脱谷、
鸡笼、牛车、木柱房屋、腰布、包阴布、妇女裙子、帽子、木棉和麻布、树
皮布、纺织技术、大耳环、大发簪、红色长布、发型、圆形篓子（装黎刀
用）、篮子、山刀（黎刀）、口琴、鼻箫、木鼓、造型艺术、文身图案、门口
挂水牛角、族外婚等。而这些文化特质与汉人有明显差异，说明海南黎族与
东南亚包括印尼、缅甸、越南、菲律宾、密克罗尼西亚，以及台湾地区民族
史前有很密切的联系，留下那么多相同文化特质，也反映这些民族都是海洋
民族，共同以南中国海为纽带联结成一个海洋文化共同体或文化圈。

小　结

　　海南黎族"南来说"研究长期被视为禁区，在近年始见解禁背景下，
本文首从人类起源和传播出发，以海南旧石器文化空白为凭，认为海南没

---

① 转见周伟民、唐玲玲《中国与马来西亚文化交流史》，海南出版社、南方出版社，2008，
第 26 页。
② 赵汝适：《诸蕃志校释》卷上《志国·三屿》，杨博文校译，中华书局，1996，第 143 页。

有土生土长古人类，黎族先人也是岛外来的。海南黎族先人，除了公认来自大陆以外，还有从东南亚、南太平洋等地北上的海外居民。这除了两地居民体质特征共性以外，还有文化特性相同或相近的石器工具，共同使用南岛语留下的遗存，制造性质一样的树皮布和吹筒，以及多种相同的物质及精神文化等多种证据，显示海南黎族渊源于大陆和海外，具有人种和文化南北合流、融汇发展的特点。这主要发生在史前时期，秦汉以后，海南在中原政权管治下，成为中国版图一部分，海南黎族先人南来基本结束，进入以俚僚和汉族移入岛上历史阶段，并最终成为中华民族和中华文化多元一体格局中的一个重要成员，谱写自己民族进化史和文明史。

（作者单位：中山大学地理科学与规划学院）

中央政府有效统治的象征

——明代海南驿道考

周伟民　唐玲玲

　　驿站之设，早在殷商时代已经出现，春秋战国时期，驿道制度又有所发展，各地设有邮驿。到了汉代，又添设传舍，通路上每30里，置驿一所，供歇宿；又置邮亭供传递文书。唐还于水路设水驿，驿有驿田，设驿长，置备车、马、船，并派当役驿夫。宋代每10里或20里设邮铺，有邮卒传递文件，大路上并设马递铺。元代的驿传称为站赤，组织规模极大。明各地都设驿站，有水驿、马驿和递运所；又置急递铺传递公文。驿站备人夫、马骡、车船，并措办廪给口粮，供应传递文书人员及过境官员。由所在地州县编派站户支应，或随粮派夫役，或随田派马匹、车船。清废递运所，仍置驿站、铺递，但改差役为雇役。清末举办邮局后废除。①

　　琼崖千里环海，地老天荒。宋代之后，开发的步伐才逐渐起步，在宋代的史志里有关于驿站十分零星的记载；在被贬官吏的诗歌中，也偶有宋代驿站的痕迹。如苏轼离开海南北归时，写《澄迈驿通潮阁二首》，其二云："余生欲老海南村，帝遣巫阳招客魂。海阔天低鸥没处，青山一发是中原。"集中有《名胜志》："通潮阁，乃澄迈驿阁也。"《旧志》："通潮阁，一名通明阁，在澄迈县西。"② 由此可见宋代海南澄迈县有"澄迈驿"，或曰"通潮驿"。又宋代觉范禅师因护送佛逆旨于政和元年（1111）南谪朱崖，政和三年（1113）十一月由澄迈北渡，住海岛三年，在海南时经常写诗抒发忧郁情怀，其中有一首《出朱崖驿与子修》诗，诗题目也提到"朱

---

　　① 夏征农主编《辞海》，上海辞书出版社，2009，第2720页。
　　② 苏轼：《苏轼诗集》卷43，中华书局，1982，第2364～2365页。

崖驿"。丁谓贬海南时，作《途中盛暑》诗，有"山木无阴驿路长，海风吹热透蕉裳"句。在这些诗作中，可见宋代已有多处驿站。胡铨（澹庵）被贬海南后，写《题琼州临高县茉莉村》诗，其中有句云："眼明渐见天涯驿，脚力行穷地尽州"。这里所指的"天涯驿"似泛指，而不是海南岛上有一名为"天涯驿"。又一释，"天涯驿"在广西钦州西南。但联系到诗意，似乎不是指广西钦州，而是定指海南岛。宋代的海南岛驿站，明确作出系统记录的，到明代的正德《琼台志》才载："星轺〔琼山〕、澄□□□、沧江〔儋州〕系宋驿；烈楼、白沙〔俱琼山〕系元驿。"但在赵汝适《诸蕃志·海南》也载："在吉阳军郡治之南，有海口驿，商人舣舟其下，前有小亭，为迎送之所。"① 赵汝适这一条记录，也足证海南驿站之设，非自元朝始；不过明代以后志书才有明确的系统的记载而已。

海南的驿站，在明代，上文所示，初见于明唐胄纂的正德《琼台志》及万历《琼州府志》。同时《明会典》、《读史方舆纪要》、《古今图书集成》等书都有记载海南驿递的状况。

先看正德《琼台志》的记载。

唐胄记："琼环海为郡，北始琼山，南极崖州，道虽分东、中、西三路，然皆北抵南，东西横则各限黎海。故驿因方分列，而铺舍亦随以书。"唐胄分别作出了系列性的记载，比较其他志书详细得多，资列于下：

琼台驿，在琼山县西北隅土城外。先洪武三年（1370），设于大城西南隅。十八年（1385），主簿李子强议请驿基为县治，乃迁此，创建正厅、穿堂、两廊、门房。天顺七年，副使邝彦誉命驿臣叶学重修，凿月池于二门外。正德六年（1511），副使詹玺、知府欧阳傅再葺。（廪给库子八名，馆夫八名，马夫六十名，马六槽）

东路六驿，原十二驿。弘治甲子（1504），副使王櫶奏革文昌、永丰、温泉、万全、顺潮、潮源附州县六驿，夫马、廪粮俱州县办给，只存六驿。

宾宰驿，在文昌县何恭都。西北去琼台驿八十里，东南去文昌县六十里。先洪武三年（1370），知县周观设。成化十年（1474），知县宋经迁于基石。二十三年（1487），驿丞余祯修葺。（廪给库子二名，

---

① 赵汝适：《诸蕃志》卷下《海南》，中华书局，2000，第 218 页。

馆夫二名，马夫四十名，马四槽）

长岐驿，在文昌县白延都。北去文昌县六十里，西南去会同县七十里。先洪武三年（1370），知县周观建。二十四年（1391），因拓清澜千户州城，知县魏绍文迁今治。成化十年（1474）知县宋经修葺。（馆、库、马并夫俱同宾宰）

多陈驿，在万州莲塘村。东去乐会七十里，西去万州五十里。先洪武三年（1370），万宁知县黎恕设于多陈都。弘治间（1488～1505），知州李恭迁今治。（廪给库子一名，余同长岐）

乌石驿，在陵水县乌石乡。东去万州四十里，西北去陵水县四十里。洪武间（1368～1398），署县丞汤良弼建。弘治（1488～1505），知州李恭重修。（马夫二十五名，马二槽，余同多陈驿）

太平驿，在崖州陈桥村。东北去陵水县二百里，西去都许驿二百里。先洪武三年（1370），知县甘义创于藤桥东。成化间（1465～1478），知州徐琦迁今治。（马夫二十名，余同乌石驿）

都许驿，在崖州怀义乡。西去崖州一百八十里，洪武初（1368），知县甘义创。成化间，知州徐琦修。（馆库夫马同上）

西路六驿，原十一驿。弘治甲子（1504），副使王櫶奏革通潮、珠崖、古儋、昌江、县门附州县五驿，夫马廪粮俱州县办给，只存六驿。

西峰驿，在澄迈县那蓬都。东至澄迈县五十里，西至临高县七十里。洪武三年（1370），知县刘时敏立，后知县韦裘、卢晖继修。（库子二名，馆夫二名，马夫四十名，马四槽，同宾宰驿）

归姜驿，在儋州潭乐都。东去临高县一百九十里，西去儋州四十里。洪武初，宜伦叶尹建。（馆、库等同西峰驿）

田头驿，在儋州西南镇南巡检司之右。东去儋州九十里，西去大村驿一百里。洪武三年（1370），知县叶世华建。（廪给库子、馆夫、马夫、马俱同归姜驿）

大村驿，在儋州西南安海巡检司之右。西南去昌化县一百里。洪武三年（1370），知县叶世华立。（馆、库等同田头驿）

义宁驿，在崖州西黄流都。北去感恩县一百一十里，西去德化驿三十里。洪武三年（1370），知县甘义创，后知州徐琦、何冈修。（库子一名，馆夫两名，马夫三十五名，马三槽）

德化驿，在崖州西乐罗村。东去崖州七十里。先洪武三年（1370），知县甘义建于抱拖村。永乐间（1403~1424）迁今治。成化间（1465~1478），知县徐琦重修。（库子、馆夫、马夫、马俱同义宁驿）

北路递运所，在琼山县北十里海口都。洪武九年（1376）创，递公文渡海抵徐闻沓磊驿。（船二只，防夫十五名，马二匹，夫四十名）

在记录了三路驿站之后，唐胄加按语指出：明代的"白沙（沿元）、博吉（陵水）、大南、甘泉（俱感恩）、大员（儋州）系旧革；文昌、永丰、温泉、万全、顺潮、潮源、通潮、珠崖、古儋、昌江、县门十一驿系副使王樨新奏革者。兹特附录于此，使后有所考"。①

除驿站外，各路还有铺舍，琼州府四路铺舍共 125 所，均在洪武三年创立。邮亭中设，翼以两廊，铺门前开牌额。外立宿房，居邮亭之后。日晷在邮亭之前。每铺额设舍铺司一名，专掌簿历，铺兵四名，常川走递。迨至宣德间（1426~1435）知府徐鉴于府门一铺特增兵二名。成化间（1465~1487）副使涂棐总修一新。司兵随铺增减。② 这里因铺舍名称较多，不再列举。

万历《琼州府志》也有关于明代驿传沿革的记载，有的地方叙述较为详细，可作为正德《琼台志》的补充。

郡旧设琼台等二十九驿及海口递运一所，例置夫马船只，籍水马砧户八百一十有六充之，十岁一编，周年递替，料以粮派，夫以丁金。每米一石派银三钱。正统间革去白沙、博吉（琼）、甘泉（陵）、太南（感）四驿。弘治间，儋州监生王□□□□□□驿。正德初，副使王樨奏革文昌（文）、永丰（会）、温泉（乐）、万全（万）、顺潮（陵）、潮源（崖）、珠崖（临）、古儋（儋）、昌江（昌）、县门（感）等附州县十一驿，马夫俱出州县。始计粮朋签定为马夫五百四十名，琼台六十名，海口递运所及宾宰、长岐、多陈、西峰、归姜、田头、大村七驿各四十名，义宁、德化各三十五名，乌石驿、陵水县

① 唐胄纂正德《琼台志》卷 14《驿递》，海南出版社，2006，第 328~331 页。
② 唐胄纂正德《琼台志》卷 14《驿递》，第 331 页。

各二十五名，都许、太平二驿各十名。每名编米八十石，每石出银一钱。简僻者编七十石，义宁、德化、都许、太平四处。各追银二两为置船二只，只递运所，买马四十八匹，琼台六匹，义宁、德化各三匹，海口、乌石、都许、太平各二匹，余各四匹。及铺陈什物之需。嘉靖初，裁革德化一驿，增减马夫。增太平、都许各二名，减归姜、田头、大村各十名。嘉靖末复减西峰、多陈各十五名。合二十五州县驿递共编银二千一十八两。量编宽裕银三百两在内，以实在民米四万六千二百七十二石七斗六升均派。后再革长岐、宾宰、乌石三驿。以举人陈表等建议裁革。戊午，奉扣马价、廪粮、铺陈共银八百二十六两六钱九分，解济边饷。廪粮、马价半解，铺陈全解。崖知州盛赟汝以支用不敷，议免米粮铺陈。感恩知县麦春芳亦以邑小民疲，通详免解。后总督吴桂芳议改司饷，寻留白沙船兵之用。已未，复以田头、大村二驿并镇南、安海二巡检司带理。马夫通抽放班。辛酉，再减义宁、都许、太平马夫共四十七名。知州盛赟汝以民疲驿简议减。隆庆戊辰，复奉部札裁革递运一所，西峰、归姜、多陈三驿，马夫通追充饷，惟递运所四十名以二十名贴琼台驿。至万历丙子，以推官刘学易查，奉部札免编。及以都许、太平二驿并附通远、藤桥二巡司兼理，酌议发驿银四百七十二两一钱八分外，琼台三百九十一两一钱八分，田头、大村、义宁各二十两，都许、太平各十两。通追充饷。万历壬午，概革田头。以发驿银二十两半存该州，半贴大村支用。并因灾报，酌减琼台、大村二驿多余银八十四两四钱三分六厘，以苏民困。议减大村六两，琼台七十八两四钱三分六厘免编。今除各州县夫马派均平廪粮，出徭差，与全革各驿免编外，见存琼台、义宁二驿，及巡司带理大村、都许、太平三驿，与裁革充饷递运一所，西峰、归姜、田头、多陈四驿，共编马夫二百五十二名，递运所二十名，琼台六十名，归姜、田头、大村各二十名，西峰、多陈各二十五名，义宁一十二名，太平、都许各一十名。该银一千八百九十九两五钱六分四厘。琼山琼台驿四百一两五钱六分四厘，递运所一百六十两，澄迈西峰驿及万州多陈驿各二百两，临高编归姜驿二百四十两，儋州田头、大村二驿共四百七十四两，崖州义宁八十四两，都许、太平各七十两。按：今惟琼山发驿三百一十三两七钱四分四厘，儋州发驿二十四两，存州十两，崖州发驿四十两存州，合得九十六两七钱六分外，余银一千四百一十五两六分，通解充饷。①

《明会典》中关于琼州府的记载，仅列驿名；不过它把副使王櫶奏革的驿名按照顺序全部录下：

琼州府：

琼山县：琼台马驿　白沙水驿

澄迈县：通潮马驿　西峯马驿

文昌县：宾宰马驿　长岐马驿　文昌马驿

乐会县：温泉马驿

会同县：永丰马驿

临高县：珠崖马驿

崖　州：太平马驿　都许马驿　德化马驿　义宁马驿　潮源马驿

感恩县：县门马驿

儋　州：古儋马驿　田头马驿　归姜马驿　大村马驿　大员马驿

昌化县：昌江马驿

万　州：万全马驿　多陈马驿

陵水县：顺潮马驿　乌石马驿②

以上所载驿名，与正德《琼台志》相符。

清代顾祖禹的《读史方舆纪要》中，与各书对照写下下列各驿，颇具参考价值：

琼台驿：在府西北隅土城外。自此而东，二十里为宾宰驿，又四十里为文昌驿，东达万州之路。由琼台驿而西，四十里为澄迈县之西峰驿，又西七十里为临高县之朱崖驿，为西南达儋、崖二州之道。

宾宰驿：县西本六十里。又县南四十里有长岐驿。《会典》有文昌驿。三驿皆革。

归善驿：州东四十里。又镇南巡司西有田头驿，安海巡司西有大

---

① 戴熺、欧阳灿总裁、蔡光前等纂修万历《琼州府志》卷 5《驿传》，海南出版社，2003，第 278 ~ 280 页。

② 徐溥等撰，李东阳等重修《明会典》卷 119，台湾版《钦定四库全书》第 628 册，第 187 ~ 188 页。

村驿。《舆程记》：州城外有古儋驿，又由归善驿而东六十里为临高县之珠崖驿，大村驿而南三十里为天负驿，又四十里为昌化县之昌江驿，此州境达琼崖之道。

乌石驿：县西四十里。又西即崖州之都许驿。县又有顺潮驿，与乌石俱革。

义宁驿：在州城西。又西北七十里有德化驿，在州东八十里。《志》云：州东藤桥村有太平驿。又潮源驿，《名胜志》云：在城外，自会城至此凡二千五百五十里，东去陵水县陆路三百里。《舆程记》云：由感恩县县门驿，八十里至甘泉驿，又南八十里至义宁驿，东行六十里为德化驿，又东一百里为潮源驿。①

当中把各驿之间的联系路程写得较为详细。

此外，《古今图书集成》中琼州府部的"驿递考"，记载也十分详细；但所述内容多根据正德《琼台志》进行梳理而已。

明代海南岛上的驿递机构，已粗具规模。驿站递送使客、飞报军情、递送公文、物资等任务，十分迅捷！驿站的配置及驿路的分布，与岛上的交通路线有着密切的关系。要研究明代海南岛上的政治、经济、军事及交通路线等，必须重视研究驿站机构的设立及驿路的安排。

在明代，海南的贸易活动，空前活跃，不论在岛内的墟市，还是迈向大陆的贸易，以及对海外的商业活动都远远超越过去任何朝代。海南岛与南海诸国的朝贡与国际贸易也有着密切的关系，蕃舶往来十分频繁。南海诸岛国的朝贡及互市船舶多次由此经过。因此，在海南岛上，驿传机构的设立，递送使客的任务，转送军需及商务流转的需要，都需要驿站来承担。因此，对于驿站的设立，人夫的设置，马、驴、船、车、什物等项的备用，都要经常进行整治或差人点视，一旦有人夫、马、驴、船、车、什物损坏缺少，一边要及时修理补买，一边是对驿所官吏的论罪处分，以保证当需要时，就能即时供应。例如各驿马夫，须置铜铃，遇有紧急公务，将急带马上路，路驿分专一所候铃声，随即供应，不致妨误。

因此，研究明代岛上的经贸发展及交通，必须首先研究明代驿站和

---

① 顾祖禹：《读史方舆纪要》卷105。

驿路。

驿站是官办的邮传机构，每个驿站设有驿丞，典邮传递送各类事宜，有的大一点的驿站还由各县衙门修建驿所，如琼台驿，在洪武十八年（1385），主簿李子强议请驿基为县治，创建正厅、穿堂、两廊、门房。天顺七年（1458），副使邝彦誉命驿丞叶学重修，凿月池于二门外。正德六年（1511），副使詹玺、知府顾阳傅再葺。对这些驿站，在元代多为各地知县所重视，在不同时间加以修建整治。因为，明朝制度，据《明史》："驿丞典邮传迎送之事。凡舟车、夫马、廪粮、庖馔、裯帐，视使客之品秩，仆夫之多寡，而谨供应之。支直于府若州县，而籍其出入。（巡检、驿丞、各府州县有无多寡不同。）"① 驿站之设，由各地政府负责修建及管理。这标志着军队实际控制的地域。所以说，这些宣达政令的驿站，是中央政府有效统治边远地区的象征，其政治意义不可轻视。

驿站及畅通的驿道使全岛交通畅通，在商业经济活跃的海岛，商贾人士，在商业运输的过程中，经常买通驿丞贩运商贸，使驿路成为商品流通的便捷通道。所以明代与前朝相比，为了商业经济的壮大与发展，保证驿路畅通及配置驿站的各项建设显得更加重视！由此可知，驿站的设立与海岛经济的开发有着十分密切的关系。

明代在镇压黎族反抗活动中，为了飞报军情，转运军需，驿站的设置和驿路的畅运，在军事行动上起着关键性的作用。

明代前期，政治的稳定，经济的发展，驿传的上传下达的正常运作，也起到促进社会经济发展的作用。但是到了晚明，由于政治的腐败，驿政也日益衰落。明《神宗实录》载：户科左给事中萧崇业奏驿递事宜，神宗有"四方驿递疲弊，小民困苦已极"② 等语，说出神宗对驿递官吏贪污驿站费用、驿夫因生活困苦而纷纷逃亡等弊端十分忧心。在海南也是一样，如长岐、宾宰、乌石三驿，因廪粮被扣而被裁革。感恩知县麦春芳，亦"以邑小民疲，通详免解"。后又再减义宁、都许、太平马夫共 47 名，知州盛赍汝以民疲驿简议减。终明一代，虽仍有驿道、驿站在运行，但至崇祯年间，驿站建设逐渐式微，已至"支应之苦，破亡之状"，"益之锱铢，

---

① 张廷玉等撰《明史》卷 75《职官四》，中华书局，1974，第 1852 页。
② 《神宗实录》卷 42。

民不堪命"① 的地步！到了晚明，驿政的腐败，驿站已逐渐倒闭，驿道制度与明王朝一起归于灭亡。

至于海南岛驿站，明代有论者曰："琼故二十九驿，马夫五百四十名，嘉、隆之间（1522～1572）裁革殆尽。夫非以僻在海隅而往来者希耶？然革驿而存差，以充兵饷，与未革者等耳。"裁革驿道而把费用移至应充实兵饷，这也是一种托词而已。明代海南岛的驿站与明朝的政治、经济、军事的兴衰紧密相连。

（作者单位：海南大学）

---

① 海瑞：《海瑞集》卷2《驿传申文》，海南人民出版社，2003，第199页。

论海南古代文明的起源

阎根齐

由于在汉代以前，生活在海南岛上的居民绝大多数皆是黎族的先民，又很少和大陆中原的人来往，所以，研究海南古代文明的起源，实际上多是从研究黎族先民的文明起源开始的。然而，由于人所共知的众多原因（主要是黎族没有本民族的文字、古文献记载匮乏，考古发掘资料较少等），黎族先民何时踏进了文明社会的门槛？鲜见有专家论述，如即使《海南古代文明的起源与发展演变》研究已列入 2009 年的国家重大研究课题招标，两年来也未听说有人中标，其难度可想而知。笔者也曾几次试图开展探讨，但都放弃了，一是对马列主义的经典理论著作学习水平较肤浅，二是掌握黎族文明的材料较少，对许多有关黎族文明社会的关键问题模糊不清。但笔者以为，黎族先民的文明起源与发展是揭开海南古代社会研究的一把钥匙，在今后大家共同研究的道路上，本篇就当做一块铺路石。

一 关于文明社会的标准问题

文明社会是在原始社会生活基础上发展起来的更高一级的社会，以私有化、阶级分化、国家与城市的产生等为标志，是由野蛮时代进入文明时代的发展。早在 1884 年，恩格斯就首次出版了他的影响世界的经典巨著《家庭、私有制和国家的起源》，[①] 他以摩尔根发现的北美印第安人部落、

---

① 恩格斯：《家庭、私有制和国家的起源》，载《马列主义经典著作选编（党员干部读本）》，党建读物出版社，2011。

易洛魁人氏族为依据，运用古代希腊人、罗马人、凯尔特人和德意志人氏族的大量历史资料，深入浅出地论述了古代社会的发展规律和文明起源的特征等一系列问题，被称为马克思主义国家学说的代表作之一。100 多年来，全世界无数学者以恩格斯的这一理论为指导，对于文明起源的研究成果不可胜计。然而，恩格斯在这部巨著里研究的对象主要是以农耕和游牧经济占主导地位的文明，而对于在海洋经济条件下长期以渔猎生活为基础的少数民族文明社会的形态并没有涉及。

我国史家以马列主义的这一理论为指导，对中国何时进入文明社会开展了长期系统的深入研究，取得了大批的杰出成果，也都是以农耕文明的起源为研究对象的。尽管如此，对于我国何时进入文明社会、文明起源的标准仍是众说纷纭。

田昌五先生把文明起源的标准归结为："一、社会分工，二、父权家族。如果再加一条，那就是民族的产生和形成了。这三条是相互联系，不可分割的，总起来也可称为三条标准：文字、铜器和城市"。[①] 李学勤先生则提出了评判文明的四条标准：（1）要有城市（作为城市要能容纳 5000人以上的人口）；（2）文字；（3）要有复杂的礼仪建筑（是为了宗教的、政治的或者经济的原因而特别建造的一种复杂的建筑）；（4）冶金技术的发明和使用。[②] 李伯谦先生从国家的基本职能（管理职能、暴力手段）分析，认为上述四条标准是有缺陷的，他提出了十个方面的情况，至少其中的大部分条件具备了才能说形成了国家，出现了文明。这十个条件主要是：从聚落的发展过程来把握聚落的出现、发展，到大型、特大型聚落的出现；特大型、大型聚落有无防御设施；特大型、大型聚落是否出现了宗教礼仪中心广场，有无大型建筑，它们的功能在不同时期是否发生了变化等；聚落墓地是否出现分化，贵族阶层是否拥有自己特定的墓区；大型聚落内部有没有出现专用的手工业作坊与集中一处的仓储设施；聚落出土的遗物当中，有无专用的武器和象征最高权力的权杖等；是否出现了异部族的居民及其遗存，他们和本聚落贵族阶层的关系是什么；各级聚落之间是否存在上下统辖关系，是否存在赏赐与纳贡关系；大型聚落对外辐射的半径有多大，如玉石、铜料等稀缺资源的获得方式如何。[③]

---

① 田昌五：《中国古代社会发展史论》，齐鲁书社，1992，第 4 页。

② 李学勤：《辉煌的中华早期文明》，《光明日报》2007 年 3 月 8 日。

③ 李伯谦：《关于文明形成的判断标准》，《中国文物报》2010 年 2 月 5 日。

我们知道，由于世界各国的社会经济发展模式和水平千差万别，进入文明社会的特征也不一样。中国又是一个多民族国家，在进入文明社会的进程中，由于各自的地理、气候、环境不同，文明社会的表现方式多彩多样，用大陆中原农业文明的条件来衡量海洋经济的渔猎文明，肯定是不适应的，如早在 20 年以前田昌五先生就发现"我国南方的许多兄弟民族，除彝族、傣族、纳西族外，直到解放前都无文字，其中包括人数最多的壮族。能说他们在解放前都处于野蛮状态吗？"[1] 所以，长期以来由于没有一个判定黎族先民文明起源的标准，又大都和农耕文明的标准作参考来考察黎族社会，就把黎族先民进入文明社会的时间定得特别短暂。

就目前所知，海南学者就黎族先民何时走进文明时代问题，主要有三种不同的说法：一是认为"海南社会发展到宋朝后期，大部分黎族地区的原始社会已经基本解体，这是黎族社会发展的变革时期"，"在宋朝，黎族社会的大多数地区原始社会已经向封建社会过渡了。所以，从广度上而言，海南黎族原始社会的下限大致确定在宋朝较为合适"；[2] 另一种意见认为：黎族从汉武帝在海南岛设立两郡开始，"引起黎族社会的重大变革，黎族原始父系氏族公社开始瓦解，黎族社会原始公社开始向阶级社会过渡"，黎族在原始社会瓦解后，越过了奴隶社会发展阶段，直接向封建社会过渡。到了唐代"在沿海一带与汉族杂居或与州县治所十分靠近的黎族先民，已开始出现汉化现象。此时在海南岛的沿海地区，封建制度建立了起来"；[3] 笔者也曾经认为，黎族先民在秦汉时期为从原始社会向阶级社会过渡时期，到三国至隋朝以前已经进入文明社会。[4] 史家所使用的材料大致相同，而得出的结论竟相差千年左右，根本问题在于黎族文明起源标准的认定存在较大的分歧。

二 黎族文明社会起源的复杂背景

黎族的历史发展非常悠久，他们从登上海南岛的那一天起，就结合和

---

[1] 田昌五：《中国古代社会发展史论》，第 85 页。

[2] 黎雄峰等：《海南经济史》，南方出版社，2008，第 33～34 页。

[3] 高泽强、文珍：《海南黎族研究》，海南出版社，2008，第 14 页。

[4] 阎根齐、刘冬梅：《海南古代社会发展史研究》，光明日报出版社，2011。

适应着海南岛上的地理、气候和环境特征，创造出独具特色的历史文化，与大陆中原的截然不同，用农耕文明的标准解读是大相径庭的，更何况黎族先民迁来海南的时间有早有晚、居住在深山与外部受汉族文化的影响有深有浅、不同地域之间有许多文化差异等复杂因素，导致有的跨进文明时代的门槛较早，有的在新中国成立前还过着原始社会的生活。探讨这些复杂的原因有助于认识黎族先民文明起源的标准。

（一）海南岛的黎族先民来源何时何地。根据近些年的考古发现证实，海南岛上至少在旧石器时代已有人类居住。除了在三亚已经发现距今 1 万年左右的落笔洞洞穴遗址（旧石器时代晚期向新石器时代过渡遗址）[①] 外，近几年又陆续发现海口市西秀镇南丰仍村（旧石器时代早期遗址）、琼海市官塘石角村（旧石器时代晚期遗址）、昌江县王下乡钱铁村等五处旧石器地点。[②] 地理上覆盖海南岛的东西南北，时间上跨越旧石器时代的早晚期。这就可能说明在旧石器时期，已有较多的人在海南岛上居住生活。这些人的来源有两种可能：一是在琼州海峡没有形成以前，原来的海南岛是和大陆连在一起的，后来由于琼州海峡的形成，将他们留在了海南岛上；二是他们从大陆迁至海南岛上，成了海南岛的最早发现者。

对于海南旧石器时代遗址的主人，现在还没有足够的材料证据证明是何族的祖先，但海南黎族史研究专家已率先认为："'三亚人'及后来在海南岛活动的人类应是黎族的先民"。[③]

海南新石器时代的遗址已经遍布全岛，属于早中晚期的都有，大概以昌江流域属于新石器时代早期的遗址较多，时间距今约六七千年，海岛北部的遗址多属新石器时代的晚期遗址，时间距今约三四千年，有的延续至春秋战国时期甚至更晚（如东方市荣村的一处新石器时代晚期遗址的第一阶段为春秋早期文化层，第二阶段为东汉早期文化层，第三阶段为南朝晚期文化层）。[④] 由此可以看出，迁来海南岛的人多是从西部登岛，再向南北发展。海南创造新石器时代遗址的主人，以往有多种说法，主要有两种说

---

① 郝思德、黄万波：《三亚落笔洞遗址》，海南出版社，1998。
② 王明忠等：《海南省新发现的旧石器材料》，载《海南省博物馆研究文集》，科学出版社，2011。
③ 《源远流长的黎族——序〈黎族史〉》，载吴永章《黎族史》，广东人民出版社，1997。
④ 海南省文物考古研究所：《海南东方市荣村遗址试掘简报》，《考古》2003 年第 4 期。

法影响最大，其中，一是"距今 5000 年前由河姆渡抵琼"，[①] 笔者已从黎族的干栏式建筑风格方面否认了这种说法；[②] 二是广西骆越人的一支迁来说。现在越来越多的证据证明此说比较可靠，王学萍先生已有详细论述。[③]

海南新石器时代遗址总的特点是多为贝丘遗址，反映了这时的人类在海洋经济条件下的渔猎生活，这已经彰显出与大陆人以农业定居的文化有很大的不同特征。海南新石器时代遗址另一个特点是普遍的遗址文化层较薄，出土器物较少，各文化层之间不互相衔接。这有可能说明两个问题：（1）在此处居住生活的时间较短或经常性地迁徙；（2）不同的人群迁来的时间不同。后一点就说明迁来海南岛的人绝不是一次性的，而是分批分期的、长期不断的、来来往往的迁徙过程。每一次新的人群来到海南岛，都会带来新的文化因素和信息。这是海南新石器时代文化复杂的主要特征。

（二）黎族先民的多元化来源。现在的黎族是新中国成立后确定的，在古代黎族先民的成分特别复杂，主要体现在以下几个方面。

一是在远古时期，大体上是属于百越人的一支，称为"骆越"。但骆越、西瓯、瓯骆究竟是百越人中的一个支系多种称谓，或是多个支系的不同称呼，一直争议不断。西汉元初年间，贾捐之在论弃置珠崖郡的理由时曾说："骆越之人，父子同川而浴"，以后的人加注说："今安南之地，古之骆越也。珠崖，盖亦骆越地"（《资治通鉴》卷 28 引《汉纪》）。

东汉以后，百越人的各种称谓逐渐消失，代之而起的是"俚"、"里"或"僚"的称谓。史家虽然大都依据唐代李贤《后汉书·南蛮列传》的注："里，蛮之别号，今呼为俚人"，却很少注意到，正是从三国到隋朝这一时期，大批的"俚僚"之民迁入海南岛，并成为很大的家族势力，才有了这样的称呼。这一段可以说是黎族先民与"俚人"的大融合时期。

唐宋以后，汉人转变为黎族、黎族转变为汉族的现象比较常见。清代张庆长《黎岐纪闻》中记载："唐相李德裕贬崖州，其后有遗海外者入居崖黎，遂为黎人，其一村皆李姓，貌颇与别黎殊，唐时旧衣冠，闻尚有藏之者。"《诸蕃志·海南》卷下记载有"熟黎多湖广、福建之奸民、亡命"。

① 王俞春：《海南移民史志》，中国文联出版社，2003，第 42、82 页。
② 拙作《海南古代建筑研究》，海南出版社，2008，第 16 页。
③ 王学萍：《源远流长的黎族——序〈黎族史〉》，载吴永章《黎族史》，1997。

　　（三）地域的差别导致社会发展不平衡。海南岛面积虽然只有3.49万平方千米，但南北温差大，自然条件也不相同。在原始社会生产力极其低下的情况下，人类对自然环境的依赖特别强。海南岛上的原始先民在旧石器时代和新石器时代中期以前还住在自然的山洞里，这和大陆中原及其他地区的人类一样，没有先进和落后之分。大约到新石器时代中期以后，黎族先民又经历了巢居和干栏式建筑两个大的阶段，都是因应海南多雨潮湿和防御野兽的侵袭而建的，与大陆中原及北方的穴居和地面房屋建筑，都是中国古代传统的经典建筑结构。但是，当海南的大部分黎族先民早已住进宽敞舒适的干栏式房屋内的时候，而在有些地方却还住在自然的岩洞内，如宋代乐史在《太平寰宇记·岭南道十三》中记载："有夷人，无城郭，殊异居。……号曰生黎，巢居洞深。"可以看出，乐史是在以猎奇的思维方式来记载这一现象的，如果我们将这一特殊现象用作黎族先民社会发展落后的依据，肯定是没有说服力的。

　　史家认为，"黎"作为族称，偶见于唐代，广泛使用始于宋代，[①] 并且开始有了"生黎"和"熟黎"之分。"凡已经与汉人保持一定程度的接触者并纳租税者被称为'熟黎'。这些黎人与汉人杂居，耕作省地（官府管辖的土地），供赋役，颇能汉语，改变服式，出入州县墟市。而退居深山中，不供赋役、未汉化的黎人被称为'生黎'。"[②] 按地域划分，"生黎"主要聚集在海南中部地区的黎母山，因长年与外界缺乏联系和交往，社会发展缓慢。对此，南宋人范成大在《桂海虞衡志》中有较详细的记载："黎，海南四郡坞土蛮也。……坞之中有黎母山，诸蛮环居四旁，号黎人。内为生黎，外为熟黎。山极高，常在雾霭中，黎人自鲜识之。久晴，海氛清廓时，或见翠尖浮半空，下犹洪濛也。山水分流四郡，熟黎所居已阻且深，生黎之巢深邃，外人不复迹。黎母之巅则虽生黎亦不能至。相传其上有人，寿考逸乐，不与世接，虎豹守险，无路可攀，但觉水泉甘美绝异尔。"由于居住在深山与外部的社会发展差距特别巨大，单纯按"生黎"和"熟黎"的发展水平判断都会出现误差。

---

① 吴永章：《黎族史》，第59页。
② 唐玲玲、周伟民：《海南史要览》，海南出版社，2008，第97页。

三　制约黎族先民文明进步的因素

恩格斯说过：国家是直接地和主要地从氏族社会本身内部发展起来的阶级对立中产生的。在经济发展到一定阶段而必然使社会分裂为阶级时，国家就由于这种分裂而成为必要了。那么，考察黎族先民的历史，有下列几个方面的原因严重制约着他们迈进文明社会（即国家）的门槛。

（一）人口较少，不利于文化交流和生产力的提高。时代越古，人口越是最主要的生产力。从旧石器时代一直到新石器时代的海南岛上居住的人是非常稀少的。截至目前，在整个海南岛上发现130多处新石器时代的遗址，而且每处遗址的面积都较小，说明人口并不多。真正的人口有多少很难有一个准确的数字，如果硬要一个大概数字的话，当时每处50～100人（当然还有没有发现的遗址和不同时期的人来回在此居住），那么，在整个海南岛上最多也只居住着几万人。汉代时有了人口统计，说是"元封元年立儋耳、珠崖郡，皆在南方海中洲居，广袤可千里，合十六县，户二万三千余"（《汉书·贾捐之传》）。每户按多少人计算、这些人是汉人还是黎族先民，又有很大的争议。王俞春先生认为"人口约10万人，其中汉人约有3万人"，① 李勃先生认为"11.5万人。这些民户当多数为秦代以来从大陆迁移来的汉人"。② 笔者认为，贾捐之说的"二万三千余户"应主要是指黎族先民。因为，贾捐之接着说："其民暴恶，自以阻绝，数犯吏禁，吏亦酷之，率数年一反"，都是说的黎族先民。故《史记》记载："楚越之地，地广人稀。"直至公元2年合浦郡每平方千米才有1.4人，③与黄河流域的人口稠密之地每平方千米有100人以上，人口之差甚巨。

（二）经常性的迁徙，导致定居的农业经济和中心聚落不发达。黎族先民由于主要依靠沿海、湖泊、河流的鱼类资源和森林、丘陵的野生动植物狩猎及采集农业为生，过着经常迁徙不定的生活。一个氏族在某一地方居住一段时间发现自然资源枯竭或别的地方更好，就举族迁徙到另一个地方，大约时代越久远迁徙越频繁，直到明清时期，黎族先民还每隔一到三

---

① 王俞春：《海南移民史志》，第42页。
② 李勃：《海南岛历代建置沿革考》，海南出版社，2005，第55页。
③ 梁方仲编著《中国历代户口、田地、田赋统计》，上海人民出版社，1980，第19页。

年，便迁徙一次。宋代王象之《舆地纪胜·琼州》记载："黎人屡攻破县，迁徙不一，今见治南管村。"《中国黎族》又记：黎族没有长期定居一地的习惯，"由于常搬迁，所以村落也没有作长期居住的打算。直到后来定居下来，也就顺其自然，保留原来的布局"。① 经常性的迁徙不利于定居的农业和中心聚落的形成，更难演变成城市。

（三）优越的自然条件，使人缺乏财富积累的动力。据地质学研究，海南岛在第四纪冰川时代，由于纬度较低，大量的动植物保存下来，各种水果根茎植物非常丰富，加之人口较少，常年无冬，人们不需要像大陆北方那样春种秋收冬藏，因此，缺乏私有制积累和商品交换的动力，以至于在近现代许多黎族村庄的谷仓还在村旁，男女之间的分工仍是自然分工，人们生产的生活用品、生产工具主要是为了自己使用，而不是用于商品交换。《诸蕃志·海南》卷下记载：吉阳军生黎"时有侵扰之害。周侯遣熟黎峒首谕之，约定寅酉二日为墟市，率皆肩担背负或乘桴而来，与民贸易，民获安息"；昌化军"男子不喜营远，家无宿储"，表明黎族男子在宋代时还不苦心经营家产。

（四）母权制延续时间较长。在母系氏族社会，妇女主要承担生儿育女、操持家务、纺织、制陶、采集等劳动，而男子则主要从事捕鱼、狩猎、砍伐等重体力劳动，即使到了宋代，"田境妇女担负接踵于路，男子则不出也"（顾岕《海槎余录》）。《岭外代答·蛮俗》又记："城郭虚市负贩逐利，率妇人也。"海南这样的风俗，使妇女在社会中享有崇高的地位，以至于在秦汉之际岭南就有一位冼夫人领袖；② 东汉交趾征侧征贰也一呼百应；南朝至隋的冼夫人还被尊为海南人的圣母；宋朝海南的宜人王氏又称"王二娘"，被称为"拥有一定权威和影响力的本民族首领"，③ 她曾"承袭三十六洞统领事"，并"弹压经管一十余年，管干边面肃静，黎民安居"（《宋会要辑稿·蕃夷》）。

这样，由于以上的客观原因，造成黎族先民在母系氏族阶段缓慢发展，很难发生第二次大分工——手工业和农业的分离，也不利于直接以交换为目的的生产，更不利于形成贫富差别和阶级分化，从原始社会发展到"阶级对立"和"达到不可调和"就更难了。

---

① 王学萍主编《中国黎族》，民族出版社，2004，第264页。
② 王学萍主编《中国黎族》，第264页。
③ 吴永章：《黎族史》，第109页。

四 黎族先民进入文明社会的时代

恩格斯在《起源》中曾分析了三种国家起源的不同形式：一种是雅典式的，国家直接从氏族社会内部发展起来的阶级对立中产生形成，这是国家产生的最纯粹、最典型的形式；第二种是罗马形式的国家起源，罗马国家是平民和贵族斗争的结果；第三种是德意志人的国家产生途径，即国家是直接从征服广大外部领土中产生的。由上所述，既然黎族先民难以在氏族内部产生文明与国家社会，也不存在恩格斯在《起源》中分析的其他国家起源的形式，那么，黎族社会的文明又是怎样起源和何时起源的呢？按笔者的观点，黎族先民在春秋战国时期尚处于部落联盟阶段，秦汉时期是原始社会解体至文明社会的转化阶段，南朝至隋朝已进入文明社会，唐朝至明清仍有原始社会的残留。主要依据如下。

（一）黎族先民进入文明社会的时间应当与广西骆越人同步。前面已经说过，海南境内的黎族先民是广西骆越人的一支，是历史上不同时期迁居海南岛的，而且是来来往往的相互交流过程，即使是这些人群来到海南岛之后由于偏僻闭塞的原因落伍了，频繁的交流也会带来先进的文化和生产技术而推动社会的发展与变革。正如专家指出的"由于先秦时期岭南西部地区农业尚未独立出来，在以园艺式块根农业和采集、狩猎为主的经济形式下，地广人稀，社会生产力低下，没有大量的剩余产品，社会结构尚属于原始社会的氏族公社，物质文化水平较低，缺乏发达的谷物类农业经济下形成的密集人口聚落，不存在专门的社会化分工，因此，在没有外来因素的作用影响下，先秦时期在岭南地区的土著居民中难以发展出发达的青铜冶铸业和陶瓷业，也不会有类似中原地区商周时期的国家及其上层建筑的产生"。① 既然，先秦时期的百越民族都还处在部落联盟阶段，比他们还边远的黎族先民更不可能已产生国家文明社会。

---

① 容达贤：《广西平乐银山岭墓群的时代与墓主》，载蒋炳钊主编《百越文化研究》，厦门大学出版社，2005，第 410 页。

（二）黎族先民向文明社会的转变期。根据文献记载，海南在战国时期确已有了"国"，如成书于战国时期的《山海经》里多处记载"贯匈国"、"穿胸国"、"儋耳国"、"雕题国"等，这里的"国"并不是现在所说的国家概念，而是指的"穿胸"或"儋耳"之民。"按国字古字作或，外面的方框是后来加上去的。甲骨文中有或字，即古国字也。《说文通训定声》：'或，邦也。从口从戈以守一，会意……或又从土作域。按或者，封也。國者，邦也。"①　现已有大量材料证明，这一时期的黎族先民已处于原始社会的部落联盟阶段。

秦至汉初，海南岛先是归象郡（郡治有两说，一说在今越南中部；二说在今广西崇左县境），继之归南越国管辖。赵佗统治岭南长达七八十年，他既是封建国家的诸侯王，又治理着广大的尚处于原始社会部落联盟阶段的百越民族，多数百越的支系开始了向封建社会的转化过程。如南越国王建德统治时期，相国吕嘉既是封建国家的官吏（南越国丞相），又是骆越族的首领。海南岛上"儋耳国"的臣民还参加了南越王宫殿的建筑活动，②而参加为南越王宫殿建筑的工匠，并非身份低下的奴隶，而应是儋耳国派去的有技术的平民或自由民。

西汉武帝元封元年（公元前110年），灭了南越国，在海南岛上设置儋耳、珠崖两郡和16个县，对海南来说是开天辟地的大事件，它第一次将大陆使用了数百年的郡县制推广到了海南，按地域和行政区划来说，整个海南岛已实行封建国家的专有制统治，但问题是汉代在海南所设立的郡县治所多在交通要道和汉人的聚居区域，汉文化并没有深入黎族先民的腹地，只有儋耳郡（今儋州市境）及所辖县在黎族先民聚居区内，由此造成了"自初为郡至昭帝始元元年二十余年间，凡六反叛"（《汉书·贾捐之传》）的景象，迫使西汉朝廷不得不先是撤销儋耳郡，不久又将设在海南的所有郡县全部弃之，迁来海南的汉民也内迁至海北。笔者以为，西汉朝廷罢弃在海南郡县，除了大家公认的汉朝官员的疯狂掠夺等原因外，更主要的是两种文化的碰撞。一方面是汉朝在海南强行推广的封建制度，另一方面是海南的土著居民还过着原始社会的生活。在从原始社会跃进到封建社会的过程中，土著居民有着极大的不适应（如从经常性的迁徙到定居一

①　田昌五：《中国古代社会发展史论》，第386页。
②　拙作《海南岛何时纳入中国的版图》，《海南大学学报（社会科学版）》2009年第1期。

地；从过习惯了的渔猎、采集生活，到开垦土地种植的农业经济等）。当
这种矛盾加剧的时候，西汉朝廷采取了罢弃的办法，土著居民又重新回到
了原来的社会生活和组织形式，这一过就是几百年。

在从汉代到南朝梁的七百多年时间里，随着黎族先民人口迅速增加，
来海南岛上的汉人也逐渐增多，汉文化的不断传入，黎族先民的社会生活
和组织形式在逐渐地发生转变，但还没有发生根本性的变化，因此，这一
时期是黎族先民从原始社会向文明社会转变期。

（三）黎族先民文明社会的形成标志。从三国到南朝梁，中央朝廷
对海南的建置时设时弃，即使设置了郡县也多是名义上的，几乎没有什
么大的建树。笔者认为，只有到了南朝梁至隋朝时期，海南黎族先民才
迈入文明社会的门槛。需要指出的是，我们既不能以长期居住在深山老
林的"生黎"为依据，也不能以已经汉化的"熟黎"为标准，因为，按
照"生黎"的情况，就会得出"宋代黎族社会发展是极不平衡的。在广
大'生黎'地区，还保留着浓郁的原始社会色彩。在政治上，他们不隶
属州县，不供赋役；在生产上，多采用刀耕火种的耕作方式；在土地占
有制方面，公有制形式仍占主导地位。……总体而言，尚处于原始社会
的解体阶段"① 的认识，若按照"熟黎"为标准，他们可能早已进入文
明社会。这里，我们试图从社会政治形态、生产力发展水平、生产关系
的转变等方面加以探讨。

（1）黎族先民的民族大融合，促进了新的民族形成。我们知道，黎族
先民在汉代以前称为"骆越人"，是百越人的一支，东汉及其以后，"百
越"、"骆越"等称谓遽然消失了，代之而起的是新的称谓，如《后汉书·
南蛮列传》卷七六载："建武十二年（公元 36 年），九真徼外蛮里张游，
率种人慕化内属，封为归汉里君。"李贤注："里，蛮之别号，今呼为里
人"。在三国吴人万震的《南州异物志》一书中，已将"里"转化为
"俚"，有时又称为"俚僚"，这一名称一直沿用至唐末。而冼夫人为高凉
郡（治今广东阳江县）人，也是俚族，并为俚族的女首领。正是在东汉时
期至南朝梁的几百年大批俚人迁入海南，并和原土著居民"骆越"人融
合，才形成了新的民族。有人指出："民族是由部落发展而成，民族开始
形成于原始社会即将解体、阶级和国家开始形成的时候，民族具有共同地

---

① 吴永章：《黎族史》，第 112 页。

域、共同语言、共同经济生活、共同文化和心理素质及有稳定共同体诸要素。"①

（2）生产关系的转变。冼夫人原"世为南越首领，部落十余万家"，这就是说，冼夫人出生在拥有10万余家的部落联盟时期，此时正是俚人的社会大变革时代，女性首领是世传的，当她征服海南后，"海南、儋耳归附者千余洞"。冼夫人被封为中郎将（位仅次于将军，秩比两千石）、石龙太夫人，冼夫人的儿子冯仆为石龙郡太守，母子二人已成为岭南的最高统治者，冼太夫人又因助隋平叛有功，追赠冼夫人的丈夫冯宝为广州总管、谯国公，封冼夫人为谯国夫人，并置"谯国夫人幕府，置长史以下官署，给印章，听发落六州兵马，若有机急，便宜行事"。

从她的经历中我们可以看出至少几点变化：一是身份的转变，即由原始社会的世袭制变为封建王朝的任命制。对于俚族人来说，她是俚人部落的最高酋长，对于整个海南人来说，她是朝廷的命官、封建的官吏。二是海南在梁大通四年（532）置崖州，下辖珠崖郡及义伦、朱卢等县。崖州州治置都督府，在今儋州市西北三都镇旧州坡，长官称都督，掌管全州的军民之政。她在统治海南期间实行的是封建的郡县制，而不是原始社会的酋长制。三是她享有个人封地为"临振县汤沐邑一千五百户"，所谓"汤沐邑"，是指收取赋税的私邑、食邑。四是"海南、儋耳归附者千余洞"，即已不是仅管本族俚人，而是海南岛上的整个黎族先民和汉人。五是冼夫人曾为中郎将（位仅次于将军，秩比两千石），"发落六州兵马"，其下有各级武官，与原始社会的军事民主制有根本区别。

有了统治阶级的官府，必然有为之供养的赋税。《三国志·吴书·薛综传》卷五三记载："田户之租赋，裁取供办。贵致远珍名珠、香药、象牙、犀角、玳瑁、珊瑚、玻璃、鹦鹉、翡翠、孔雀、奇物，充备宝玩。"因此，有人说黎族先民在唐以前不纳税是不准确的。

（3）中心聚落与稻作农业文明的形成。稻作农业一直被认为是岭南文明社会的重要标志，它的前提是相对较长时间的定居生活和有较大的村落。岭南少数民族一般在"商周以后，洞穴聚落才逐渐减少直至消失"，②之后，便住上了干栏式的房屋建筑。海南东方市荣村新石器时代文化遗址

---

① 林汀水：《福建无闽族，也无"闽方国"辩》，载蒋炳钊主编《百越文化研究》，第76页。
② 郑超雄：《壮族文明起源研究》，广西人民出版社，2005，第14页。

（属于东汉早期文化层）中，发现有"9 个小洞，洞口近圆形，斜直壁，平底或圜底，口径 0.2 ~ 0.35 米、深 0.14 ~ 0.6 米。洞内堆积为灰褐色土，质地较松软，含有少量炭屑、烧土粒及零星的夹砂陶片等"，[①] 这些小洞可能是干栏式的房屋建筑的柱洞遗迹，表明这时人们过上了定居的生活。尤其是位于陵水县移辇村的新石器时代中期遗址，分布范围多达 10 万平方米，而且还发现了当时的居住面，[②] 都证明了这时的黎族先民不仅已经在地面居住，而且大面积的村落已经形成。这是文明起源的基础。

有了定居生活，必然带来稻作农业的产生与发展，故《史记》、《汉书》等多记载黎族先民"水耕火耨"、"刀耕火种"、"男耕女织"，都反映了海南农业发展的成果。有了充足粮食供给，才能集中更多的人群居住在同一地域内，才能供应国家机器——军队和官署。冼夫人宣谕十三州，长期带兵作战，没有充足粮食供给是不可能完成统一岭南（包括海南岛）使命的。

（4）商品交换的发展。恩格斯在《起源》中说：业已出现的对畜群和奢侈品的私人占有，引起了单个人之间的交换，使产品变成了商品。这就包含着随之而来的全部变革的萌芽。当生产者不再直接消费自己的产品，而是通过交换把它转让出去的时候，他们就失去了对自己的产品的支配权力。他们已不再知道产品的结局如何，于是产品有那么一天被用来反对生产者、剥削和压迫生产者的可能性便产生了。可见，商品交换是文明和国家起源的催化剂。岭南在西汉时还是"无冻饿之人，亦无千金之家"（《史记·货殖列传》），到了《汉书·地理志》便记载："处近海，多犀、象、毒冒、珠玑、银、铜、果、布之凑，中国往商贾者多取富焉"，《隋书·地理志》也有类似的记载。商品交换的发展催生了贫富分化和私有财产的集聚，如《后汉书·循吏》载："南海多产，财产易积"。

限于篇幅，还有手工业、青铜业、造船业、城市、宗庙等方面的论述，当在下集继续探讨。

（作者单位：海南大学社会科学研究中心）

[①] 海南省文物考古研究所：《海南东方市荣村遗址试掘简报》，《考古》2003 年第 4 期。
[②] 郝思德：《海南史前考古概述》，载《海南历史文化》（第一卷），南方出版社，2011。

关于海南岛文化根性的若干思考（二）[*]

闫广林

一

从社会根性的视角来看，海南是一种多元的历史组合，黎、汉、苗、回四个民族，不同时期先后移居海南并形成了海南社会的基本结构。而从文化根性的视角来看，海南文化形成则更为复杂。这是因为：除极少数富裕的长老能够用金钱或牛马向汉族、黎族地主换得少量土地作为私有产业外，大部分苗人基本上都是租种汉族、黎族地主的山岭。苗族是一个没有文字、没有土地的佃种与游耕民族。而作为一个人数同样不多、居住又分散的族群，海南回族一直群体聚居，自然形成村落，使用自己的语言，拥有自己的宗教，属于一个迄今仍然未被同化的民族。所以，苗族文化和回族文化对于海南文化根性的形成，未能产生主体作用。对海南文化根性产生主体作用的，是先住民的黎族文化、后来者大陆文化尤其是闽南文化，以及给海南带来佛教和基督教信仰的外来文化。但海南文化与这些构成元素又有所不同。

首先是黎族文化。虽然早在宋代就有"熟黎"之说，而到了明代，在靠近汉族的黎族地区的汉化已很普遍，虽然黎族诚实守信、勤劳俭朴、敬老爱幼、团结互助、热情好客的传统，对海南文化的形成产生了重要影

---

* 该文属于海南省哲学社会科学规划项目。项目名称：海南岛文化根性研究；项目编号：HNSK11 - 49。

响，但其深山丛林的生活，船型屋的居住方式，"峒"的社会组织，"合亩制"的生产方式，黎锦、文身、树皮布和盘条制陶等工艺形式，鼻箫、山歌等艺术形式，以及节日、出生、结婚、死亡、生病等仪式规则，还有多达 100 多种的一系列与鬼文化相关的禁忌辟邪法术，以及"道公"、"娘母"习俗，其实并没有在海南文化的形成过程中被海南社会所普遍接受，而成为地方性知识的主体。个中原因，应与地理环境导致的文化封闭有关。诚如学者司徒尚纪分析："至岛内部，山高林密，瘴疬袭人，为少数民族所居，汉人难以进入，多数地区来往稀少，处于分割、阻绝状态。如'秦以水德王，其数用六。今琼人行使铜钱，犹用六数，以六文为一钱，六十文为一两，六百文为一贯。又田禾以六把为半担，十二把为一担，亦用六数，皆秦旧俗也'。黎族至今传统计算方法仍然如此。鸡卜、钻木取火、文身、不落夫家、放寮以及古越族一些自然、神灵崇拜等习俗，在大陆上已经消失或残存，但在海南却长期传承，显示海南文化少受外来文化因素冲击，一旦形成或从岛外传入，只要没有强大因素影响，即能长期保存下来。"①

其次是外来文化。海南文化与域外文化的交流始于唐宋，到了明清时期，由于生活贫困、战乱饥荒、海盗掠卖以及经商贸易等原因，移居境外的海南人逐渐增多至数百万。而且在家园情结的推动下，这些华侨、华人在寻根觅祖、回报乡里的同时，也为海南引进了佛教文化和基督教文化，对海南岛的地方性知识尤其是建筑和饮食产生了重要影响。例如海南的骑楼。作为一种外廊式的建筑，骑楼艺术历史久远，甚至可以追溯至古希腊的"帕忒侬神庙"。随着华侨群体的形成，闯南洋的商人将南洋的骑楼样式带入了海口以及海南岛东南沿海的各大乡镇，形成了繁华的商业群和独特的景观线，形成了既有浓厚的西方建筑风格，又有南洋装饰风格，还明显受到印度和阿拉伯文化影响的骑楼艺术，可谓多姿多彩，合而为一。但不可忽视的是，海南骑楼中的中国元素，尤其是外墙浮雕上那精美的百鸟朝凤、双龙戏珠、海棠花、腊梅花等中国传统的雕刻艺术，以及窗楣、柱子、墙面造型、腰线、阳台、栏杆、雕饰等，居功至伟。这种中西合璧的复合风格表明，海南文化已经使外来的诸种文化中国化、海岛化了；同时也表明，外来文化之于海南岛，影响作用不小、决定作用不大，缺少文化

---

① 周伟民：《琼粤地方文献国际学术研讨会论文集》，海南出版社，2002，第 530 页。

支配的权力。

　　第三，作为孤悬海外的小岛，海南岛文化根性也与中国大陆文化不尽相同。当然，由移民和贬流官员所传播而来的大陆文化是海南岛文化的一个重要的构成要素。海南岛以儒为主、以道为辅，以仁为主、以自然为辅，以中和中庸为主、以天人合一为辅的文化，与大陆文化也具有同宗同源的关系。但由于大陆文化在本质上是温带文化、内陆文化和原住民文化，所以也不能取热带、海岛和移民的海南文化而代之。例如"大一统"。中国是个大陆性的国家，大陆性的国家往往都是集权式的国家。因此从秦汉开始，中国大陆的宗法统治就逐渐被中央集权式的官僚等级制所取代，形成了一套"三省六部制"的成熟而严格的政治制度，以及"普天之下，莫非王土；率土之滨，莫非王臣"的大一统思想，"修身齐家治国平天下"的核心价值观，还有"君为臣纲，父为子纲，夫为妻纲"的三纲，"仁义礼智信"的"五常"伦理，"在家从父，出嫁从夫，夫死从子"的"三从"道德。显然，大陆文化的这种社会控制和人身约束能力，足以让孤悬海外的海南叹为观止。海南不是广袤的大陆，不是黑格尔所说的人类文明起源的温带，而是一个小岛，一个热岛，一个从大陆文化中移民而来的岛屿。这个岛屿上的文化如同这个岛屿上的环境一样，植物丰富多样，有的在换叶、有的在开花、有的正处在生长阶段，难以看到某种野果成片地出现，看到一种树木一统天下的局面，一种集权的基础。

　　最后也是最重要的当推闽南岭南文化。海南学者符永光认为："五代十国至宋代是我国北方向南方大举移民的第二次高峰，其时移民的方向多从中原往东南沿海诸省大流动，尤其是福建省，以至形成了人稠地狭的局面。于是，宋代闽人（包括落籍闽南的中原人）开始迁移广东、海南岛乃至东南亚各国。大批的有意识或松散式的移民，沿着粤东的潮汕平原南下，他们跨越珠江三角洲，经粤西、雷州半岛直至海南岛，这是沿着陆路来的移民。而自闽南沿海从水路乘船直达海南岛者，大多在岛北至岛东部的琼山、文昌至琼海一线登陆，形成了宋代闽南人向海南岛移民的第一次高潮，也是海南方言以闽南方言为母语基础的开始。"① 此外，经海南学者对海南112个姓氏205位迁琼先祖的调查，表明海南各姓先祖来自全国各

---

　　① 符永光：《海南文化发展概观》，海南出版社，2010，第84~85页。

地，其中有 65 个姓氏 123 位先祖来自福建，占 60%；来自莆田的就有 90 位，占 44%。[①] 因此有"琼者莆之枝叶、莆者琼之本根"之说，甚至有学者将海南与潮汕和台湾一起，列入"泛闽南文化"。[②] 的确，海南文化中诸多元素如方言、祠堂、牌坊、舞狮、琼剧，尤其是祭祖风俗和妈祖崇拜，均与闽南文化密切相关。但尽管如此，闽南文化仍与作为地方知识的海南文化不尽相同，那宫殿式的"古大厝"建筑，那悬丝傀儡、普度仪式、南音文化，在文化移植过程中不是被改造过了就是被过滤掉了。或者说，作为热带海岛和移民社会的海南，在接受闽南文化的同时使之本岛化了。例如屋顶正脊的建筑。有专家指出，闽南岭南传统民居屋顶正脊多呈弧形曲线，向两端起翘成燕尾之形状；琼北民居简化了正脊的形式，两端用脊吻以强调立体感；脊吻形式与闽南岭南的龙凤豪华造型也不一样，多用草尾、祥云图案。在山墙建造方面，闽南岭南较多用镬耳山墙，常以此来显示富贵富有，而琼北屋顶多作硬山顶，多为人字山墙，装饰也较前两者更加简约明快。"这体现了海南人谦虚、低调的生活态度和质朴的情感。"[③] 这种谦虚、低调的特点体现在思想文化方面，就是对大陆儒家文化的不同态度。实际上，大陆儒家文化在闽南文化的发展史上，经常被草根阶层消极地抵制着，甚至出现了一个叛逆的反儒教思想家李贽。但海南却不同，他对儒家文化一直践行着一条全盘接受和全面归化的道路。甚至可以说，唐宋以来的海南文化史，就是一部儒家文化的交接史。

海南军坡节最初与岭南文化中的冼太夫人崇拜有关。冼夫人的军队最先驻在新坡镇，人们在安居乐业之后，为感激冼夫人而举行模仿当年出军仪式的活动，故此得名。后来，"军坡"活动融进了更为丰富的内容，军坡节成了海南凌驾于地方道德观和其他民俗文化之上的最主要的神道节，所拜祭的对象也逐渐演变成了当地曾经存在过的杰出"峒主"、"境主"或者"祖先"及其生日，亦即"公期"和"婆期"。所以军坡节虽然多集中在阳春二三月，但没有统一的日子。文昌文城镇是正月十三，海口新坡镇是二月初六，定安定城镇是二月十二，屯昌屯城镇是二月廿五，文昌东郊镇甚至每年有两期。而有些乡镇，既有共同的军坡节，各村还有各自的公期；既供奉较大的神祖"大公"，又各自供奉各自的神祖"小公"。多元

---

① 张玉：《海南传统节庆饮食文化研究》，《文化纵横》2010 年第 9 期。

② 《潮汕文化属泛闽南文化》，《东南快报》2004 年 12 月 23 日。

③ 单憬岗：《海南近代建筑的绚烂绽放》，《海南日报》2010 年 5 月 31 日。

性、多神性和不充分性的特征相当突出，说明在移民社会的公共意识里，只要具备足够的道德威望和能力，包括祖先在内的任何领袖都可以成为他们崇拜的神。所以海南人从一个地方搬家到另一个地方居住以后，就会立即放弃原来的军坡节，而改成新居住地的军坡节，原来拜祭的神也随即放弃，而改拜新居住地的神。凡此种种，均与崇尚境主的闽南文化密切相关，而与移民性质尤其是贬官色彩并不十分突出的岭南文化相去渐远。至于军坡节中颇具道教神秘色彩的各类"穿杖"节目，更与崇高性质的岭南巾帼英雄（谯国夫人、岭南圣母）大异其趣。

文化有意识形态和非意识形态之分，意识形态是想象性的"社会意识"或价值系统，是一个社会非正式约束的核心，或者说是社会中每个人的思想、信仰和行为都受其支配的准则和规范。而且，这种已经被某个群体所接受的体系性的社会意识融于生活特别是成为习惯时，就会成为集体无意识，使之自觉遵守并持之以恒，即所谓"道在伦常之中"和"日用而不知"。美国当代著名的人类学家吉尔兹认为，人类所赖以形塑的意识形态，就社会决定因素而言，存有利益论和张力论两种研究路径。在前者看来，意识形态是一种面具或武器；而对后者来说，意识形态则是病症和处方。在前一种可能性中，人们追逐权力，所以应在争取优越的斗争的背景中加以考察；而在后一种背景下，人们逃离焦虑，则应在修正社会心理失衡的漫长努力背景中来进行考察。由此可见，与更具革命性质的利益关系不同，张力关系既是一种充满对抗性的紧张关系，又是一种富有吸引力的合作关系，而作为一种地方性知识的海南文化，与其说是权力关系下的意识形态，毋宁说是蓝色的热带海岛文化和大陆的农业文化之间张力关系下的意识形态。这种意识形态表明，受到狭小性和边缘性的地理条件的限制，古代海南不可能独立创造出自己的文化体系，只能步入一条吸收性的道路，从大陆吸收文化元素，但孤立的海岛生存又使它所吸收的诸多元素在这里汇成现世主义的文化品格。

二

同样是岛屿文化，但英伦理想国的归宿是理性，日本理想国的归宿是神道，海南理想国中的归宿是至尊至善并超越一切批判视野的祖先。祖先崇拜是海南岛的精神支柱和文化灵魂；以此为支点，海南历史不自觉地建构起了一个亲情和人情的社会。

其实，作为海南的先住民，黎族就是一个祖先信仰的民族。只不过，黎族的祖先信仰不是崇拜，而是敬畏，原始宗教性质的敬畏。原始宗教的发生原理在于，人们以集体的力量和简陋的工具与自然界作斗争时，一方面逐步认识到人们的生产活动与某些自然现象的联系；另一方面又对许多诸如风雨、雷电、日月、死亡、生育等自然现象和人类自身的现象进行万物有灵的朴素理解，认为有一种超自然的力量存在于自然之中。于是，敬畏与崇拜、恐惧与希望交织在一起，各种禁忌和巫术油然而生。黎族亦复如此。具言之，相信"灵魂不灭"的黎族人历来就认为，生命生时灵魂附于躯体，死后灵魂独立存在，或栖附于其他物体，或往来于阴阳两界间，或游离于亡者的村峒住所近处，成为鬼魂。人们只能用巫术的方式来敬畏，或请鬼公、娘母"作鬼"来驱邪，或以作法的方式来消灾避难。而且在黎族鬼魂体系中，"祖先鬼"是最大的鬼，和雷公鬼一样可怕，比其他鬼还要令人敬畏，即所谓：天上怕雷公，人间怕禁公，地下怕祖公。所以黎族便形成了诸多严厉的祖先禁忌文化，如平日禁忌提及祖先的名字，唯恐触怒祖先而招致灾难。值得注意的是，这种习俗在汉族文化的影响下，特别是在道教文化的影响下，发生了根本的转变，即从"鬼"向"神"的转变，并呈现巫道结合的特点。在这种转变中，"祖先鬼"已经淡化了对家人施以各种灾祸的能力，并有了"神"的内容和保护家人平安、牲畜繁殖、庄家丰收的"善"的意义。于是，黎族对"祖先鬼"由畏而敬，祭祀性质由恐惧而祈福，宗教目的也有了敬祖尊先、慎终追远的大陆人伦礼仪和道德情怀。

与黎族原始的祖先崇拜不同，海南汉人的祖先崇拜因移民的原因而明显呈现宗族化的特点。宗族观念是中国历史上盛行了几千年的文化观念，但对海南来说，似乎要特别突出一些。所以如此的原因在于，海南岛是个移民岛，从中原和闽粤以及广西南下驻琼的大批移民多以同姓同宗聚族而居，规模较大且人口较多的村落一村一姓，反之则一村多姓。这种宗族性质的村落组织是海南社会的基本结构，并使得社会成员产生并保持了祖先崇拜的传统，自觉和不自觉地在与祖先的关系中确定自己的位置和等级；使得他们相当重视血缘和宗姓关系，但并不太重视国家关系，比较缺乏天下意识和终极关怀；使得他们固守于某一村落，对外部世界缺乏好奇心和交往动力，保守主义的文化品格昭然若揭。一言以蔽之，祖先崇拜早已成为海南宗亲文化的历史起点，而宗亲文化也早已成为海南地方文化的逻辑起点。而且更重要的是，因为孤悬海外，长期闭锁，远离中国政治的中心，因为较少受到大陆那样由于战争征伐、权力斗争、改朝换代等重大事件的革命性冲击，所以这种以祖先崇拜为中心的宗亲关系及其文化，在海南终于得到了更加纯粹的继承和更加顽强的坚守。以至于可以说，祖先崇拜已成为海南岛的文化根性之一。在这种崇拜中，所有家族成员都必须与自己的祖先建立起一种想象性关系，与社会建立起一种话语权力，并通过一系列的方式予以隐喻或实现。

　　首先是民居。海南主流民居是大陆四合院文化的延续，但又有自己的特色，诸如郁郁葱葱的居住环境、"龙翅"和"云公"的屋顶建筑、四面通风的结构设计、俗称"飘廊"的挡风遮雨功能，等等。但更值得注意的是更具祖先崇拜意义的"堂屋"文化。大陆四合院的"四"字表示东南西北四面，"合"则表示围在一起的意思。也就是说，四合院是由四面的房屋或围墙圈成的一个封闭空间；只要关上大门，四合院内便形成一个独立自足的小世界，而中堂便是这世界的中心。在这个中心中敬奉着不同的神位。其中，观音位于左方，以凸显其地位，其余神明位阶不分上下并设于右方，而祖先牌位往往被安放在神位中最低的位阶，不能超越于诸神明之上。① 与此相应的是，在这个中心中还会悬挂着一些书画作品，喜欢精英文化的挂诗词字画，喜欢世俗文化的挂"福、禄、寿"，官宦人家挂激励子孙的对联，而经商人家则多用吉祥如意、恭喜发财的对子。如此多元的文化元素在中堂这个小世界中构建了一个礼仪文化空间，而祖先崇拜文化仅居其一，尚未达到唯我独尊的高度。海南民居特别是民居中的"堂屋"则有所不同，虽然在这里也有其他元素存在，但更集中地体现了祖先认同主题——"屋"。因此在选址上，"屋"只能选在自己的祖地，不能占用其他的土地；在动土之前，要请来风水先生给"屋"看风水定阴阳，定良辰吉日；在"起屋"之时，要邀请同宗同族成员，一同祭祀土地爷，祭祀祖先；在新房建好之时，还要举行"进屋"仪式，宴请前来贺喜的三亲六戚、左邻右舍。而从建筑格局来看，海南之"屋"的祖先崇拜主题更为突出。海南传统民居系由"正屋"和"横屋"两部分组成。"正屋"的主体

---

　　① 　文锦堂：《古宅中堂位之谜》，《信息时报》2009 年 9 月 21 日。

是堂屋，堂屋的主体是客厅，客厅里设有三殿堂，供奉祖先神位和道德格训。年时节下，生辰忌日，婚丧大典，在此设祭行礼；贵客临门，在此接待；女儿回娘家在此拜见父母；甚至上年纪的老人，也会守在客厅以待归天。他们认为，如果在屋外逝世，就成了孤魂野鬼，以后必须做法事招魂，方能上得灵位，与列祖列宗一起，接受在世亲人的祭拜。对于海南人来说，堂屋是家园和家族的象征，是祖先崇拜的外在表现，只有儿子或者长子才能继承。所以在海南方言中，"屋"字涵盖了"家"、"室"、"房"的意义，"有屋有头"就是说有产有业、有根有基，光宗耀祖。一字之中，包含着血脉相承、薪火相传的隐喻。

其次是宗祠。宗祠或称家庙、祠堂，是本姓氏奉祀祖先神位的建筑，也是血亲村落最重要的建筑，有着很强的神灵色彩和精神家园、血缘纽带的意义。中国大陆的姓氏宗祠文化很早就与郡望——门阀文化联系在一起，并深刻地影响着中国人的政治生活。"郡"是行政区划，"望"是名门望族，"郡望"表示某一地域的名门大族。这些高门大姓一般地说由家族人物的地位、权威和声望自然造成，一旦形成则显赫无比，十分威严，并世代传承，成为所谓"门阀"，亦即门第阀阅。有时官方还作明确规定，宣称某姓为望族大姓，具体划分姓族等级，确定门阀序列以及特权。而与高门望族相比，门第较低，家世不显的家族则被称为"寒门"、"庶族"。他们虽然也有一定的土地、财产，其成员也有入仕的机会，但总的说来，其社会地位无法与门阀士族相比。其结果便是士庶不同。出身于名门望族的"衣冠子弟"，即便无才无德，也能列为上品优先入仕，得授清贵之职，而出身孤寒的庶族子弟，即便才德超群，总被列为下品，即使入仕，也只可能就任士族所不屑的卑微之职，以致形成了"上品无寒门，下品无士族"的局面，甚至"士庶之别，国之章也"。政治色彩十分显然。而海南的姓氏宗祠则与政治基本无关。具言之，海南的姓氏宗祠都源于渡琼始祖的崇拜。尽管其中有的始祖来自大陆，有的来自闽南岭南；有的属于朝廷命官，有的属于朝廷贬官；有的避乱入琼，有的经商落籍；有的是迁居入琼者，有的是宦游来琼者；有的是举人进士，有的是武将出身，还有张氏宗祠的张岳崧为海南历史上唯一的探花。如此等等，不一而足。但除了曾氏宗祠以及符氏宗祠的始祖，或为中国历史上圣贤以及望族的后裔外，多数宗祠的始祖之所以成为始祖，并非其"郡望"身份，而是其宗法力量和海南岛的生存环境使然。因此，人们建设宗祠这种族人群落在精神层面的公共财产，并不是要获取和维护某种社会地位和政治权利，而是要在这里敬奉祖先，记载祖训，举行祭祀仪式，保存全族的派系、行辈、婚姻及其历史渊源，让族人感受到本族变迁、发展的轨迹。春节、清明、中秋、冬至等重大节庆，以及凡是家有要事，如结婚生子等，一般都要来这里"告慰"先人。由此可见，作为祖先崇拜的一种存在形式，宗祠完全属于宗族血亲的圣殿，郡望性质的政治色彩及其权利意义并不明显。

再次是家谱。如果说宗祠是与姓氏有关的物质文化，那么家谱就是与姓氏有关的非物质文化，是以记载一个血亲家族的世系与事迹为主要内容的历史文献。而且，虽然许多欧洲国家都有家谱族谱的传统，甚至像意大利的罗伦佐家族那样，记载了该家族十分重要的历史贡献，但相比之下，中国家谱文化更加源远流长和普遍化。所以自夏商以来，中国不仅王室有家谱，诸侯及一些贵族也有家谱，政府还曾设专门机构进行家谱管理。屈原官居三闾大夫，其主要职掌就是掌管楚国昭、景、屈三族的三姓事务，编制三姓的家谱。相传荀子也曾编有《春秋公子血脉谱》，"血脉"二字生动形象地揭示了家谱的本质。直到清代，中国家谱文化依然十分发达，而且越发繁荣。所以当时的著名史学家章学诚说过"夫家有谱、州有志、国有史，其义一也"；"家乘谱牒，一家一史也，部府县志，一国之史也，综纪一朝，天下之史也"，① 把家谱与国史、方志相提并论。家谱之所以如此重要，原因在于其中的家规族训，不仅对于规范人生和教育子弟具有道德功能，而且对于维系民族的凝聚力和向心力，对于文化认同，具有团结功能。所不同的是，古代海南"编户之民"很少，姓氏总量偏少，多集中在王、陈、符、李、黄、林、吴几大姓中，而且家谱文化的移民主题十分突出，均记载了渡琼始祖在海南的丰功伟绩。与此移民文化相对应的是，海南各宗姓之间和睦相处，并未有形成生存地位上的士族与庶族的等级关系和紧张关系。因此而使得海南的家谱文化各问其祖，各寻其根，各自进行自己慎终追远性质的文化认同，以通过祖先崇拜而获得最可靠、最永久的血脉依凭。即使在多姓的村落中，也无小说《白鹿原》中白鹿两姓那种充满恩怨的权力斗争。

更重要的问题在于，随着历史的发展，海南的祖先崇拜从一个血亲现

---

① 王燕飞：《家谱与方志关系小议》，《江苏图书馆学报》2002 年第 6 期，第 36 页。

象演变成了一个社会现象。以至于可以说，整个海南就是个由祖先崇拜延伸而来的恩情世界，其中的子女与父母、兄弟与姐妹、宗亲与外戚、师生与朋友甚至所有的人，都因为生命或生存与恩情构成了一种或核心或紧密或松散的情义关系，亦即社会秩序，而孝与忠则是维系这情义关系的基本义务和行为准则。规范之下，每个人都不再是单独的个人，而是这个情义世界的组成部分，并和邻近的人构成另一个情义世界。每个人都要明白自己的位置，并将"孝"和"忠"奉为必须履行的最高责任和准则。因此，他可以为"孝"去牺牲幸福和生命，也可能因为不忠而成为不义之人，受到社会的谴责与惩罚。这种无私的超功利的情义精神，体现了岛屿生存的团结需要，因为古代岛民只有依靠"群"的力量才能够在恶劣的自然环境中生存和发展。英国著名史学家汤因比说："就中国人来说，几千年来，比世界任何民族都成功地把几亿民众从政治文化上团结起来。他们显示出这种在政治、文化上统一的本领，具有无与伦比的成功经验。"① 在这方面，特殊的地理环境，使义务和责任均成为行之有效的道德律令的海南岛，颇具"青出于蓝而胜于蓝"的性质。

三

当然，团结的需要是人类古代社会的普遍需要。在"日与禽兽居，族与万物并"的远古社会里，人类只有通过集体协作的方式才能生产和生活，而血亲组织是集体协作的不二选择。于是，以血亲为基础，以部落为形式，以集体主义为精神，自然而然地成了原始氏族社会的一个共同属性。一直到阶级诞生以后，家族—部落式的血亲组织才逐渐被国家这一更高级的社会组织形式所取代。后来的差异在于，古希腊的"梭伦改革"一举摧毁了氏族公社制度，并经由古罗马的继承，早已使西方的"族人"关系让位给"公民"关系，血亲制度让位给民主制度。而在农业中国，氏族社会遗留下来的血亲制度或者说宗法制度却世代相传，甚至还以伦理纲常和政治制度的形式获得了话语霸权，以至于发展成为"家族本位"的中国

---

① 汤因比、池田大作：《展望二十一世纪——汤因比与池田大作对话录》，中国国际文化出版公司，1985，第 36 页。

"伦理法系"精神。在这种精神的支配下，家长对家庭成员管理的"规矩"就是家法，家族对国家管理的规矩就是国法，甚至成为超越法律原则的一种意识形态。伍子胥为报父仇，叛国、投敌、弑君，实属罪大恶极！但在人们心中，他仍然是正面的英雄，原因就在于"杀父之仇，不共戴天"。随后，战国时期发生在各个诸侯国的"变法"运动，对代表家族利益的"家族本位"形成重大冲击。"变法"最重要的内容是"隆君"、"重法"。"隆君"抬高了君主和国家的权威，变贵族（家族）制为君主制，变"家族本位"为"国家本位"；"重法"抬高了法律和制度的权威，变"礼治"为"法治"，变众家族之"家法"为君主独裁之"王法"。从此，"朕即国家，朕即法律"便成了不可置疑的绝对真理，家家户户也成了"天然的皇权主义者"。而且从汉武帝时期起，儒家容忍代表"国家本位"的专制皇权，法家也容忍代表"家族本位"的宗法伦理，中国社会开始从强调礼法对立转变为提倡礼法合一。例如二者结合的典范——《唐律》，其"十恶"中"谋反"、"谋大逆"、"谋叛"、"大不敬"所维护的，显然是"国家本位"的专制皇权和中央集权体制，而"恶逆"、"不孝"、"不睦"、"内乱"等四条所维护的，则显然是"家族本位"。

海南的问题在于，无论从历时性还是从共时性的角度考察，都没有完成从"家族本位"向"国家本位"的转变，以至于各种由"家族本位"所产生的地方性的"习惯法"，在日常生活的意识形态中一直发挥着相当重要的作用。

历时性地来看，汉王朝在海南设置郡县，实行"遥领"；隋王朝赐冼夫人"临振县汤沐邑一千五百户"，认可了冯冼家族在海南岛的统治；唐王朝在崖州设都督府，又设琼州都督府统管全岛；宋元王朝先后将海南隶属于广南西路、湖广行省、广西行省；称海南为"南溟奇甸"的明太祖朱元璋，在登基的第三年也就是1370年，海南隶属广东，把琼州升格为府，大修府城、州城、县城，调查户口，丈量土地。从此，海南才有了统一的治理结构，才不被看做蛮荒和流放之地，即所谓："前代珠崖郡，今日少窜臣。"由此可见，直到中国封建政治文化十分发达和严格的明代，大陆对海南的"王化"才告完成。而且在此过程中，由于统治者对这块遥远边地的轻视，中央政府对海南的控制时断时续，海南的行政区划时弱时强，海南黎族百姓的造反活动时有时无，导致王权的霸权力量远不如大陆那么强大。所以，王安石变差役法为免役法后，"天下无复有邮差为吏之州，独海南四州不行焉"。于是，神宗只好下诏，仅海南岛罢免役法而仍旧令服差役。① 在此"梗化"的背景下，海南的基层社会组织的"自治"作用也就更加重要了。

共时性地来看，海南的村落组织可以分为：作为山区居民地点的抱或者番，作为比较原始的氏族部落组织的峒，作为苗族游居地点的山岭苗，作为回族居住区的羊栏，还有诸多汉族居住区，如以原籍名命名的东山、东坡、东阁、蓬莱、铺前，以军事移民命名的所、亭、屯、都、堡、营、台。而且峒有峒首，村有村老，亭有亭长，以血亲家族为核心的村落组织相当牢固。例如峒首。实际上，峒首已经握有超越氏族长老所有的军事和行政权力，是一个黎区的军事长官和行政长官甚至政治领袖。在他的领导下，峒有自己的规矩，土地共有，共耕分收，抵御外辱，保卫家园。这种移民性质和家族性质结合而成的社会结构，更支持了地方"自治"及其习惯法。

习惯法是一种源于生产生活的地方性习俗、信仰、规范，一种与条文法相对应并具有普遍性和权威性的习惯做法。法国著名的比较法学家勒内·达维德认为："中国人解决争端首先必须考虑'情'，其次是'礼'，最后是'理'，只有最后才诉诸法。""中国人民一般是在不用法的情况下生活的。……他们处理与别人的关系以是否合乎情理为准则。他们不要求什么权利，要的只是和睦相处下和谐。"② 在这乡土社会、礼治秩序、长老统治方面，由于没有完成从"家族本位"向"国家本位"的转变，海南的状况似乎更为突出。

首先，习惯法就是海南先住民黎族中普遍存在的民间法。如前所述，在社会体制方面，黎族的基层组织为"峒"；峒的地域一般以山岭、河流为界，并且立碑、砌石或栽种树木作为标志。黎族百姓称呼他们的峒领为"奥雅"，亦即"老人"，说明原始氏族社会的长老观念仍存在于民众意识之中。峒内成员的行为都有一定的规范，以世代相传的传统习惯为一切行动的准则，对峒的疆界和其他成员负有保卫保护的责任；如受到外峒人欺侮时，必须为其复仇，并共同负担械斗时的费用。诸如此类的行为，主要靠习惯法来维持。在法律方面，黎族传统习惯多是民法与刑法合二为一，

① 小叶田淳：《海南岛史》，学林出版社，1979，第 46 页。
② 勒内·达维德：《当代主要法律体系》，上海译文出版社，1986，第 487 页。

司法大权掌握在峒长、哨官、头家手中，一般案件由头家处理，大的案件由哨官或峒长裁决，处理不了才上报县衙，交由条文法处理。而且在黎族这习惯法中，对通奸处理较轻、对盗窃处理较重，对本村人处理较轻、对外村人处理较重，对峒里人处理较轻、对外峒人处理较重。穷人少罚，富人多罚，穷人无力赔偿，家族或氏族分担赔偿的责任。除此之外还罚牛、猪、鸡、酒、谷慰劳峒长和其他长老。在财产关系方面，峒管辖的范围神圣不可侵犯。峒内的土地、森林、河流未经许可，外人不能越界砍山开荒、采藤、伐木、打猎、捕鱼和居住等。或者须经本峒许可，还要上缴一定数额的物产给峒长，这些物产由峒长和峒长所居住的村庄的奥雅享用；村与村之间也不能越界砍山开荒、采藤、伐木、打猎、捕鱼，违者峒长负责仲裁，罚款赔偿。此外，婚姻家庭关系的各种规范也是黎族传统习惯法的一个重要内容，各地区各方言都有自己的婚俗，同一方言不同地区的婚俗也有差异。一般为一夫一妻制，多在本民族本方言内择偶，但严格遵守氏族社会族外婚制，即不同血缘集团才能通婚。如此等等，表明海南黎族社会是一个由习惯法所维系的地方自治社会。

在这方面，海南汉族社会与黎族社会大有异曲同工之趣。具言之，海南汉族不仅是一个血亲的社会，还是一个与"家族本位"密切相关的习惯法的社会。因为封建王朝只能把政权机构设立到州县，而将广大的乡村权力空间让渡给地方乡绅。这类人多属乡间长老，识字识历，有财有势，协调能力较强，因而受到普遍的拥戴，成了各种纠纷的仲裁者和可以同官府打交道的头面人物，人治与礼治的具体操作者。诚如日本学者小叶田淳所说，宋代海南，"长官是知县，有通判辅佐，镇有监镇官，乡有乡户，又设有称为耆户长等等的长老，关于警察催税等等，都听从长老的指图"。①海南崖州的"父兄"就是如此。"父兄"既不领俸禄，也不问政务，只依"乡规民约"仲裁邻里纠纷，公正分家典田，主持婚丧礼仪。其势力范围或仅及族内，或波及全村，或四野六乡，乃至可以蓄养兵丁，缉捕盗贼，处死人犯。只要不触犯官威，便可相安无事。例如对通奸女子的惩治：一是装入猪笼，放去泡水，以行羞辱；二是用谷壳所生的浓烟熏烤；三是绑住裤脚，再往她裤裆中塞入个刚拆开的黄蚁窝。至于通奸男子则可网开一面。但若奸情恶劣，则会将两人一起惩处，即把两人各套入一个大麻袋，

---

① 小叶田淳：《海南岛史》，第38页。

再让两个壮汉将其用麻绳高高吊起，再让两个壮汉猛烈推搡，使之不断在空中碰撞受苦。再如对盗贼的惩治：着人将盗贼按到板凳上，或反手向后吊上榕树，用扁担或竹编狠狠抽打，还让早在一旁待命的歌手歌唱，进行讽刺挖苦，教育众人不可学坏。① 所不同的是，海南汉族的习惯法不仅约定俗成，而且得到了勒石刻碑，以示标志。海南的乡规民约即是如此。具言之，海南的乡规民约所体现的习惯法，一般以禁碑为载体，这些禁碑既有"官府示禁"之碑，但更多的是"奉官示禁"之碑，且多立于约亭之中。所谓"约亭"，通常是乡村文人儒士吟诗作对、联谊交友之地，同时也是乡村士绅传达官府谕示、讨论重大事务的地方。禁碑放置约亭，既体现了乡民们的高度重视，又方便乡民接近禁碑，为禁约的内容能够深入人心奠定了基础。从名称可以看出，具有禁约性质的海南乡规民约，虽属民间行为，但须官府认可。一方面，包括立约原因和奖罚标准在内的禁约条文，须根据当地生产生活的实际情况，经过乡民们的充分酝酿和商议，再署上"首事"（即倡导人）及父老的名单呈报官府。另一方面，官府同意禁约。例如文昌龙楼镇的一块奉谕示禁之碑：

> 近来盗贼滋甚，此非风俗之偷，实由乡禁之不显耳。遍开名都，图皆有弭盗要策，独我处此举未备。今圆得云梯岭四面，遵圣谕联保以弭盗贼之条，称家捐资生息，以资巡×（碑文不清，以×代替，下同），严赏罚务，使游懒者警，狗盗风熄，将人皆托业农，有所储士，有所储立，见风俗还淳，则乡×之中，虽赏不窃矣，敬将条规开勒于石：窃盗家财衣服耕牛捉获者，赏钱乙千六百文，窃盗罚钱演大戏三本。窃盗家器物件捉获者，赏钱五百文，窃盗罚钱演小戏三本。窃盗田园物业捉获者，赏钱乙千五百文，窃盗罚钱演小戏六本。窃盗小六畜海子棠，乱砍青叶树木各物件者，随众议罚，捉者随众议赏。窝盗者与捉盗私和者，加倍议罚，有家当为盗者，任众重罚，捉者赏亦加，接贼者同窝论。凡捉盗者，俱要连状送出方准有赏，不得凭例，呈凶过甚。若盗贼有不遵罚，恃×撞命者，众例担当送官究治，与捉盗者无干……②

---

① 张跃虎：《琼崖田野上的华夏魂》，广东旅游出版社，2009，第188～189页。
② 王俞春、陈耿：《海南禁约乡规》，《天涯》2005年第2期，第95页。

由此可见，海南古代的乡禁虽然不是政府法律，却具有法律的作用，而且具有自我保护的乡民自治的性质。所以，在保护乡民生命财产安全、保护农业生产和经商活动、保护生态环境和自然资源、管束伤风败俗的行为、倡导黎汉团结的一般内容中，在"禁刀斧不得入山砍"、"禁盗砍芦林竹木"、"禁不得盗割竹笋"，以及禁赌、禁抢、禁盗的习惯条文之外，更以排他性的禁约警告邻近乡村，充分体现了"自治"性质，即"遍开名都，图皆有弭盗要策，独我处此举未备"。凡此"有上述行为之徒"，或被绑起来让父老杖打，然后游村示众；或由官府"以凭拿究，决不稍微宽待"。如此看来，海南古代社会秩序并不十分安定，乡民忧虑之下，便请求恩准勒石示禁，"家族本位"的性质昭然若揭，而"奉官示禁"一语，则清晰表明了禁碑是私权与公权的结合。于是，乡规民约因官府的认可成其为国家在地方的民法或习惯"法"，国家管制因乡规民约实现其"法治"化，最大限度减少了国家法律的执行阻力。可谓相得益彰。

值得关注的是，人类历史上的许多国家和许多时期，都出现过地方自治的力量和现象。如中国大陆的乡绅集团以及乡绅自治，英伦岛屿的贵族集团以及庄园自治，日本岛上的大名以及领地自治。但不同之处在于，中国的乡绅集团走上了既依附于专制皇权又以施仁义道德来约束官员的儒士道路，英伦贵族集团走上了一条既与国王斗争又在一定程度上维护底层民众基本权利的绅士道路，日本的大名集团走上了一条既受幕府控制又有地方武装的军事道路，而海南的长老、父兄阶层却仍然停留在家族宗族的阶段，社会化和政治化的能力尚不发达，公权与私权、条文与习惯处于弱势平衡状态，尽管它和英伦岛、日本岛一样，在这里从来没有形成一个大陆式的高度专制的中央集权。

四

西方文化，是一种典型的"罪感文化"，相信人人有原罪，人人有罪，所以强调忏悔和赎罪，希望借此来减轻自身的罪，从而得到心灵上的安慰。日本文化是"耻感文化"，"重视耻辱感远胜于罪恶感"。[①] 日本人的

---

①　本尼迪克特：《菊花与刀》，九州出版社，2005，第159页。

耻辱感，来源于他们对名誉的高要求，来源于他们敏感的脆弱的自尊心。"耻感文化"与"罪感文化"，最大的区别是在对待"罪"的态度上：前者只有耻辱感，而无罪恶感，哪怕干着的是十恶不赦的大罪恶；没有忏悔和赎罪之说，即使认识到自己的确犯了罪，也是如此。而中国文化，则是一种乐感文化。李泽厚认为，中国文化精神是一种不同于西方的罪感文化的乐感文化，它立足于此岸世界而强调自强不息、乐观积极的精神状态，即使千辛万苦，也要乐于眺望未来。具有"乐行之，忧则违之"（《周易》）的乐天知命的乐生特点，相信只要前仆后继、百折不挠，就会否极泰来、柳暗花明。所谓："贤哉回也，一箪食，一瓢饮，在陋巷，人不堪其忧，回也不改其乐。贤哉回也。"但乐感文化也有其消极的性质：由于讲究"实用理性"，讲究变通，导致中国人整体耻辱感、罪恶感的缺乏，"内心的自我约束力"的缺乏；导致形而上的终极追问能力的缺乏。蓝色的农业文明所哺育起来的张力性的海南意识形态，也是一种乐感文化，一种以人的现世性为本的乐感文化。日本近代著名思想家中江兆民曾经说："我们日本从古代到现在，一直没有哲学。"[1] 海南亦复如此。

当然，海南意识形态中也有形而上的"道"的追求，正是在这种意识形态的浸润下，才产生了大陆主流文化中不普遍的"牌坊"文化和并不存在的"从道不从君"的思想。牌坊起源于汉代坊墙上的坊门，门上榜书坊名以为标记，宋以后随着里坊制的瓦解，坊门的原有功能消失，但坊门仍然脱离坊墙的形式独立存在，成为象征性的门，立于大街、桥梁的显要位置。经汉代的"榜其闾里"，唐宋的"树阙门闾"，至元明清已发展为"旌表建坊"，即对政绩、及弟、长寿、守节等进行表彰，具有了"道"的意义。据史料，海口市文山村，原有明代进士举人牌坊"折桂坊"、"毓秀坊"、"登科坊"、"文魁坊"、"科甲联芳坊"等多达 15 座，记载着文山古村周氏家族"文士接踵，官员济济"的盛况。而海口市攀丹村原有明代进士举人牌坊"青云坊"、"天衢坊"、"省魁坊"、"进士第坊"等也多达 11 座，记载了攀丹村唐氏名门"累朝衣冠蝉联，英才辈出，代不乏人"的荣耀。以至于可以说，海南岛就是一个牌坊岛。[2] 关于"从道不从君"的思想，海南更为突出。尽管大陆主流文化中也有谏官文化，也出现过名臣魏

---

① 中江兆民：《一年有半、续一年有半》，第 15 页，商务印书馆，1982。
② 《穿越岁月风尘的古牌坊》，《海南日报》2009 年 8 月 3 日。

征，但他们在侍明君的立场下，常常谏言不露，"密陈所见，潜献所闻"，难以"从道不从君"，难以坚持守道精神，产生批判意识，而海瑞之所以备受争议，"大逆不道"，或许正是因为他的这种守道思想和行动与大陆文化的差异所致。他在户部云南司主事任上，亲眼目睹了皇帝的昏庸和朝政的腐败，深为天下百姓的安危而担忧，更为大明王朝的内忧外患而心急如焚。如果上疏劝谏，必然是死路一条；如果袖手旁观，又大失忠臣之道！终于列举事实，冒死为国家和百姓，上疏抨击皇帝，以实现他一生追求的"武死战，文死谏"的道德目标，将一份措辞十分激烈的《治安疏》呈给了皇帝。"盖天下之人不直陛下久矣"，"言人所不敢言"，"触人所不欲言"，震动朝野，惊动皇帝，险些丢掉身家性命。

　　但是，在海南意识形态基础上所成长起来的这种伦理道德和政治道德，少有终极关怀的意义。作为哲学智慧的终极关怀，是一种超越有限追求无限，以化解生存和死亡紧张关系的终极性思考。在实践理性的引领下，中国古代圣贤一般不去进行这种务虚的精神活动，即所谓的"道可道，非常道"（老子），"不知生，焉知死"（孔子），"以有涯随无涯，殆已"（庄子）。海南牌坊文化和海瑞思想中的"道"，亦复如此，甚至有过之而无不及。所以，海南古代书院与大陆古代书院的一个重要差别，就是始终处于礼仪文化的教育层面，"以诗书礼乐之教，转移其风俗，变化其心"，普遍缺乏问天、问道的哲学内容，以及天下关怀的忧患意识。推而广之，海南文化重感觉，轻抽象；重经验，轻思辨；重道德，轻忧患。其结果便是，文化建构力度不强、主体地位不高、话语权力不大，始终未能与大陆主流文化之间形成一种对话关系，其话语权力与同属于中华文化子系统的闽南文化难以相提并论。闽南颇富文化底蕴，正如泉州文庙对联所说："圣域津梁，理学渊源开石井；海滨邹鲁，诗书弦诵遍桐城。"根基于这个文化底蕴，朱熹创建的书院及其闽学，便因其形而上的思考而曾对中国古代思想产生了非常重要的哲学贡献。如果说，宋儒革新了汉代以来的儒家道统学说，将儒家经学传统拓展为关于政道、经史、文章的文化学术，那么，闽学则由此转向文化的心性义理，成为性理之学或宋代新儒学中的新儒学，朱熹也成了继先秦孔孟、汉代董仲舒、唐代韩愈之后最伟大的儒学大师。如此重要的理论贡献，非海南文化所能企及。

　　而从另一个角度来看，注重世俗幸福的大陆农业文化，试图消解焦虑的海岛生存，远离政治中心的地缘环境，诸如此类的因素使追寻乐感乐生的现世倾向成为海南乐感文化的主流，进而从现世主义倾向发展成为现实主义精神，支配着历代海南人的价值观。

首先是安贫乐道的人生态度。这种在海南比较普遍的人生态度似乎与贬流文化相关。文王拘而演《周易》，仲尼厄而作《春秋》，屈原放逐乃赋《离骚》，素来是中国重要的人文选择。海南亦复如此。那些被贬谪的精英们身处"食无肉，病无药，居无室，交无友，冬无碳，夏无寒泉"的"蛮荒"之地，有人壮志未酬，"独上高楼望帝京"（李德裕）；有人黯然神伤，"白首何归，怅余生之无几"（赵鼎）；但是已经不能兼济天下的流放者们，更多的像苏东坡那样，选择了独善其身的道路，安贫乐道，快意生存。诚如斯言："吾始至南海，环视水天无际，凄然伤之曰：何时得出此岛耶？已而思之，天地在积水中，九州在大瀛海中，中国在少海中，有生孰不在岛者？覆盆水于地，芥浮于水，蚁附于芥，茫然不知所济；少焉水涸，蚁即径去，见其类，出涕曰：几不复与子相见。岂知俯仰之间，有方轨八达之路乎？念此可以一笑。"① 于是，他怀着对老庄思想的浓厚兴趣，追随陶渊明，写了大量的和陶诗，办起了"载酒堂"，在海南过了三年的隐士生活，写下了大量的诗词文赋，给海南留下了"一蓑烟雨任平生"的精神遗产。

其次是闲适优游的人生情怀。诗是一种阐述心灵的文字，"感其况而述其心，发乎情而施乎艺也"。借此心灵文字，我们可以看到："五指山光胜九华，版图曾奏汉王家。窠中老人多遗世，被里官闲早放衙。橄榄香回茶后美，蟫蟀鲙出酒余嘉。薰风座上羲皇客，一曲雍容咏天涯。""地极南堧萃物华，竹垣深浅里人家。儿童总解藏私货，父老无由识县衙。藜子熟时村酒酽，甜茹拙处野肴嘉。东风不负凫鹥约，白首同归醉天涯。"② 在诸多的心灵文字中，我们对海南文化之闲适优游的追求也可略窥一斑。司马迁说："《诗》三百篇，大抵圣贤发奋（愤）之所为作也。"（《史记·太史公自序》）但唐宋以来海南的古代诗歌中，却鲜有"生年不满百，常怀千岁忧"，"念天地之悠悠，独怆然而涕下"，"白发三千丈，缘愁似个长"的忧患意味，更多的是颇具老庄精神的咏物咏怀。如邢宥的《休归咏怀》："脱却樊笼得自由，家园万里望琼州。花看晚节添幽兴，人忆同时觅旧游。

---

① 苏轼：《试笔自书》，《苏轼文集》，中华书局，1986，第 2549 页。
② 邢宥：《湄丘集》，海南出版社，2006，第 29 页。

一枕黑甜山舍午，半樽白泼水亭秋。归来已定栖身地，独愧君恩未应酬。"①

　　还有乐观主义的艺术传统。千古绝唱《梁山伯与祝英台》本来与《白蛇传》、《孟姜女》、《牛郎织女》一样，属于那种颇为悲惨的爱情故事，但流传到海南，却被本土化成了一个具有大团圆结局的喜剧——海南岛的《威尼斯商人》：马俊逼婚，祝英台誓死不从；梁山伯考中状元，被招驸马；金銮殿上梁山伯不从君命，被定欺君之罪；祝英台及时赶到，据理力争，皇帝备受感动，特赐梁祝天地良缘。乐感文化不言而喻。在乐感文化的引领下，传统而普遍的海南琼剧，放弃悲剧性的宏大叙事，忽视权力斗争和死亡情节，一直围绕着优美的爱情主题，积淀着乐观主义的艺术传统。

　　　　　　　　　　　　　　　　　（作者单位：海南大学人文传播学院）

---

　　① 邢宥：《湄丘集》，第31页。

古代海南汉族民间信仰研究

赵全鹏

学术界对海南岛上黎人民间信仰的研究已经很多，但对岛上人口主体的汉人民间信仰研究尚有欠缺。汉人从秦汉时期开始迁入海南岛，随后在持续的迁徙过程中把内地民间信仰传入了海南，同时汉人在与当地黎族交往过程中也受到黎族民间信仰的影响，加上海南独特的热带海岛自然环境，因此在多种因素影响下形成了海南汉人独具地域特色的民间信仰，因此，本文主要探讨汉人在海南古代的民间信仰情况。

一 汉人民间信仰的形成

汉人从秦汉时期开始向海南迁徙，但大规模内地人口迁徙是从唐宋时期以及之后。伴随着汉人向海南迁徙，也逐渐形成海南地域特色的民间信仰。

在汉代，海南汉人的民间信仰就已经开始本土化，比如临高县高山毗耶神坛就始于汉代，元代廉访使范梈访问当地耆老探求毗耶神的来历时在《高山毗耶神祷雨有应记》中记载："耆老曰：汉建武二年（26年），青州人王氏家于邑之南村，有子长名祈，次名律，与邑人王居杰猎于山，倦憩石上。祈为石所吞，居杰三引刀不解。祈曰：'我为毗耶大神，隐此石室。已后可以纯白牲，三载一祀我。'——律与居杰归，而谋之里人，如期致祭。后人因之。"① 唐胄《正德琼台志》记载："高山

---

① 樊庶纂修《康熙临高县志·艺文志》卷12，海南出版社，2003，第209页。

毗耶神坛在毗耶山，土祀始于汉。"① 这些说法都认为毗耶神信仰始于汉代。

唐宋时期，中央封建王朝对海南民间信仰的神灵进行敕封，使这些神灵官方化，加速了地方神灵信仰的传播与推广。五代十国时期的南汉乾亨元年，敕封峻灵山神为镇海广德王。宋元丰五年（1082），诏封峻灵王神为峻灵王。元丰中，诏封汉伏波将军为忠显王。元代至正间，有司请封临高毗耶神为显应侯，等等。另一方面，封建王朝也非常重视鬼神信仰对民众的约束作用，"明有礼乐，幽有鬼神"。海南各级官府都建置坛庙，有社稷坛、风云雷雨山川坛、城隍庙、厉坛、伏波庙、关帝庙、天妃庙、真武庙、文庙、武庙、风神庙、龙王庙等神庙，风云雷雨为天神，山川为地祇神，城隍为城市保护神，厉主国殇，属于人鬼，文昌主科名，关圣保佑家国，天后、龙王保佑民众。这些神庙有些是内地神坛，有些是海南民间神坛，多为官府官员所建，官府以时祭祀，但也有部分转化为民间信仰。根据海南各类地方志记载宋元时期建立的神祠有：琼州府建有社稷坛、风云雷雨山川神坛、城隍庙、灵山祠、伏波庙、龙庙、南宫庙（祀祝融神）、关王庙、天妃庙、宴公庙、陈妃庙、江东祠（观音）、文昌宫、黑神庙、泰华庙、雷庙、陈村庙（祀泰华仙妃）、黎母庙等。澄迈县建有伏波庙、三圣庙等。文昌县建有文昌宫等。乐会县建有三江庙等。崖州建有郡主夫人庙等。临高县建有社稷坛、龙潭坛（祀旱雩）、峻灵王庙、高山毗耶神坛、五显庙、关帝庙、真武庙、五显庙、东岳庙、武安庙等。儋州建有忠显庙、广利侯庙、将军庙等。昌化县建有文庙（大观年间立）、宁济庙，等等。

明清时期是海南信仰推广定型时期。许多神灵信仰已经普及化，据咸丰《琼山志·建置志》曰："郡城、海口，每坊中莫不有所祠之神，各村各乡亦莫不有所建之庙。"② 庙坛建置已经遍及各个乡村。《康熙万州志·土俗志》记载："重鬼神而轻祖祢。岁时伏腊，先祀鬼焉，俗称锞薄。"③ 海南民间对许多神灵的信仰已经非常普及。

---

① 唐胄：《天一阁藏明代方志选刊·正德琼台志·坛庙》卷26，上海古籍出版社，1964，第6页。

② 李文烜修，郑文彩纂《咸丰琼山县志·建置志》卷5，海南出版社，2003，第245页。

③ 李琰纂修《康熙万州志·土俗志》卷3，海南出版社，2003，第140页。

二 类型与分布

　　海南民间信仰的神灵很多，不同信仰的覆盖范围也大小不一，为了方便了解，根据海南地方志所记载的庙宇，粗略地将海南民间信仰的类型和范围进行一下罗列。

海南庙祠的类型及分布

坛 庙	祭祀对象	州 县
飓风祠（风神庙）		琼州府
关王庙（关帝庙）	关羽	琼州府、澄迈、文昌、儋州、昌化、万州、陵水、崖州、定安、感恩
天妃庙（宫）	妈祖	琼州府、澄迈、临高、文昌、乐会、昌化、万州、陵水、崖州、儋州、定安、感恩
灵山祠（庙）	祀灵山、香山、琼崖、定边、通济、班帅六神。兴风雨、御灾患	琼州府、澄迈
文昌祠（宫）	祀文昌	琼州府、澄迈、昌化、崖州、感恩、万州、文昌
真武庙（宫）	玄武，北方之宿。定安"每年三月初三诞期，士女行香者云集"	琼州府、澄迈、文昌、乐会、昌化、万州、儋州、定安、感恩
玄坛庙	祀赵元帅	琼州府、崖州、感恩
东岳庙		琼州府、临高、昌化、万州、崖州、感恩、定安
宴公庙	元代封其神为平浪侯	琼州府、崖州
五显庙	《搜神记》中五圣：显聪、显明、显正、显真、显德	琼州府、临高、昌化、万州、崖州
南宫庙	火雷泰华子孙三夫人。《正德琼台志》祀祝融	琼州府

续表

坛　庙	祭祀对象	州　县
陈妃庙（泰华庙）	祀泰华仙妃	琼州府、定安
雷庙（雷神庙）	祀雷神	琼州府、澄迈、定安
东昌庙	祀黄、王二元帅	琼州府
林公庙	祀姓林者	琼州府
柔惠庙（冼太夫人庙、谯国夫人庙、宁治庙、郡主夫人庙、宁济庙）	祀冼夫人	琼州府、澄迈、文昌、儋州、崖州、定安
江东祠	祀观音	琼州府
黑神庙	祀南岳神	琼州府
水仙庙	祀柳毅元元帅	琼州府
班帅堂	祀班帅	琼州府
琼崖神岭庙	祀珠崖侯	琼州府
五娘庙	祀倪氏	琼州府
笋氏庙	祀笋氏	琼州府
龙王庙	祀龙王	琼山、文昌、定安
火神庙	祀火神	琼山
华光庙		琼山
孚惠伯庙	祀潘天仙	琼山
药王庙	祀药王	琼山
黎母庙	祀黎母	琼山
调龙庙		琼山
靖海庙		琼山
康王庙		琼山
伏波庙（祠）	路博德、马援	澄迈、崖州
三圣庙（堂）	（不明）	澄迈
北地庙		澄迈
浮石庙		澄迈
高山毗耶神坛	毗耶山神	临高
龙潭庙		临高
七星岭坛	山神	文昌
观音堂（庙）	观音	文昌、乐会、崖州、陵水、感恩
铜鼓岭祠	山神	文昌
火雷庙（祠）		文昌、陵水
屈原庙		文昌
南朝庙	祀王佑	文昌、陵水
三江庙		乐会

续表

坛　庙	祭祀对象	州　县
三山神坛		乐会
迈舟神坛	山神	乐会
五岭庙		儋州、昌化
广利侯庙		儋州
贞利侯庙		儋州
神桶庙		儋州
将军庙		儋州
峻灵王庙		昌化、临高、崖州（西山庙）
昭应庙	祀舶主	万州
江东庙		万州
刘公祠		陵水
土地祠		崖州
玉皇庙		崖州
南极庙		崖州
马王庙		儋州
黎母庙		儋州
班帅境庙		澄迈
南远山峒主庙		定安
南建州大王庙		定安
文武二帝庙		定安、琼山
侯王庙	进士王瑜	陵水
后山神庙	地主李某、峒主符某	陵水
文庙		昌化、万州
武庙		昌化、万州
五岭庙		昌化
风神庙		感恩
飞来庙		感恩
神山庙		感恩

资料来源：戴熺、欧阳灿总裁，蔡光前等纂修《琼州府志·建置志》卷4，海南出版社，2003，第166页。

从上表中不完全所列可以看出，海南汉族民间信仰种类繁多，概括来说，这些信仰分为自然神、英雄人物神等。自然神中有山神、电母、雷公等。

（1）山神信仰。海南各州县多山，民间对境内山神信仰很广，比如文昌县七星山神坛，明洪武三年（1370）知县周观以山神能御灾患，请入祀典。铜鼓山神坛，万历年间知县贺泚以祈雨有应，修庙奉祀。玉阳山雩坛，"旱祷立应"。① 临高毗耶山神的来历，据元代廉访使范梈《高山毗耶神祷雨有应记》曰："琼之临高西去有山，山以毗耶名，神亦以毗耶名。毗耶果何物哉？《寰宇记》有云：'山顶有兽，状似大虫，俚人以毗耶呼之，故以名山。'"② 祷雨灵应，退敌保境安民。昌化县峻灵王庙的来历：五代十国时期的南汉乾亨元年，封其山神为镇海广德王，宋代元丰五年（1082）七月，在承议郎彭次云奏请下，诏封山神为峻灵王。③ 另外，乐会迈舟山下有迈舟神坛等。

（2）电母。海南地处热带，降雨较多，风雨雷电是重要的自然现象，因此对雷电的信仰也很广。比如文昌县的南天宫"俗祀电母"。④ 文昌县清澜水尾庙，祀电神，俗名南天夫人庙，来历："明正德间，有石炉飞来水尾地方，因建庙焉。英显特异，又庙滨海港，当往来之冲，祈祷立应，血食不衰。每十月十五军期。"等等。⑤

（3）雷神。海南对雷公的信仰非常普遍，许多地方建有雷公庙。琼州府雷庙"祈祷灾疫多应"。⑥ 琼山县雷祖庙，"一日天大雷电，草木尽毁，见有石碑书'雷祖大帝'四字，因而立庙祀之"。⑦ 澄迈县雷公庙，明代正德年间乡人修建，"以祀雷神"。⑧ 定安雷神庙在光绪三年（1877）士绅商民修建。雷神主管人间的灾异祸福，据光绪《定安县志》记载：琼山西北海旁伯阳村有雷神庙，杨友梅祀之甚诚，光绪二年丙子四月（1876），雷神忽然降乩，昭示将要发生大灾，众人问以何灾？火灾还是水灾？雷神答以天机不可泄露。后果然发生大疫，但杨氏家族及其街坊受到了雷神的保佑。⑨

（4）雨神。海南地处热带，经常发生旱涝灾害，因此对雨神的信仰

---

① 张霈等监修，林燕典纂辑《咸丰文昌县志·建置志》卷3，海南出版社，2003，第112页。
② 樊庶纂修《康熙临高县志·艺文志》卷12，第209页。
③ 樊庶纂修《康熙临高县志·建置志》卷3，第71页。
④ 马日炳纂修《康熙文昌县志·建置志》卷2，海南出版社，2003，第46页。
⑤ 马日炳纂修《康熙文昌县志·建置志》卷2，第46页。
⑥ 戴熺、欧阳灿总裁，蔡光前等纂修《琼州府志·建置志》卷4，第166页。
⑦ 李文烜修，郑文彩纂《咸丰琼山县志·建置志》卷5，第245页。
⑧ 龙朝翊主修，陈所能等纂修《光绪澄迈县志·建置志》卷2，海南出版社，2003，第113页。
⑨ 吴应廉创修，王映斗总纂《光绪定安县志·杂志》，海南出版社，2003，第836页。

很盛行。海南主雨的神灵很多。琼山县的灵山庙祀灵山、香山、琼崖、定边、通济、班帅等六神，"能兴风雨、御灾患"。新官到任，必先到此庙中谒祀。除此之外，琼山县还有许多主管雨的神灵，比如龙庙，"祷于庙，甘霖立应"。东昌庙，"祈年祷雨屡应"。雷祖庙，"天旱求雨，甚应"。调龙庙，"祈雨多应"。① 澄迈县那逢都博亮村的班帅境庙，"天旱祷雨灵应，乡五首祀之"。吉明都的真武庙，"主祷雨辄应，乡人祀之"。万稔都的雷公庙，"乡人祷雨辄应"。芬茶村的敦诗境社符风火公，"祷雨辄应。"② 定安县李世坡真武庙，"求嗣祷雨辄应。每年三月初三诞期，士女行香者云集"。③ 文昌县的玉阳山神坛，"每旱，祈雨立应"。④ 祷雨之时，多用牛作为牺牲，"每旱，乡人携一牛，立断其首以祷，以血之多寡，占雨之大小，无不奇应"。⑤ 临高县的龙潭坛、毗耶神都祷雨灵应，广福堂（明建）、潭流庵（宋建）、宝林堂（元建）、崇德堂（元建）等均是乡人祈雨的场所。

（5）功名神。海南地处华夏政治文化中心的边缘，古来称为荒芜之地，唐宋之后，在流放官员以及政府官员的重视下，文运日渐兴起，因此海南民间对功名神的信仰非常广泛。生员、监生为求功名，捐资建立文昌阁、长春阁、攀龙阁、文星阁等等，如文昌县监生韩桂主持建长春阁，武生韩连三主持建立文星阁，庠生黄魁五主持建文昌阁等，文昌县韩坤素联合宗族建文昌阁等。

（6）海上保护神。海上保护神有伏波、妈祖、昭应庙和宴公庙等。伏波信仰最早，苏轼在《伏波庙记》中曰："自徐闻渡海适珠崖，南望连山，若有若无，杳一发耳。舣舟将渡，股栗魄丧。海上有伏波祠，元丰中诏封忠显王，凡济者必卜焉。某日可济乎？必吉然后敢济。使人信之，如度量权衡，必不吾欺者。"⑥ 妈祖信仰从宋元时期出现，海南州县官员和商人是修建海南妈祖庙的主体，如定安县天后庙，明万历年间由广府南顺新三邑商民创建；万州天后庙，一个由五邑客商修建，另一个则由潮邑客商修

---

① 李文烜修，郑文彩纂《咸丰琼山县志·建置志》卷 5，第 237、245 页。
② 龙朝翊主修，陈所能等纂修《光绪澄迈县志·建置志》卷 2，第 113~114 页。
③ 吴应廉创修，王映斗总纂《光绪定安县志·建置志》卷 2，第 195 页。
④ 马日炳纂修《康熙文昌县志·建置志》卷 2，第 46 页。
⑤ 李文烜修，郑文彩纂《咸丰琼山县志·艺文志》卷 14，第 650 页。
⑥ 陈梦雷：《古今图书集成·职方典·琼州部》卷 1383，中华书局，1985。

建。祭祀者以渡海的官员和商人为多，"今渡海往来者，官必告庙行礼，四民必祭卜方行"。① 昭应庙在万州东北 35 里新潭港，"其神原有庙祀，名舶主"。明洪武年间赐封为海港之神。② 宴公庙在琼山县，来历：江西清江镇人宴成儒，生平疾恶如仇，元初，"以人才应选为文锦局堂长，谢病归，登舟即逝，时灵显于江河湖海，舟行遇风，叩之即浪平风息。元代封其为平浪侯。明洪武初，有司以其事闻，诏封为显应平浪侯。江淮间香火甚盛，丘文庄屡祷有应，建庙于下田村祀之。"③

海南其他信仰还有很多，比如生育神，在琼山县南七里处有小灵山庙，"士民祈嗣应如影"。④ 泰华庙是医疗疾病的神，在琼山县兴义图，"疹疗疾求之立效，每诞节诣庙拜祝者以千百计"。⑤ 当然也有许多神灵是综合性的，凡民间有求必应。澄迈县的那托都的潮水班帅庙，"神妙无方，祷祀辄应"。⑥ 海南民间崇信巫术，"琼俗善蛊。上官至，辄致所产珍货为赞。受则喜，不受则惧按治，蛊杀之。仕琼者多为所污"。⑦ 清《南越笔记》记载："女巫，琼州特重，每神会必择女巫之妓少者，唱蛮词，吹黎笙以为乐，人妖淫而神亦尔，尤伤风教。"⑧ 海南盛行灶卜，清代文昌县"事有难决，常以灶卜。其法：候初更后，焚香祝灶神，禀卜其事，注水釜中，以饭勺绕转，看勺柄向何方，随持镜及剪刀适其方听人言语，得二三句即止，不听，举剪一截而归，以其语卜休咎，每有奇验"。⑨ 等等。

三　海南民间信仰的成因

海南汉人的民间信仰种类繁多，纷繁复杂，究其原因，它们是在漫长

---

① 戴熺、欧阳灿总裁，蔡光前等纂修《琼州府志·建置志》卷 4，第 164 页。
② 戴熺、欧阳灿总裁，蔡光前等纂修《琼州府志·建置志》卷 4，第 171 页。
③ 李文烜修，郑文彩纂《咸丰琼山县志·建置志》卷 5，第 236 页。
④ 戴熺、欧阳灿总裁，蔡光前等纂修《琼州府志·建置志》卷 4，第 167 页。
⑤ 李文烜修，郑文彩纂《咸丰琼山县志·建置志》卷 5，第 241 页。
⑥ 龙朝翊主修，陈所能等纂修《光绪澄迈县志·建置志》卷 2，第 114 页。
⑦ 张廷玉：《明史·刘仕䴊列传》卷 140，中华书局，1974，第 4001 页。
⑧ 李调元：《黎族藏书·南越笔记》卷 4，海南出版社，2003，第 200 页。
⑨ 林带英、李种岳纂修《民国文昌县志·舆地志》卷 1，中国地方志集成，上海书店出版社，1986，第 177 页。

历史过程中在多种条件下形成的。

首先，海南汉人是从内地不同地域迁来，因此就将内地民间信仰带到海南，海南各地建立的龙王庙、文昌祠、关帝庙、屈原庙、五显庙等许多信仰都是我国传统的民间信仰，被迁徙的汉人传入海南。比如文昌屈原庙，在县东25里龙江渡，"渡口多怪，每岁溺死十数人，乡民患之，道光三十年建庙"。① 文昌龙王庙，建于明永乐年间，"有木每于朔望自海随潮浮上，乡人奇之，刻像立祠祀焉，嗣后祷雨立应"。② 五显庙，据《搜神记》中记载："唐光启中，有五神自天降于唐邑民王瑜园后，封为显聪、显明、显正、显真、显德。"③ 宴公信仰原在江淮间香火甚盛，宴成儒是江西清江镇人，生平疾恶如仇，元初以人才应选为文锦局堂长，因病归家，登舟即逝，时灵显于江河湖海，舟行遇风，祭祀即浪平风息，元代封其为平浪侯。明洪武初，有司以其事闻，诏封为显应平浪侯。丘文庄"屡祷有应，建庙于下田村祀之"④ 等等。这些神灵都来自内地信仰。

在海南汉人中，尤其以福建人居多，妈祖信仰从福建传播过来。妈祖本宋代福建莆田人，死后被奉祀。妈祖在海南又称为天后、天妃等。海南天妃庙始建于元代，据史料记载，在琼山、崖州、万州和感恩县建有天妃庙，共建有4所，⑤ 这是史籍明确记载妈祖信仰在元代传播到海南。妈祖信仰最初可能是福建人在海南为官，或者福建商人来往沿海一带经商，传入海南。明清时期，海南各州县均建有妈祖庙，其中琼山县3所，崖州2所，儋州4所，万州7所，会同县2所，乐会县4所，文昌县11所，临高县2所，澄迈县2所，感恩县3所，昌化县2所，陵水县4所，定安县1所，共47所。⑥ 海南妈祖信仰已经普及海南各个州县，妈祖信仰主要是在渡海官员和商人中盛行。

其次，黎族对汉人信仰也产生很大的影响。以巫为医是黎人的民间信仰，宋代苏轼《书柳子厚牛赋后》载："岭外俗皆恬杀牛，而海南为甚。——病不饮药，但杀牛以祷，富者至杀十数牛。死者不复云，幸而不

---

① 张霈等监修，林燕典纂辑《咸丰文昌县志·建置志》卷3，第112页。

② 张霈等监修，林燕典纂辑《咸丰文昌县志·建置志》卷3，第114页

③ 唐胄：《天一阁藏明代方志选刊·正德琼台志·坛庙》卷26，第6页。

④ 李文烜修，郑文彩纂《咸丰琼山县志·建置志》卷5，第236页。

⑤ 戴熺、欧阳灿总裁，蔡光前等纂修《琼州府志·建置志》卷4，第164页。

⑥ 王元林、邓敏锐：《明清时期海南岛的妈祖信仰》，《海南大学学报》2004年12月，第381～386页。

死，即归德于巫。以巫为医，以牛为药。间有饮药者，巫辄云：'神怒，病不可复治。'亲戚皆为却药，禁医不得入门，人牛皆死而后已。地产沈水香，香必以牛易之黎。黎人得牛，皆以祭鬼，无脱者。"① 海南汉人地区多受黎人巫术的影响。明代儋州习俗，"疾病以巫为医，以牛为药"。"琼俗无医，开宝八年（749），招以方术本草给之，今有医，而巫祷如故。"②清代万州"病不服药，用巫觋"。道光年间，"疾病，前少用医药，近日服药者众"。会同县"俗尚巫觋，有疾病多事巫祷，罕信药饵，妇女农家为甚。俗云：灸不着，强食药"。乐会县"寡尚医药，病多祈鬼神。其无知村子犹滥杀牲命，呼邻人共图醉饱，甚有聚巫女歌舞灯醮，谓之'乐神'"。陵水县"疾病以巫为医，以草为药"。感恩县"病则以巫为医，虽室如悬磬，犹百方张罗以供祷禳，而药次之"。临高县"竞事鬼神，不信医药"。"有病辄椎牛祀禳。"③ 都是受到黎人以巫为医的影响。

再次，海南地域历史、自然环境而产生的海南独特信仰。比如伏波神信仰、冼夫人信仰等，也有一些神灵的信仰范围局限在少数州县，甚至更小，比如陈妃、五娘庙，等等。（1）伏波神信仰。伏波神是祭祀西汉的路博德和东汉的马援，两人分别率军进入海南，在岭南地区尤其是海南有广泛的影响，许多州县建有庙宇祭祀。澄迈县伏波庙建于宋代，宋代苏轼《伏波庙记》曰："汉有两伏波，皆有功德于岭南之民，前伏波邳离路侯也，后伏波新息马侯也。——海上有伏波祠，元丰中（宋神宗年号）诏封忠显王，凡济者必卜焉。某日可济乎？必吉然后敢济。使人信之，如度量权衡，必不吾欺者。"④《南越笔记》记载："伏波神为汉新息侯马援，侯有功德于越人，越人祀之。"⑤ 元明时期，部分州县修建伏波庙，如琼州府"汉二伏波祠"在万历四十五年（1616）副使戴熺创建，崖州伏波祠是万历年间副使姚履素修建。（2）冼夫人信仰在海南最为盛行。冼夫人是南朝时期梁陈和隋时人，俚人首领。宋代崖州建"郡主夫人庙"，昌化县建宁

---

① 苏轼：《苏轼集·书后二十八首》，山西古籍出版社，2006。

② 曾邦泰等纂修《万历儋州志·天集》，日本藏中国罕见地方志丛刊，书目文献出版社，1992，第23页。

③ 以上分别见《康熙万州志·土俗志》、《道光万州志·舆地略》、《嘉庆会同县志·地里》、《乐会县志》、《康熙陵水县志·地理志》、《民国感恩县志·舆地志》、《光绪临高县志》等。

④ 陈梦雷：《古今图书集成·职方典·琼州部》卷1383，第20347页。

⑤ 李调元：《黎族藏书·南越笔记》卷4，第194页。

济庙，苏轼贬谪海南时曾拜祭并作有《题宁济庙诗》。定安"谯国夫人庙"在城南 3 里处的潭览村，道光年间始建，"二月十二为夫人生前行军之期，届期各县行香者云集，舟车络绎，士女殷轸"。① 琼山苍兴一都冼夫人庙是由明代丘文庄公未及第时，祷祈有应，立庙祭祀。梁沙村的冼夫人庙是清代探花张岳崧创建。经海南士绅对冼夫人信仰的提倡，明清时期的冼夫人信仰已经遍及海南各个州县。

另有一些神灵的信仰范围局限在少数州县甚至更小。比如陈妃，琼州府有陈妃庙、定安有泰华庙，均祭祀陈夫人。俗传夫人姓陈，名玉英，元代至顺三年（1335）十月死，携两个弟弟飞升泰华山，百姓称为"泰华三仙"，陈夫人被封为泰华仙妃，"乡人灾旱疫盗，随祷即应，每岁六月中旬赛祷"。② "每岁六月中旬，乡人舁之出游，许醮，装军容，随者以千计。"③ 箩氏庙在琼山县南上那邕都，来历："宋时大旱，有老妪鬻酒于此，以焦树倒植于实塘之内，誓曰：'天果旱耶则焦复生，不三日，大雨。焦浮，妪不知其姓，因以箩号云。元大德年间立石祀之。"五娘庙在琼州府城东，来历："宋乡人倪氏女，居室时，雷击其家，火。死后著灵异，能于空中啸声，传言休咎。郡适多火灾，乡人警信，立庙祀之。"④ 孚惠伯庙在琼山县，原名潘天仙祠，又名东湖神君庙，相传宋时有富家大族潘姓居住于此，"一夕飞升去，其宅遂陷为湖，官民立庙湖上祀之。元时天旱，湖中忽有一直立如柱，高十余丈，须臾而仆，其声撼地，不二日，大雨。后岁旱，请水祈祷辄应"。⑤ 林公庙传说是琼山县下田村姓林者，"乡人以其祷应，故祀之"。三江庙在乐会县东 15 里博敖浦，宋天圣元年（1023）乡人建，祀三江晶信夫人，"其能祛疫厉，兴云雨"。刘公祠，祭祀正千户刘公宽，"威灵显应，邑人多皈依之"。将军庙在儋州城东北 60 里道旁，"俗传元末乡老符元德自州城夜归，见一人戎服执戈，坐榕树下，曰：'我劳珦将军也，同奥里天祥平黎死，当庙食此地。言讫不见。'乡人像祀之，祈祷有应"。⑥ 北山神（旧称南朝庙）在文昌县北山都，俗传神的来历：

① 吴应廉创修，王映斗总纂《光绪定安县志·建置志》卷 2，第 195 页。
② 戴熺、欧阳灿总裁，蔡光前等纂修《琼州府志·建置志》卷 4，第 166 页。
③ 唐胄：《正德琼台志·坛庙》卷 26，第 11 页。
④ 唐胄：《正德琼台志·坛庙》卷 26，第 10 页。
⑤ 李文烜修，郑文彩纂《咸丰琼山县志·建置志》卷 5，第 237 页。
⑥ 戴熺、欧阳灿总裁，蔡光前等纂修《琼州府志·建置志》卷 4，第 171 页。

"王佑，无子，有二女，得龟葬地，葬之后为神显灵。里民甚敬畏之，每与上元时迎游焉。"① 南远山峒主庙在定安南远山中，相传元代南建州王官之子廷金，明亡元时，不愿归顺，自立为南远峒主，死后，"人们立庙祭祀，祈祷灵应"。南建州大王庙在定安龙塘市，相传"神征黎有功，民不忘德，立庙祀之，甚有灵应"。② 侯王庙在陵水县城东门外。相传宋代进士王瑜，文昌人，卒于京师，数次托梦于友人，"护国报家，丈夫之志"。士民祀之。③ 后山神庙在陵水县，祭祀地主李某、峒主符某。西天大士庙在海口，明代乡官王佐灵显海上，"祈祷立应，故海口商民虔祀之"。邓公祠在琼山县南门外，来历：万历二十七年（1599）"都督邓钟征黎有功，故建祠祀之。顺治年间，郡守时元霖往南湖祷雨有应，立碑祀之"。④ 等等。

　　总体上来说，海南汉人的民间信仰是受内地和黎人多种信仰的影响，同时在海南特定的热带海岛自然环境中发酵生成的，既带有内地民间信仰的基质，同时融合进了海南原住民和海南自然环境的因素，形成了地处边疆的海南区域特色的汉人民间信仰，是华夏民族民间信仰的一个重要组成部分。

（作者单位：海南大学旅游学院）

---

① 马日炳纂修《康熙文昌县志·建置志》卷2，第45页。
② 吴应廉创修，王映斗总纂《光绪定安县志·建置志》卷2，第194页。
③ 瞿云魁纂修《乾隆陵水县志·祠祀志》卷4，海南出版社，2003，第164页。
④ 李文烜修，郑文彩纂《咸丰琼山县志·建置志》卷5，第243页。

论黎族文化主体性的构建

詹贤武

民族文化的主体性由特定的民族共同体成员以及本民族文化自身的特殊性所决定，包括在维护本民族文化的地位，确认本民族文化身份过程中所形成的文化情感、文化态度、文化意识和文化心理等。作为内在因素的文化承载主体，在民族文化的传承、交流和互动中所起的作用至为重要。因此，从文化主体性的视角探讨黎族文化传统的延续和发展，对促进黎族文化的繁荣与发展具有深远的意义。

一 黎族文化主体性问题的历史探析

黎族文化的发展过程，与黎族社会的发展进程息息相关。黎族社会的发展历史充满着崎岖和曲折，而每次处于社会转型时期，黎族文化都随着社会的变革发生剧烈的变化。从黎族社会的发展历史对黎族文化主体性的发展进行考察，可以发现，黎族文化主体性的艰难曲折道路经历了文化困惑、文化觉醒、文化崛起和文化发展这四个阶段。

（一）文化困惑：历代朝廷"治黎"政策下的黎族文化

黎族是海南岛最早的世居民族。由于海南岛与祖国大陆存在地理上的阻隔，黎族传统社会停留在原始社会的时间非常漫长。汉武帝在海南岛设立珠崖、儋耳两郡之始，黎族原始社会在中原封建经济制度的影响下逐渐解体，直接从原始社会向封建社会过渡。到了明清时期，黎族地区除了五指山腹地尚保留原始公社残余的"合亩制"之外，其余地区已向封建社会转化。

历代朝廷为了加速黎族社会向封建社会过渡的进程，采取各种强硬的"治黎"政策，造成黎族传统社会与封建社会之间产生了不可调和的冲突，这种冲突不但是民族性的，同时又是经济性的、宗教性的、文化性的。为了让黎族人民归顺服从，封建朝廷往往诉诸武力，派遣官军对黎族地区进行无情的征剿，对黎族起义大肆进行镇压。这不但不能让黎族人民屈服，更激起黎族人民的强烈反抗，使民族之间的矛盾更加激化。他们用"生黎"和"熟黎"对黎族人民进行简单而粗暴的族群甄别，是否服王化，就是唯一的甄别标准。"黎分二种，内称生黎，外称熟黎。"① "今儋、崖、万安皆与黎为境，其服属州县者为熟黎，其居山峒无征徭者为生黎。"② "海南有黎母山，内为生黎，去州县远，不供赋役；外为熟黎，耕省地，供赋役，而各以所迩隶于四军。"③ 这种粗暴的族群甄别方式，究其原因，就是出于对黎族地区进行政治上的统治与经济上的租赋征收的考量。黎族社会长期处于刀耕火种的原始耕作状态，经济极不发达，沉重的苛捐杂税让黎族地区民不聊生。汉武帝末年，珠崖太守孙幸广征黎族"广幅布"，就被暴动的黎族群众杀死。黎族人民的反抗，历史上一直都没有停止过，从西汉到清代近 2000 年间，黎族人民的起义仅见于史书记载的就有 70 多次。④

封建朝廷还采取"设教崇化"的文化政策，"前乎削平黎僚"，"后乎宣劝教化"，⑤ 对黎族地区采取武力进行"征剿"的同时，还大力推行封建文化。在强势的封建文化侵淫之下，黎族文化被随意践踏而陷入前所未有的困惑中，黎族文化的主体与客体之间存在不对等的关系，与其他民族文化的交流无法形成相互平等、相互尊重的状态，失去了一个民族在文化立场的表述上应拥有的话语权。文化主体性的失落致使黎族文化的主体价值没有得到确立，也无法作出正确的价值判断和抉择。而提高民族的主体地位和文化的主体性，找寻黎族文化的真正出路，一直成为黎族人民奋斗的目标。

---

① （清）郝玉麟：《雍正广东通志·琼州府》，海南出版社，2006，第333页。

② （元）脱脱：《宋史·蛮夷传三·黎洞传》卷495，见《二十五史中的海南》，海南出版社，2006，第324页。

③ （宋）周去非：《岭外代答》卷2，见《中国古代民俗》（一），黑龙江人民出版社，2004，第556页。

④ 王学萍：《中国黎族》，民族出版社，2004，第76页。

⑤ （清）李有益：《光绪昌化县志》卷9，海南出版社，2006，第332页。

（二）文化觉醒：王国兴寻找共产党与黎族文化主体意识的凸显

黎族文化在其形成和发展过程中，由于地理、生活方式等方面的差异，形成了具有本民族性的文化特征。当黎族人民意识到本民族的文化传统及其文化特质遭受威胁时，必然会采取斗争的形式以维护本民族的文化传统，从而产生了黎族文化的主体性问题。遭受民族歧视和文化威胁的黎族人民在党的领导下，和其他各族人民一起，为求得民族的生存和文化主体性的解放进行了不屈不挠的斗争。

第一次国内革命战争时期，陵水县各族人民在党的领导下，掀起了轰轰烈烈的农民运动。大革命失败后，陵水党组织转入农村继续斗争，创建了一支以黎族人民为主体的武装队伍，并于 1927 年 7 月至 11 月间，在黎族人士黄振士、王昭夷等人率领下，先后三次发动武装起义，攻占陵水县城。同年 12 月 16 日，宣告成立陵水县苏维埃政府，这是海南岛上第一个有少数民族参加创建、第一个在黎族地区成立的县苏维埃政府。陵水县苏维埃政权虽然在国民党的血腥镇压下失败了，但它唤醒了黎族人民的主体性意识。

抗日战争时期，黎族人民在头人王国兴的率领下，举行声势浩大的白沙起义，向国民党反动派发起猛烈的进攻。尽管这次起义因敌众我寡而惨遭镇压，但是这场为民族生存而战的起义唤醒了黎族人民沉睡已久的民族意识。他们在极度困难中毅然作出了正确的抉择，那就是寻找共产党，寻找琼崖纵队。王国兴在党的正确领导下，成立了"白保乐人民解放团"，在五指山地区建立了革命根据地，开展艰苦卓绝的斗争，最终迎来了海南岛的解放，实现了黎族人民谋求民族自由和解放的愿望。而王国兴也"由一个为谋求本民族解放的战士，变成为一个为全民族解放的无产阶级先锋战士"。①

王国兴作出的历史性抉择和他的人生觉悟转变，说明黎族人民充分认识到，必须抛弃由于历代封建统治者所制造的民族隔阂，与各民族贫苦兄弟团结在一起，在中国共产党的正确领导下，才能求得民族的解放。王国兴主动寻找共产党，标志着黎族人民的主体意识已经完全觉醒，他们从千年来黎族文化主体性迷失中走出，走向文化自觉，获得了文化自主权。黎

---

① 中元秀：《黎族人民领袖王国兴》，民族出版社，2009，第 12 页。

族在中国共产党的领导下，以主人公的姿态，从此开始了建设自己的家园、振兴黎族文化的宏伟大业。

（三）文化崛起：党的民族文化政策为黎族文化带来蓬勃生机

海南解放后，在党的民族文化政策的正确指引下，黎族文化彻底解决了社会主义现代化进程中的地位和命运问题。黎族文化在表现出对中华文化强烈的民族认同过程中，完成了本民族文化的自我定位，构建了黎族文化主体性，确定了自己的发展路向，并呈现前所未有的文化繁荣景象。

中国共产党始终把带领全国各族人民谋求民族独立解放、民族平等自由、民族大团结和民族区域自治作为党的奋斗目标，一直坚持把马克思主义民族问题的理论与中国具体实践相结合，把民族区域自治作为解决中国民族问题的基本政策和基本制度。1949 年春，琼崖区党委根据党中央关于实行民族区域自治的指示，成立了琼崖少数民族行政委员会。海南解放后，党和政府十分关心黎族人民的疾苦，重视黎族地区实行民族区域自治的工作。1951 年，党中央派出以马杰为分团长的中央访问团来到五指山地区，带来了党中央对黎族人民的殷切关怀和亲切问候。① 1952 年 2 月，中共海南黎族苗族自治区委员会成立；7 月，海南黎族苗族自治区正式宣告诞生（1955 年改为海南黎族苗族自治州），黎族苗族人民千百年来梦寐以求的当家做主的愿望终于实现。1988 年，海南建省办大特区，推行"小政府、大社会"的行政体制，撤销自治州，在黎族、苗族聚居区成立自治县、自治乡。实行民族区域自治以来，黎族人民充分享受到管理本民族本地区内部事务的权利，依照本民族政治、经济、文化的特点，制定了一系列法律法规，对本民族的优秀传统文化依法进行保护。

党和政府时刻关心着民族文化的保护和发展。1949 年中央民委设立了文教司，负责管理少数民族文化事务。1951 年政务院颁布了《关于民族事务的几项决定》，在文化教育委员会专门设立民族语言文字研究指导委员会。文化部还根据这一决定设立民族文化司。同时，海南省各级地方政府也陆续设立了相关的文化机构。根据党一贯坚持的弘扬民族优秀传统文化原则，海南省大力培养少数民族文化干部和人才，加强少数民族地区文化基础设施建设，保护和合理开发少数民族文化资源，积极组织和开展民族

① 本书编写组：《海南黎族苗族自治州概况》，广东人民出版社，1986，第 83 页。

文化交流活动。这些强有力的措施和政策，为黎族地区的文化事业的发展与繁荣提供了持久而坚实的保障。黎族文化在党的阳光照耀下，获得了前所未有的发展空间与机遇，走上了文化崛起的光辉道路。

（四）文化发展：黎锦申遗成功标志着黎族文化走向世界化

黎锦是黎族文化最具代表性的文化形态之一，是黎族的历史见证和黎族文化的重要载体，蕴涵着黎族人民特有的精神价值、思维方式、生存方式和文化意识，体现着黎族人民丰富的艺术创造力和想象力。早在西汉时期，黎锦就以精湛的纺织技艺名噪中原各地，历代朝廷均把黎锦列为贡品。黎族传统纺织技艺包含纺、染、织、绣四大工艺，明代之前一直领先于世界水平。宋末元初，黄道婆从崖州把黎族先进的棉纺技术带回江南一带，使江南出现富庶万家的经济繁荣盛景，为中国棉纺织技术走在世界的最前端作出了巨大贡献。

随着近代世界纺织工业的发展，黎族传统的纺织技术受到了巨大的挑战，生存空间在工业文明的冲击下愈来愈逼仄。党和政府非常关心黎族文化的保护和发展，依法对黎族传统纺织工艺进行保护，同时在五指山市成立海南民族织锦工艺研究所（后并入海南民族研究所），对黎族传统纺织技艺进行开发、保护和研究。2006年，黎族传统纺织技艺被列入第一批国家级非物质文化遗产名录。2009年10月1日，黎族传统纺染织绣被联合国教科文组织列入首批急需保护的非物质文化遗产名录，这标志着黎族文化在世界上获得了应有的地位。黎族传统纺染织绣技艺不再仅是黎族人民满足衣着需要的生存技能，而且属于全世界人民共同拥有的非物质文化遗产。从这个意义上讲，以传统纺染织绣技艺为代表的黎族文化已走出文化的非主体性阈限，以独特的民族性和鲜明的地域性文化特质，成为世界民族文化不可或缺的组成部分。黎族文化的世界化趋势，增强了黎族人民的文化自信心，也使黎族文化的主体性意识不断提高，这对于黎族文化的发展将形成巨大的内驱力，极大地促进黎族文化的发展进程。

二　主体意识的觉醒为黎族文化的发展奠定了基础

海南解放后，在党的民族政策的指导下，黎族人民完成了黎族文化的身份确认，构建了本民族文化主体意识，为黎族文化的崛起与发展奠定了坚实的基础。黎族文化主体性的构建，增强了黎族人民的文化自信心，使黎族文化焕发出前所未有的生机。

（一）黎族社会历史和语言调查

党和政府非常关心各民族的社会历史发展状况。20 世纪 50 年代初开始，党和政府大规模组织人类学、民族学、社会学方面的专家和文学艺术工作者，深入少数民族聚居地区进行全面系统的社会历史调查。从 1954 年开始，党和政府组织中国人民大学、中国科学院民族研究所和历史研究所、中央民族学院、中南民族学院、广东省民族研究所等多家科研机构，开始了历史上大规模的黎族社会历史和语言调查，参与调查的有民族学家和民俗学家岑家梧、语言学家严学窘，以及詹慈、黄乐天、容观夐、刘耀荃等民族学者，先后出版了《黎族社会历史调查》、《海南岛黎族社会调查》等文献资料，同时还拍摄了一批有关黎族社会发展状况和社会生活方面的纪录片和图片，收集了大量的民族文物。

在黎族方言调查中，语言学家还在保亭加茂地区发现了黎族加茂方言（赛方言）。根据党和国家"名从主人"的民族甄别原则，以及黎族各方言的特点和方言区的社会特点及民俗习惯，最后确认黎族由哈、杞、润、美孚、赛五大方言构成。大规模的黎族社会调查，不仅为党和国家制定民族政策、开展民族研究提供了宝贵的资料，为进一步确认黎族人民的民族身份提供了重要依据，同时为黎族文化的定位、生存状况和发展方向提供了重要的参照。

（二）黎族文学与艺术的繁荣

党的民族文化政策是黎族文学与艺术走向繁荣的有力保证。在党的关怀下，黎族的文学艺术以其浓郁的民族特色展现在全国人民面前，给中国民族文学艺术活动带来了无穷的活力。同时，一批有艺术才华的黎族文学艺术工作者也迅速成长，涌现出一批黎族作家和作品，如龙敏的《黎山魂》、《青山情》，亚根的《婀娜多姿》、《都市乡村人》，黄照良的《山兰香飘飘》，董元培的《旅路足音》，黄明海的《你爱我吗》，符凤莲的《真实的瞬间》，王文华的《甘工鸟》，卓其德的《美满的歌》、《浪花》等，他们的文学创作与实践，使黎族文学实现了从单纯的口头创作向书面创作跨越的历史性转变。[①]

黎族是一个能歌善舞的民族，黎族民间舞蹈具有浓郁的民族和地方特色。1957 年在莫斯科举行的第六届世界青年联欢节上，黎族舞蹈《三月三》首次被艺术地呈现在国际舞台上，引起巨大的轰动。20 世纪 50 年代，海南民族歌舞团排演了黎族舞蹈《草笠舞》，1962 年获第八届世界青年联欢节舞蹈比赛金质奖章，成为中国舞蹈史上具有标志性意义的经典作品。[②]以白沙起义为题材的舞剧《五朵红云》还拍成电影在全国公映。近几年来，以黎族文化为题材的艺术作品如《达达瑟》、《黄道婆》、《鹿回头》等，在国内舞台上获得巨大的成功。

今天，黎族的文学艺术创作取得了前所未有的、令人瞩目的成就。黎族题材的文学艺术作品层出无穷，黎族作家和文艺工作者不断壮大，也涌现出像王妚大那样的众多黎族民间艺人。他们用自己高超的艺术才华，抒写着本民族的辉煌未来，昭示着黎族文化的身份已获得普遍的文化认同。

（三）黎族古籍整理和文化遗产保护

民族文献古籍是中国个少数民族人民在数千年历史发展过程中创造的重要文明成果，也是中华文化重要的载体。党和政府就民族古籍的整理工作颁布了一系列法律法规。2005 年，《国务院实施〈中华人民共和国民族区域自治法〉若干规定》和《中共中央、国务院关于加强民族工作加快少数民族和民族地区经济社会发展的决定》中，将少数民族古籍保护工作列为落实民族区域自治的重要内容；2006 年，《国家"十一五"时期文化发展规划纲要》将《中国少数民族古籍总目提要》列入国家文化发展规划中；2007 年，国务院办公厅颁布了《关于进一步加强古籍保护工作的意见》。这些重要文件，不仅明确了开展少数民族古籍工作的任务和指导方针，而且对少数民族古籍的整理、抢救和保护工作都提出了明确的要求和具体的措施。

由于黎族历史上没有属于本民族的文字，许多古籍保留在用汉字书写

---

① 王海：《在历史的跨越之间——试论黎族当代文学的发展》，见王建成主编《首届黎族文化论坛文集》，民族出版社，2008，第 281 页。

② 戎海：《黎舞之母：从〈三月三〉到〈草笠舞〉的嬗变》，《海南日报》2009 年 9 月 27 日 A5 版。

的典籍中，但是包括众多黎族学者在内组成的海南省文献专家队伍克服许多困难，完成了《中国少数民族古籍总目提要·黎族卷》的整理工作。2005 年，由黎族资深学者王学萍担任总主编的《黎族藏书》工程开始实施，目前资料收集阶段已经圆满完成，前三卷已经公开出版。

党和政府非常重视少数民族文化遗产的保护和抢救工作。2000 年，国务院办公厅下发《关于西部大开发中加强文物保护和管理工作的通知》；2004 年，文化部、财政部联合发布《关于实施中国民族民间文化保护工程的通知》。为了抢救中华民族的非物质文化遗产，2002 年政府正式启动"抢救和保护中国人类口头和非物质遗产工程"，在已经公布的三批《国家级非物质文化遗产名录》中，就有黎族传统纺染织绣技艺等 12 项黎族非物质文化遗产。黎族传统纺染织绣还被联合国教科文组织列入首批急需保护的非物质文化遗产名录。这些丰富的非物质文化遗产从各个方面反映了黎族文化的深刻内涵，体现出黎族文化的人文价值和文化特质，是人类珍贵的文化财富不可或缺的组成部分。

三 国际旅游岛建设中黎族文化主体性的重构

当前，建设海南国际旅游岛已成为海南省委、省政府的中心工作，黎族文化迎来了大发展的难得机遇，也面临着许多历史性的挑战。黎族文化是海南国际旅游岛建设中重要的文化资源，海南国际旅游岛又是黎族文化走向世界的重要平台，黎族文化能否紧紧把握住这难得的发展机遇及文化发展的主动权，将直接关系着黎族文化未来的生存与走向。

（一）从民族性跨向世界性

世界文化需要多样性。文化多样性是各群体和社会借以表现其文化的多种不同形式，是人类社会的基本特征，也是人类文明进步的重要动力。文化的世界性必须以民族文化的存在为依托；而每个民族的文化得以繁荣发展，世界文化才有可能形成多元文化的格局。

民族性与本民族的生产生活方式和历史文化传统密切相关。"由于民族区域生态环境不同、文化积累和传播不同、社会和经济生活不同等等，各个民族的文化差异是很大的。这种差异表现为不同的民族性。"① 黎族文化在形成和发展过程中，既传承了中华文化博大精深的内涵，也吸收和接纳了其他文化的影响，在热带海岛独特的地理环境之中，逐渐形成了本民族的文化特质。由于黎族没有属于本民族的文字，许多文化的载体和表现形式并不是以文字的形式承载下来，而是通过口头传播或者其他物态的形式保留下来。因此，从文化的构成要素看，黎族传统表演艺术，风俗、礼仪、节庆，自然界和宇宙的民间传统知识和实践，传统手工艺技能，以及与上述表现形式相关的文化空间等以活态、无形为表征的非物质文化非常丰富，这些非物质文化蕴涵着极其深邃的历史文化和精神的传承价值，是黎族文化血脉得以世代传承的重要内容。黎族文化具有的非功利性形态及其特点，在现代文明中尤其显得弥足珍贵。文化的多样性为人类进行文化活动提供了多样的选择，而黎族文化中体现的人与自然和谐统一的特点，又为世界文明的发展提供了多样选择的文化。

建设海南国际旅游岛，为黎族文化迈向世界提供了难得的机遇，也带来前所未有的挑战。黎族传统纺染织绣技艺被确定为联合国教科文组织列入首批急需保护的非物质文化遗产，表明了黎族文化在世界文化中获得了应有的文化身份。黎族文化应以此为契机，利用国际旅游岛的平台，加强与世界文化的合作与交流，让黎族文化在世界文化花园中大放光彩。

（二）从传统性迈向现代化

黎族文化是黎族人民在长期的生活与生产实践及其精神活动中创造的，在漫长的历史发展进程中不断积淀而形成的文化。黎族人民千百年来固守着本民族独特的文化血脉，体现出黎族特有的人文精神和价值取向，同时以强大而持久的凝聚力和向心力影响着整个民族系统和民族个体。因此，黎族文化的主体性对于本民族的文化发展和路径选择，一直都以主动、积极的态度把握着本民族文化发展的方向。黎族人民用坚守本民族传统文化的方式，昭示着一个海岛民族艰难的发展历程，体现出强烈的民族本位意识，这是黎族得以在这个海岛上生生不息的最根本保证。

当然，黎族传统文化并不是一味排斥其他民族文化的。在形成和发展过程中，黎族文化自始至终并不是故步自封的，而是以海纳百川的胸怀，

---

① 司马云杰：《文化社会学》，山西教育出版社，2007，第175页。

吸收了其他民族特别是汉族的文化。他们采取为我所用的立场，根据本民族的文化需要，在不影响本民族传统文化受到侵蚀的前提下，大量汲取了其他民族的文化，并有机地转化为自己的文化。可以说，黎族文化在传承过程中具有比较强烈的排他性，但在汲取外来民族文化中又具有很强的交流和借鉴能力。这表明黎族文化具有很强的包容性。

不可否认的是，在现代文明的推进中，黎族传统文化也受到了强烈的冲击，各种时尚文化、大众文化，以及现代商品意识，对黎族传统文化的生存与发展均产生了深刻的影响。海南国际旅游岛的建设中，随着与世界文化交流的增多，各种文化思潮会蜂拥而入，这必然会给黎族传统文化的生存空间与发展方向带来难以预测的冲击。因此，黎族文化主体应立足固有的文化传统，以积极的态势，应对这些文化思潮的到来；同时在这场文化风暴的洗礼中，让黎族传统文化不断向现代化推进。

（三）从文化自卑走向文化自信

解放之后，黎族文化在党和政府的关怀下，逐渐摆脱文化困惑，民族文化心理也从文化自卑走向文化自信。但是，由于历史上的种种原因，黎族文化无论是在市场经济环境下，还是在大众文化的冲击下，民族文化心理尚存在淡化的现象。特别是新一代的黎族青少年，由于他们所生活的环境和条件发生了变化，在与其他民族的接触和交往中，认同了其他文化的价值，而放弃了本民族文化的立场。在一些黎族地区，青少年普遍以讲海南话、普通话为荣，不愿意讲黎语。一个民族对自己千百年来传承的文化产生自卑心理，不啻是一个文化灾难。若是这样，一个民族将彻底否定自己的文化传统，放弃本民族的文化价值观和独特的文人精神。因此，如何在现代化进程中，树立文化自信，让黎族文化凸显民族化的同时走向现代化，是当前迫切需要思考和解决的问题。

文化的发展离不开经济社会的发展。黎族地区的经济得到了发展，黎族人民的生活得到提高后，黎族文化才有可能获得发展的空间。同样，保持着黎族文化的繁荣与兴旺，也同样促进黎族地区经济社会的腾飞。在建设海南国际旅游岛的进程中，要正确对待发展好黎族地区经济与保护好黎族传统文化的关系。通过有效的手段和方式，让黎族文化主体意识觉醒，形成强烈的文化自信力，保护和发展黎族文化，使黎族文化具有自我发展和自我创新能力，让黎族传统文化在国际旅游岛建设中不断显现出生机和活力。

（四）从附属地位转向重要地位

在漫长的封建社会所形成的文化心理定式中，汉民族文化处于主流文化的地位，黎族文化长期受到排挤和漠视，一直处于边缘化、从属化的地位，文化身份无法得到确认，文化地位非常低微。封建文化以儒家思想为主的文化价值体系衡量和评判其他少数民族文化的文化价值，在封建文人看来，黎族传统文化与传统儒家文化是格格不入的，认为黎族文化"猥琐不足道"，甚至有许多随意曲解、污蔑之处。黎族文化在长期的历史发展过程中，一直未能得到应有的保护，更没有得到正确的对待。

中华传统文化是由中国各民族优秀的传统文化构成的，毫无疑问，黎族传统文化也属于中华传统文化的范畴。黎族传统文化与中华文化之间存在着诸多对接关系，黎族文化所表现出来的特有人文精神丰富了中华文化人文精神的内容，而中华文化又是推动黎族文化发展强有力的后盾。但是，我们应该看到，一种文化在特定地域环境当中，也可以成为该地区的重要文化景观，决定了该地区的文化与其他地区的文化有着本质上的不同。这种文化上的差别性，为发展文化旅游提供了重要的依据。

建设海南国际旅游岛，我们必须大力挖掘海南丰富的本土文化资源。在这些文化资源当中，黎族文化不啻是最有特色、最有价值的。可以说，海南本土文化决定了国际旅游岛的文化特色，而黎族文化又是特中之特，因为黎族唯中国独有，唯海南独有，黎族文化是其他地方所无法复制的。国际旅游岛的大背景之下，黎族文化不应再处于从属地位，而应成为国际旅游岛建设中非常重要的文化资源。黎族文化应在这难得的机遇中，充分展示自己独特的文化魅力，成为国际旅游岛建设中不可或缺的、重要的文化资源。这样，黎族文化才能真正实现文化觉醒，走向文化自觉，在推动民族经济获得空前发展的同时，完成自身走向世界化、现代化的历史性变迁。

（作者单位：中共海南省委党校）

黎族传统社会契约习惯法初探[*]

韩立收

黎族世居海南岛，孤悬海外，长期以来一直处于相对封闭的状态，过着钻木取火、刀耕火种、牛踩田、手捻稻的原始社会生活。由于远离文化发达的地区，大陆朝廷国家法对黎族地区的影响十分有限，加之黎族没有自己的文字，黎族传统社会基本处于习惯法的统治之下。本文写作的目的在于，弄清黎族传统契约习惯法是什么样的，以及为什么具有这样的特征。

为避免引起歧义，本文首先澄清两个基本概念。首先，习惯法。本文所称的习惯法并非指国家认可的习惯，而是指一定区域的特定人群在其长期的生产、生活过程中，自然形成或逐渐养成的一些为其成员所默认、遵守并具有约束力的行为方式和生活准则。其次，契约法。契约主要用于经济领域，指用于证明出卖、租赁、借贷、抵押等关系的文书，是信用的标志。① 契约法，即指有关契约方面的规范的法律规定的总和。本文中黎族传统社会契约习惯法是指：解放以前黎族社会普遍适用的、有关经济领域民商事交往方面的契约的习惯法的总和。

考虑到研究问题的复杂性，本文对研究对象在时空等方面予以限定。首先，时间范围方面，以海南岛解放以前（即 1950 年 5 月 1 日前）为限，对解放后的状况基本不予研究，同时考虑到黎族各地习惯法不尽相同，且一直在缓慢地演化，本文选取比较典型的具有代表性的习惯法进行探讨。其次，地域范围方面，研究范围主要指黎族在相当长的历史时期集中居住

---

* 在本文的搜集资料方面，李云林同学做了很多的工作，特此表示感谢。

① 胡启忠：《契约正义论》，法律出版社，2007，第 4 页。

的、海南岛的中南部地区。第三，内容范围方面，本文只研究私契约，而不研究公契约，如械斗纠纷解决协议以及氏族结盟协议等；同时本文也不研究婚姻、继承、雇佣等有关私人身份的契约，而只是研究有关私人财产的契约。

一 黎族传统社会契约习惯法的基本种类及内容

黎族传统社会契约习惯法的基本种类主要包括四种，以下分别阐述。

（一）交换契约及其内容

交换是以财产的私有为前提的，黎族社会很早就出现了私有制的萌芽，商品交换也早就存在了，相应的交换契约也不断发展、变化着。下面笔者把黎族传统社会的交换规则分为族内交换和族外交换两个方面进行说明。

1. 黎族内部的交换契约

黎族传统社会的农业和副业基本上都是自给自足性生产，商品生产长期得不到发展，社会内部的交换很少。黎族传统社会没有自己的货币，但是有作为货币的替代物——牛和稻谷。一般情况下，田地的价格是以牛只的数量来衡量的，农具、手工艺品、炊具的价格是以稻谷的数量来计算的，牛只交换的价格也是以稻谷来计算的。

能够播种一篓稻谷的水田的价格，一般为 2~3 头水牛，下等田为 1 头水牛，而特等田则为 6 头水牛。一辆牛车的价格是一头黄牛，水牛的价格是黄牛的两倍。衣服篓的价格是一篓稻谷，而粮食篓本身的价格是半篓稻谷。陶器交换的价格是以陶器容积的大小来决定的，一般是该陶器能装多少稻谷就用多少稻谷来交换。牛和稻谷的价格比是一头水牛大约相当于 20 篓稻谷。水牛的大小以测得的牛角长度而定。一般而言，牛角长度为 15~20 厘米的水牛，为标准水牛。①

土地和耕牛是黎族传统社会最主要的生产资料，土地和牛只的买卖受到了诸多限制。在黎族传统社会习惯法中，合亩制地区的土地可以买卖，

① 〔日〕冈田谦、尾高邦雄：《黎族三峒调查》，金山等译，民族出版社，2009，第 215 页。

但需得到全合亩的同意，① 非合亩制地区几户所有或一户所有的土地自行决定出卖。但是，无论合亩内的公共土地还是非合亩制地区的私有土地，在出卖时都要优先考虑本合亩或者本宗族内的人，如本合亩本宗族内无人购买，就按血缘关系的亲疏，依次卖给同村的其他合亩、同远祖的其他村，最后才卖给无血缘关系的人。

"在买卖土地中要举行特定的仪式，一般是由买者备酒邀请村内亩头、奥雅、本合亩的兄弟亲属，以及卖田者全合亩的人喝酒。双方在酒会上讲明价格、成交，日后如有纠纷，则由参加饮酒者作证。另外在一些村子在买卖土地中，还刻竹为凭，即将价格刻在竹签上，砍为两片，由买卖双方各执一片。"②

如前所述，黎族传统社会内部土地的买卖一般是以牛只作为交换物，合亩所有的田地出卖后，所得之牛是由合亩共同使用；所得之钱财则由全合亩各户平均分配，若所得的少，便由亩头保存，在必要时，做救济合亩内困难的费用。卖私田所得之牛、钱财，归田主所有；若田主不把所得之牛"祭鬼"，则牛就由本合亩共同使用。③ 黎族传统社会合亩内的共有的耕牛一般不会买卖，除非是本合亩在械斗过程中损失严重需要变卖牛只来进行赔偿。合亩内私有的牛只由于是由个人私有而由合亩共同使用的，所以买卖时也要征得全合亩的同意，并像买卖土地那样优先卖给本合亩、同村或者同宗族的人。合亩外的牛只的买卖限制条件较少，一般可以自主买卖。

2. 黎族与汉族之间的交换契约

黎族在古代就已经与周边的其他民族发生贸易关系，但黎族社会尚未形成独立的商人阶层。黎族群众一般是在墟市上以土特产和其他产品与汉族商人交换，以获得自己必需的生产用具和生活用品。宋时货币已经进入黎族地区，民国时期光洋纸币全面进入黎族村寨。

《桂海虞衡志》载：熟黎"能汉语，变服入州县圩市，日晚鸣角，结队而归"。说明与汉人杂居和靠近汉区的黎人已经大批进出墟市了，交易人数众多。当时不懂汉语远离汉区的生黎，也已进行墟市交易。苏轼《和

---

① 合亩是解放前五指山腹地的杞方言黎族特有的一种社会组织形式，其生产是以合作共耕为基础的，具有原始公有制的特点。
② 广东编辑组：《黎族社会历史调查》，民族出版社，1986，第155页。
③ 广东编辑组：《黎族社会历史调查》，第194页。

陶诗·拟古九道》曰："黎山有幽子，形槁神独完。负薪入城市，笑我儒衣冠。……日暮鸟兽散，家住孤云端。问答了不通，叹息指屡弹……遗我吉贝布，海风今岁寒。"

据记载，明朝期间崖县、陵水、昌东、东方四县的城镇和港口，有史料记载的较大墟市有 6 个，清代 18 个，国民党时百余家。主要是汉商贩运铁制工具、食盐、针线、纱布、火柴等，以及收购土特产品，如牲畜、家禽、名贵木材、野生动物和木耳、水晶、金砂等。当时交换的主要形式是物物交换。①

到民国初年，外地商人开始深入黎区开办店铺打造铁器、贩卖日用百货。最初，外地人带上工具，到黎区走村串户，每到一个村便停留几日，住在黎人家中，替黎人打造或修缮所需物品。后来一些外地人便定居下来，开设店铺。这些人事先要得到当地乡长、保长的同意，主要打造钩刀、镰刀，贩运食盐、衣服，卖给附近的黎人，多半以实物交换。以乐东黎族自治县永益乡为例，一般交换行情如下：

1 把锄头——1 箩谷；　　　　　　1 口锅——1 箩谷；

1 把斧头——3 斗谷；　　　　　　1 把刀——1 斗谷；

5 个花碗——8 升米；　　　　　　2 把小镰刀——1 碗米；

1 个犁头——1 只狗或者 1 头 20 斤重的小猪。

此外，还有被人们诟病的汉商以不等价交换剥削黎人的贸易活动，② 如：

1 根针——1 只母鸡；　　　　　　1 榫头——3 箩谷；

1 把钩刀——1 箩谷；　　　　　　1 把锄头——1 头猪；

1 件好衣服——10 箩谷；　　　　　1 件旧衣服——5 箩谷；

1 箩盐——4 箩谷；　　　　　　　1 把铲子——1 箩谷……③

综上，黎族与汉商交易，形式上是自由、平等的，但由于黎族技术落后，只能用土特产换取汉族的犁、锄、斧等铁质工具，交易比较被动，实

---

① 王学萍主编《中国黎族》，民族出版社，2004，第 323 页。

② 我们认为，考虑到汉商深入黎区经商不易，除了地理环境、气候、道路不畅需要适应外，还要面临语言不通，文化迥异，更有路上有劫匪，安全无保障以及路上雇工花费、商品损失、需要给当地的黎族首领送礼等一连串的问题，不应该把汉商与黎民的交易简单地斥为欺诈。实际上，如果真是欺诈，这种交易黎民也不会认可，更无法长期存在。

③ 王学萍主编《中国黎族》，第 322 页。

质上处于不平等的弱势地位。

（二）借贷契约及其内容

黎族传统社会中，遇上灾年家庭困难，一般去跟亲戚、朋友讨粮，各家各户给几斤，集成一担挑回家渡过难关，这种情况不需要归还。而别人缺粮找上门时，也必须回送一些粮食，这叫互助。所以，黎族社会凶年不见逃荒者，无饥寒之民。《黎岐纪闻》载：黎中"从无鬻米者，贫人乏食则有米者贷之，不计息，偿不偿亦不深较"。这里的互助，严格来讲还不是借贷契约。

尽管如此，借贷关系普遍存在于黎族人的生活当中，如不同村合亩间、同村合亩间、合亩内部以及黎族各分支间的借贷。借贷的内容一般包括：借钱、借粮。但借贷的利息则因借贷双方的关系不同而产生差异。如关系越近则利息越低，甚至不要利息。

虽然同一合亩内黎族人民之间有互助的义务，但是在粮食的借贷中超过 100 斤的需要偿还。偿还的期限因所借粮食的多寡而有所不同，一般情况下，借粮 400 斤的偿还期限是 3 年。3 年后无力偿还的，借粮者要让自己的一个孩子去帮债主帮工 3 年（一般是去养牛）。[①]

无论是合亩内还是合亩外，黎族人之间借钱都不用付利息，只要偿还本金即可，并且偿还的期限没有具体的限制，通常只是默认为贷款人有钱时就要偿还。同一合亩内，直系血亲之间的借贷有互助的性质，借钱和借粮食不用还。有些合亩内旁系血亲之间的借贷一般是借一还一。合亩外粮食的借贷一律要计算年复利，即到年底借一还二。如在盖章村王老捆做亩头时，合亩内的王老陆向堂侄王老识借稻谷一对，同年还稻谷两对。如果当年不还则要利上加利。[②] 由于利息过高，最后债务人往往需要用牛或土地抵债，因此而倾家荡产的不少。

黎族地区的借贷没有时效的概念，一般借贷也不计时限，需要偿还而未能偿还的，无论以后过了多久，即使债权人、债务人都去世了，子孙都可拿借据前来讨债，债务人的子孙不得抵赖。

---

① 王学萍主编《中国黎族》，第 112 页。
② 广东省编辑组：《黎族社会历史调查》，第 122 页。

（三）租赁契约及其内容

由于黎族传统社会最主要的物是土地和牛只两种，所以，租赁的对象也主要是针对这两种物，分为田租和牛租两种。

1. 田租

黎语把租佃称作"同寅田"，意即租佃双方是基于完全平等和合作、出于兄弟情谊互相帮助耕田的意思。据空套村 50 岁的陈则亚说："做同寅田是和好人交朋友，（同寅）是不知吃亏的意思。"由于租佃双方为同寅关系，因而在称呼上均互称同寅。[①] 土地租佃的范围，除租佃水田、旱田外，还有山林等。而山栏是公地，峒内任何人均可砍伐，但谁也没有权利出租。具体而言，在田租关系形成过程中遵循以下几个习惯法则。

首先，以宰杀牲畜的种类和数量来决定租种年限。土地的租佃关系一般发生在同村的合亩与合亩之间或合亩与别村合亩个人之间。在租田时，除少数村必须由亩头出面租田外，一般农户需要租种土地时，便自己去找田主联系。联系好后即杀鸡、猪、牛去和田主达成协议。杀牲畜的种类代表着租赁年限的长短。按习惯杀 1 头牛租 9 年，杀 1 口猪租 3 年，杀鸡或杀小猪租 1～2 年；不论土地面积的大小、种类或肥瘠程度，都以它们表示年限。如果租田期满而双方同意续租的话，便要令杀牲畜来决定年限。

其次，以租种土地收获的分成来折抵租金。在收割前，租田者便要通知田主来分稻谷，田主亲自或者派人来监视。收割后，租田者先留出种子、田主及其随从饮酒、吃饭所需的谷子后，分成两份，双方各取一份；有的由田主根据收成的好坏来决定田租的多少。

最后，租种协议中断后的处罚以赔偿牲畜或谷物为主。租田关系若果按照原协议履行完毕，租佃双方都不负任何责任。如果租田关系还未到期，由田主提出中止租田关系时，田主要根据剩余租田期限的多少对租田者进行赔偿。如 9 年的租期第 6 年时田主提出收回田地，田主要给租田者一口猪或价值相当于一口猪的稻谷。[②] 如果是租田者提出提前解除租田关系，田主则不对租田者进行赔偿。租田关系的中断一般选在收获季节，那样不至于耽误来年的收成。

---

① 广东省编辑组：《黎族社会历史调查》，第 157 页。
② 广东省编辑组：《黎族社会历史调查》，第 158 页。

2. 牛租

租借牛，黎族一般称为"讨牛脚"。在黎族传统社会契约习惯法中的租赁关系中，牛租的租金在一个较长的时间内变化不大。合亩租牛，由亩头代表合亩去租，租金由合亩出。个人租牛由个人联系，有的村还需亩头去交涉。每头牛的租金不论租期的长短都是 2 个光洋，即租一年是 2 个光洋，租 10 年也是 2 个光洋。例如，万板村徐伯娘的父亲租空透村张阿各的牛一头，5 年付租金 2 个光洋。徐柏磊的父亲租南打村尊勤的牛一头，20 多年也只付租金 2 个光洋。[①]

另外，牛主每年还要到租牛户看牛一次，租牛户要杀牲畜来招待，否则牛主就会把牛收回。在租牛的过程中租牛户对牛有照料的义务，如果在租期内牛死亡，租牛户要进行赔偿，赔偿的方法因租牛户是否完全履行照料义务有所区别。一般习惯如下：第一，牛若被偷走，租牛者要负赔偿。如牛在夜晚被偷，按原数偿还；白天被偷，加倍偿还。第二，如牛瘟死，租牛者不负任何责任，但要及时通知牛主抬回去；牛主还必须将牛颈、牛腿等给租牛者。牛主如不要肉，可由租牛者所在的合亩分食，另以一口猪及相应的钱送给牛主。如在牛瘟死后，租牛者未及时通知牛主，被牛主知道后，要罚租牛者。第三，牛老死或因劳累过度而致死，租牛者必须以一赔一，死牛归租牛者。第四，租牛所生的小牛归牛主，如被人偷去小牛，租牛者要赔偿一口猪。[②]

在有些地区，租牛的习惯有所不同："耕牛租用期间被人偷窃，不论白天、晚上不见，一律不赔。据说既有人来偷牛，一定存心不良，租牛户如果发现偷牛贼时，一定要发生冲突，并有生命危险，所以耕牛被偷，租牛户无责任，不过耕牛吃了田中的稻子或触死别人的小牛时，则应由租牛户负责赔偿，因为这主要是租牛户没有照顾好，应由他负责。"[③]

（四）典当契约及其内容

典当，黎语为"底什"。"底"意即"当"，"什"意即"田"，"底什"直译为"当田"。典当的对象是水田、旱田、坡地、园地和山栏地。典当多以牛只计算，刻竹为凭。

---

① 广东省编辑组：《黎族社会历史调查》，第 158 页。
② 广东省编辑组：《黎族社会历史调查》，第 158 页。
③ 中南民族学院编辑组：《海南黎族社会调查》下卷，广西民族出版社，1992，第 467 页。

典押没有严格的时间限制，大抵要在两年后才可赎回典押物。有时父亲出典的东西，到儿子时才赎回。典押的价格一般是相当于出售价格的1/2到2/3，个别典价也有几乎和卖价相同的。赎典物都以原典价赎回，不论年限长短一概无息。如空套村陈开先父亲出典0.5亩田的典价是水牛和黄牛各一头，当时的卖价是2头水牛。根据在抱隆村的调查，田地典押的价格大体是：上等田2亩值2头水牛和5个光洋，中等田2亩值1头水牛和5个光洋，但是当典押者急需时，就可能低于一般的典价。①

在典押关系成立后，双方还要剖竹为凭。具体方法是用1寸宽、5寸长的竹片一块，把典押的价格用钩刀刻于其上（如典价为2头牛，则刻两画），然后由中间人（如无中间人，就由当事人的某一方）将竹片一劈为二，由出典人和受典人各执一半为据，日后赎典时便以此为凭。出典人归还典价后就收回出典物，同时，当场焚毁竹片，典押关系即告结束。

典押关系也可以演变成买卖，如出典人在出典期间要把出典物卖断，经征得受典人的同意后，双方协商，由受典人再给买主一些牛或者光洋，土地所有权就属于受典人的了。

二　黎族传统社会契约的主要表现形式

英国法律史学家梅特兰曾深刻地指出："只要法律是不成文的，它就必定被戏剧化和表演。正义必须呈现出生动形象的外表，否则人们就看不见它。"② 黎族契约习惯法具有形象化的特点。传统黎族社会缔结契约的方法除口头契约外，以结绳记事、刻木为契、砍箭为信、书面契约四种为主，这里主要讲前三种。

（一）"结绳记事"

早期黎族实施"结绳记事"的方式。据《广东新语·人语》卷7载：

---

① 广东省编辑组：《黎族社会历史调查》，第158页。
② 转引自〔美〕伯尔曼《法律与革命——西方法律传统的形成》，贺卫方等译，中国大百科全书出版社，1993，第69页。

"黎人不以文字要约。有所借贷，以绳作一结为左券。或不能偿，虽百十年，子若孙皆可结绳而问之，负者子孙莫敢诿。力能偿，偿之；否则，为之服役。贸易山田亦如是。"后来，黎人就地取材，有以藤代绳记事者，即所谓"结藤为信"。① 此外，黎族还有以茅草代替藤来记事的。

（二）刻木为契

黎族传统契约最有特色的方式是刻木为契。刻木为契在我国古已有之，如《后汉书》载："大人有所召呼，则刻木以为信，虽无文字，亦不敢违。"《岭外代答》也载："瑶人无文字，其要约以木契合二板而刻之，人执其一，守之甚信。"《云南腾越州志》也提到："夷有风俗，一切借贷赊用、通财期约诸事，不知文字，唯以木刻为符，各执其半，如约酬偿，毫发无爽。"文字出现后，汉族地区逐渐以汉文书代替这种原始的契约方式，但是它在少数民族地区仍沿用下来。

宋代《诸蕃志》即记载生黎有"刻木为符"的记载。② 但是黎族通常是以竹代木，可谓"刻竹为契"（黎语直译为"割竹"）。这一方面是因为竹耐腐朽，可以常年保存下来，另一方面是因为竹骨节多，刻划原始符号后不易伪造。传统社会黎族虽有多种黎语方言，但无一种文字，黎族的原初居民又不通汉文，起初交易时日中为市、以物易物、各取所需，无须订立契约。当黎族社会出现私有、田地、牲畜、物品可以抵押变卖时，为了使对方恪守诚信才订立契约。③ 但并非任何契约都需要刻木为契，一般都是在重大事项上使用，除用于买卖土地等私契约外，还用于犯罪赔偿以及战争赔偿等。

黎族传统社会刻木为契的记录形式有自己显著的特点。在黎族的数字观念中，单纯基数词有"一、二、三、四、五、六、七、八、九、十、百、千"。"一"到"九"用"丨"条纹表示，"一"即刻一条"丨"，"九"即刻九条"丨"。"十"以"×"表示，"百"以"*"表示，"千"以"ㄨㄨ"表示，"半"刻为"＞"。④

---

① 《古今图书集成》卷1391，引《旧志》记"岐黎"俗。
② 曾昭璇、张永钊、曾宪珊：《海南黎族人类学考察》，华南师范大学地理系，2004，第63页。
③ 刘咸：《海南黎人刻木为信之研究》，《科学》19卷第2期，1935年。
④ 高泽强、文珍：《海南黎族研究》，海南出版社，2008，第206页。

　　黎族人多用木簪或竹片量出长短、刻上度值（称之为"押"），然后从当中剖开，双方各取一半作为凭证来制成契约。这类契约分为两种，一种是木簪或竹片的正面用汉字书写契约的内容，由识字的汉人代笔，并加盖当事人和中间人的手模，背面则刻有数道横纹，每道代表出典或卖的价值；另一种则无汉字，全由横纹组成。"这些木簪或竹片根据价值的高低，横纹之间的举例也不同，共分为三种：指长押、掌长押、肘长押。凡是价值在 30 元以下的，用指长押，每刻 1 元；40～100 元，用掌长押，每刻 5 元；百元以上的，用肘长押，每刻 10 元。指长押又分为三种：价值在 10 元以下的，用中指的中节；10～20 元的，用中指的中节和前节；20～30 元的，用整个中指。"①

　　制作契约用的木簪或竹片大都由卖主提供。木簪或竹片上的价值度量，以卖主的手为标准，刻数值在上面，两端都刻上检验真伪标志的缺口。制成后，当着中间人的面，在两端的缺口处用刀从中间剖开，再由中间人交给买卖双方各一半。买卖双方检验无误后将它好好保存。这时买方就要按照契约上的钱物交给卖方，一旦交付完成，买方就开始接手卖方的物业，直至卖方赎回为止。赎回时必须按照契约上的数值，不增不减，也可以陆续赎回，如指长押赎回 1 元则削去一道横纹，掌长押赎回 5 元则削去一道横纹，肘长押赎回 10 元削去一道横纹，依此类推，直至赎完为止。赎无定期又无利息，只要原契约在，父亲死后儿子可以赎回，儿子死后孙子可以赎回。假如契约丢失的话，卖方永远不可赎回，而买方就可以转卖了。②

　　黎族地区重大一些的契据用"掌长押"，最大债务用的是"肘长押"，因为长大的竹片上可以刻划许多刻痕，用刻口和纹数即可表示数目和项目（如大洋、牛、酒数量）。1935 年到润族地区调查的刘咸采到一肘长押（由中指顶端到肘点）上刻口 57，纹线 6，小口纹 4，即表示欠债多达 576 元（每口纹 10 元，每线纹 1 元），牛四头。③

　　契约订立时，通常要由买方宴请卖方及中间人，契约履行完毕后，通常要举行一个仪式，中间人当众将木契或竹契烧掉以清账。

---

① 毛公宁主编《中国少数民族风俗志》，民族出版社，2006，第 739 页。
② 毛公宁主编《中国少数民族风俗志》，第 740 页。
③ 曾昭璇、张永钊、曾宪珊：《海南黎族人类学考察》，第 99 页。

（三）砍箭为信

在黎族地区，重大契约一般在刻木为契或刻竹为凭后，还要砍箭为信，或称斩箭为誓。这样的契约被称为"箭约"，表示一定要信守契约，不会违约，如果违约则要刀弓相向。黎人尚武，故多刻箭以示"至死不改"信誓之志。

订立"箭约"要举行仪式，宰猪杀鸡设宴，由中间人（峒首奥雅）主持，请来各村寨头人为证人。席间，双方当众讲明订立"箭约"事因及权利和义务。双方承诺后，在洒着鸡血的双箭上，下刀斩三次，甲方斩第一刀，乙方斩第二刀，中间人斩第三刀。甲乙双方各保存一支。"箭约"订立后，双方不得随意违约。解除"箭约"必须举行仪式，当众鉴定用于解除箭约的是否原来订约的箭，双方声明解除关系，并于晚上在屋外由中间人用木弓把两支箭分别向东西上空射出，表示"箭毁约除"。①

在笃信原始信仰的时代，这种仪式对人们信守契约具有重要的意义。这种方式不限于民商事契约，甚至可以说是主要用于公契约及身份契约，如械斗和解契约，以及身份契约，如龙仔拜龙公的契约，等等。

三　黎族传统社会契约习惯法的保障

黎族传统社会契约习惯法的效力来源不是国家强制，而是黎族人民的内心认同。尽管如此，由于各种原因出现契约纠纷也是常有的事，黎族契约习惯法也需要靠自己的强制力来保障。黎族传统社会一般采取以下措施来保障契约习惯法的实施。

（一）中人保证

黎族地区重大的契约一般都需要有中（间）人，或称中保人，以监督双方履行协议。中间人，黎语中称为"秀夸"（音译），"秀"是拿的意思，"夸"是两边的连结点的意思。据清张庆长《黎岐纪闻》载："生黎地不属官，亦各有主。间有典卖授受者以竹片为券，盖黎内无文字，用竹

① 刘明哲：《中国少数民族大辞典·黎族卷》，香港当代文艺出版社，2003，第101页。

批为三，计邱段价值划文其上，两家及中人各执之以为信，无敢欺者。"
这段记载，可从中南民族学院博物馆馆藏的不少黎人契约俗称"契箅"的
文物中得到证实。这种契约写在具有民族特色的木箅上。其正面，用汉字
书写契约内容，由汉人代笔，加盖当事人和中人的手印。①

中人在一个村中一般有 2～3 人，通常由奥雅、亩头、村头或保甲长等
人担任；其基本条件是：第一，要有威信；第二，为人老实公正；第三，
有财产。之所以要满足第三个条件，是因为人们认为如果中人没有家庭、
财产，他随时都可以往外跑，日后发生了纠纷将没有人来作证。② "中保人
是世袭的，父死子继，但妇女不能做中保人，据说是因妇女在丈夫死后要
回娘家去。中保人的主要任务，是在宴会上将租佃双方的权利义务讲清
楚，并监督双方执行。此外，中保人还负有解决租佃双方发生纠纷的责
任。"③ 但是他对租田双方当事人的违约行为只负调解责任，而不负连带赔
偿责任。

中人除在参加契约订立仪式上饮酒外，还可以从买进田或租进田的农
户处获取 1～2 个光洋作为报酬。报酬基本固定，不论田的面积大小、期限
长短、土质好与差。

（二）经济处罚

如果不能按时履行契约，尤其是不能如期还债，则黎族一般要求违约
赔偿，通常是要求支付双倍利息，不仅如此，如果一再拖延以后还会利滚
利，使债务人承受很大的经济压力。光绪《崖州志·黎防一·黎情》卷 13
载："与人贸易，不欺，亦不受人欺。……负钱一缗，偿谷一秤。岁加一
倍，无有底止。"

此外，黎族还往往在和解仪式上，罚有过错的一方当事人猪、鸡、
酒、谷，以慰劳主持仪式的峒长和其他长老。④

（三）做工顶债

如果债务无法按时还清，还可以采取做工顶债的方式。这有两种情

---

① 参见吴永章《黎族史》，广东人民出版社，1997，第 396 页。
② 广东省编辑组：《黎族社会历史调查》，第 195 页。
③ 广东省编辑组：《黎族社会历史调查》，第 157 页。
④ 王学萍主编《中国黎族》，第 113 页。

况：一种是"顶利息"，即在工作期间不计算利息，还本以后可以回家；一种是"顶债"，即做多少工顶多少债，顶债的数额由双方或债主决定，顶完债才能离开。这两种情况常有还不起而做到老死为止的，有的死后债务未了，还要儿子或者弟弟继续做工顶债。

事例一：保亭县一区番文乡什柄村程大年，因父亲租用同村地主梁才卿的牛，被人偷去，无力偿还，将他哥哥送去给梁做工顶债，他哥哥在做工期间病死后，再叫他本人去继续做工，直到解放后才回来。①

事例二：福关村村民黄老兴，新中国成立前曾向"亩头"黄老苦借了一头牛，后因这头牛被盗，被加罚两头牛。以后又因父亲死亡及无辜被大"奥雅"黄老关处罚，一共欠黄老苦5头牛。此外他还向他人借了5姆粮食（两姆约合382.5市斤）。几年后利上加利，把自己田产卖光仍不能偿还债务。最后被迫拜黄老苦为"龙公"，帮他做工。②

不仅如此，甚至存在这样的情况：有的债务人还不上债务时"以儿抵债"，也就是把儿子卖给债主。在这种情况下，债主把这个孩子当自己的儿子一样对待，孩子改名换姓随债主供奉一个祖先鬼。③

（四）人身拘押

与现代违约责任仅限于财产责任，而不涉及人身不同，古代的罗马人、日耳曼人及古代中国汉族人的契约法中都有人身责任的内容，如债权人拘押未清偿债务的债务人，或把未清偿到期债务的债务人关进监狱或沦为官奴等。在黎族传统社会，契约习惯法中的违约责任也涉及人身。

《文献通考·四夷考》卷331在谈到黎族重信用时也写道："（商人）或负约不至，自一钱以上，虽数十年后，其同郡人擒之以为质，枷其项，关以横木，俟前负者来偿乃释，负者或远或死，无辜被系，累岁月至死乃已。复伺其同郡人来，亦枷系之，被系家人往负债之家痛诟责偿，或乡党率敛为偿，始解。凡负钱一缗，次年倍责二缗，倍至十年乃止。本负一缗，十年为千缗，以故人不敢负其一钱。"

黎族采取扣押人质的办法，以迫使负约者偿还债务；用累进赔偿的办

---

① 中南民族学院编辑组：《海南黎族社会调查》上卷，第47页。
② 张跃、周大鸣主编《黎族——海南五指山市福关村调查》，云南大学出版社，2004，第247页。
③ 王学萍主编《中国黎族》，第112页。

法，使侵犯其财产者蒙受重大经济损失。这种处置方法比较原始，也不值得提倡，但在当时的历史条件下对黎族百姓来说也是无奈之举，不失为弱者的一种自卫手段。实际上这样做的结果也收到了奇效，"以故人不敢负其一钱"。

（五）人身处罚

黎族"对强奸、诬告和说假话情节严重者，当众绑其手脚浸水用黄蚂蚁咬身，并罚款赔物给受害者"。[①] 这里的"说假话"应该也包括契约中的欺骗行为在内。也有的对包括违约行为在内的违反习惯法的行为，采取以殴打相威胁或实际实施殴打等处罚，这通常属于私力救济，但由于大家都认可，同时也往往在首领的主持或默认下进行，所以也属于习惯法的范畴。

据我们所了解，对于交易中包括说假话在内的欺骗等行为实施殴打，这方面的历史记载的实例不是很多，但在以前没有多少文字记载的黎族地区，我们有理由相信这种通常用来对付偷盗等违法犯罪行为所采取的措施，也会被用于严重违约等行为中。

（六）送交官府

历史记载，有些汉族奸商常采用欺骗等手段，牟取暴利。"土商与贸易，欺以赝物。"[②] 又有载："近日惠、潮人杂处其中，多以沽酒为业。任其赊取不知数，秋后计算，以米偿之，虽欺之，亦不觉也。"[③] 还有载："黎人于升斗权衡丈尺之制不甚认真，恒欺之。"[④] 正因为如此，黎谚有云："客（汉人）不欺黎，鸡不吃谷。"针对上述情况，光绪三十二年十月二十日在现在琼中县营根镇立有奉道宪严禁碑。

该碑文中有这样的规定："一议客黎买卖货物，斗秤须要公平，彼此交易，有赔有送，不得强牵牛马及将儿女抵债，违者送官究治。一议客民出入黎峒要有宅主，如有强人生妻幼女，欺诈□黎，皆该向宅主究论，违者一并送官究治。"这表明官府对欺骗黎民的行为是严惩不贷的，甚至要

---

① 刘明哲主编《中国少数民族大辞典·黎族卷》，第102页。
② （清）屈大均：《广东新语·人语》卷7，"黎人"条，中华书局，1985，第243页。
③ （清）张庆长：《黎岐纪闻》。
④ 光绪《定安县志·黎岐·黎俗》卷9。

连带追究"宅主"的责任。尽管我们现在尚未掌握这方面的实例，但我们有理由推测，有些汉族商人违约的行为是由黎族当事人或黎族首领送交官府来处理的。

四　黎族传统社会契约习惯法的基本特点

黎族传统社会契约习惯法从理念以及形式方面可以归纳为以下几个基本特点。

（一）诚信理念

"契约必须遵守"是西方社会一句著名的法律格言，契约可谓是当事人之间的法律。黎族民众也非常注重诚信的理念，黎谚"愿牛死不愿牛栏破，愿丢财不愿丢情义"是这一理念的写照。史家赞誉黎族"慎许可重契约"，[①] 明朝钟芳的《悯群黎人》也称：黎人"重契箭，谨信约，毫发不爽"。[②]《崖县现况》载："苗黎极重信用，与人交易直截了当。凡欠人钱，言定何时归还，至时卖妻鬻子，亦不足惜。……苗黎重义节，如受人之骗，则群起助被骗之人。"黎民最恨不守信义之人。光绪《崖州志·黎防一·黎情》卷 13 载："与人贸易，不欺，亦不受人欺。相信，则视如至亲，借贷不吝。"

诚实守信是黎族人民的处事信条，他们相信"万物有灵、生灵有信"，大自然有自己的一套法则，人类是自然界的一部分，生活于其中必须遵循自然，保持自然界的秩序平衡。他们相信契约不仅是人与人之间的契约，更是人与鬼之间的契约，契约有天地佐证必须遵守，否则就会受到天地的处罚。

在日常的民商事生活中，黎族人民固守着诚信无欺的生活习惯，耍诡计、欺骗人的行为，为黎族社会所不容，被认为是最缺德的，并可能由此引发纠纷甚至械斗。范成大在《桂海虞衡志》中记载：黎人"与省地（指有建置地区）商人博易，甚有信而不受欺绐。商人有信，则相与如至亲，

---

① 嘉靖《广东通志初稿·生黎》卷 36。
② （明）钟芳：《钟筼溪集·文》。

借贷有所不吝。岁望其一来，不来则数数念之"。在重大的民商事活动中，黎族人民订立契约总是刻竹为凭及斩箭为誓，同时对于契约中的严重违约以及欺骗行为予以严厉处罚。不难理解，在这种理念下，在黎族传统社会中人们过着夜不闭户、路不拾遗、童叟无欺的社会生活，幼有所养、老有所依，人们之间和谐相处，社会关系十分融洽。

（二）平等理念

法律平等不外是"凡为法律视为相同的人，都应以法律所确定的方式对待"。[①] 黎谚有云："做事平等，分配平等。"黎族传统社会人们具有强烈的平等观念。

在民商事生活方面，黎族首领在交换、租赁、借贷等方面都没有特权，他和普通民众处于平等的地位，一样要遵循传统的契约习惯，在民商事活动中不能强买强卖，欺行霸市，不能进行不等价交换。在日常生活中社会首领也和普通民众一样参加田间劳动、狩猎等，不会因为首领的身份而受到特殊的对待。黎族首领并非汉族地区的官员，其权力很小，远不能控制和支配一般民众的生活。在这里，首领只有为民众谋福利、处理纠纷的义务及责任，而没有获取格外的个人及家庭利益的权利。实际上，他们一般只是社会活动的带头人。

在交易活动中，黎族地区男女平等，不仅男女都可以参与交易，而且在交易中处于同等地位。黎族妇女独立与人进行商品交易很常见，从来没有出现怕女方做不了主而对方不愿与之交易的现象。实际上，黎族地区妇女地位有时甚至还略高于男子。黎族传统贸易的一大特色是从事交换活动的多为妇女。据顾岕《海槎余录》载："（在墟日）田境妇女担负接踵于路，男子则不出也。"又据宋周去非《岭外代答·蛮俗》卷 10 载："城郭墟市负贩逐利，率妇人也。而钦之小人，皆一夫而数妻，妻各自负贩逐市以赡一夫。"清张庆长《黎岐纪闻》写道："黎妇多在外耕作，男夫看婴儿养牲畜而已，遇有事，妇人主之，男不敢预也。"作者为突出妇女作用，对男子陪衬地位的描述，难免有失实之处，但在黎区妇女的社会地位相对汉区较高，则是无疑的。

---

① 〔美〕博登海默：《法理学——法律哲学与方法》，邓正来译，中国政法大学出版社，1999，第 308 页。

（三）团体本位理念

马克思有云："权利永远不能超出社会的经济结构及由经济结构所制约的社会文化发展。"① 传统社会黎族人民生活在一种相对与世隔绝的状态中，社会生产力落后，自给自足的自然经济占了主导地位。这种原始的生存环境为团体主义的发育提供了肥沃的土壤，传统社会黎族人民生产生活中包括契约习惯法在内的各个方面都打上了团体本位的烙印。

黎族有这样的谚语："只有山猪才能独自寻食，人不能单独做食"、"耕好园种好田，是因为不分你我"、"人不助人不是人"。在黎族民歌《喝酒歌》中有这样的歌词"酒苦大家吃，酒酸大家尝"。传统社会黎族地区强调团体利益优先，个人的权利因其社会团体成员的身份要受到一定的限制。

契约即双方的合意，按照现代契约自由的理念，只要当事人双方达成合意即可订立契约，该契约只要不违反法律的强制性规定就在当事人双方之间产生约束力。契约自由原则也是黎族契约习惯法的一条重要原则，但是这一原则受到了黎族传统社会团体本位的诸多限制。在缔约自由方面，像买卖土地、耕牛等，首先要满足本团体内成员的需求，合亩内成员有优先购买的权利，而后才会扩大到其他合亩成员。在契约内容自由方面受团体本位限制的突出表现是：耕牛不能随意买卖，和解契约不能损害本团体利益。合亩内的耕牛有的由合亩共有，有的由私人所有但由合亩使用。私人所有的耕牛虽然是个人物品，但是它不能作为标的随意进行买卖。

（四）契约种类较少，形式简单

黎族传统契约法产生于黎族地区商品交换的初级阶段。开始，黎族地区采取以物易物的交易方式，即时结清，而且商品论只论担，大而化之，不必斤斤计较，不用精确计量单位。在交易过程中，往往不是以商品价值为唯一定价标准，而是极为重视人际关系。后来，黎人才把牛作为一般等价物使用。与汉族接触后，逐渐使用汉族地区的光洋、铜元等，直到很晚才普遍使用纸币。黎族地区没有形成自己的商人阶层，在黎族聚居的五指

---

① 马克思：《哥达纲领批判》，《马克思恩格斯选集》第 3 卷，人民出版社，1972，第 12 页。

山腹地解放前甚至没有出现集中交易的墟市。

黎族商品意识薄弱，同时由于对商品经济缺乏足够的了解，兼对汉族的度量衡不大熟悉，往往被汉族商人所欺骗，如缺斤少两等。① 黎族对数字计算重视不够，价值观念很差。如据解放初期的调查，"有一次我们（指调查组成员）向毛枝大村王政林购买木瓜，问他一角钱买几个，答 2个。又问一个多少钱，答两角。又有一次我们向他买一口小猪（约净重 30斤），他说要 20 元，又向王老吓买一口小猪（约净重 10 斤），他也说要 20元。"② 还有，黎族向汉商借贷，利息计算一般比较复杂，几次算下来，往往黎族就搞不清到底要支付多少利息了，最后都是任凭汉商说了算，结果遭受比较大的损失。

黎族商品意识较弱，还体现在如下方面：传统上黎族地区借光洋是借一还一，而借谷却是借一还二，理由是"黎族人认为借钱不用付利息是因为钱不能生钱，而借粮食不同，粮食种到田里能长出更多的粮食，因此借粮食要加倍偿还"。③ 还有，黎族民众一般对商品的规格没有清醒的认识，契约的内容往往过于简单，一般对商品的规格规定得比较粗糙或少有规定，这在商品交易中往往容易处于不利的地位，且容易引起纠纷。④

（五）受原始信仰的影响

传统上，黎族百姓信仰万物有灵论，自然崇拜意识浓厚，认为不应说假话，否则会遭受自然界的严厉惩罚，被雷公劈死。民间有"天上怕雷公"的说法，认为雷公强大无比，且能辨善恶，会惩罚坏人。在黎族地区由于没有一个强有力的中立的权威机构来监督和处理违约行为，原始信仰对于保障契约的履行具有不可忽视甚至是至关重要的作用。本文上述"刻木为信"、"斩箭为誓"等都体现了这一点。

---

① 有些汉商经常欺骗黎民，如说"针是一条像脚那样粗的铁棍慢慢磨成的"，"值很多钱"，以便高价出售。

② 广东省编辑组：《黎族社会历史调查》，第 90 页。

③ 广东省编辑组：《黎族社会历史调查》，第 122 页。

④ 即使是在解放初期，也大量存在这种情况。如解放后贸易公司收购红藤和猺皮，黎族百姓感到不满，因为大家的东西都是一样的，却收购价格高低不同。后来公司解释，这是因为藤片的削工不同，以及猺皮是否染有污秽的东西不同，进而被分为不同的质量等级的缘故。见广东省编辑组《黎族社会历史调查》，第 507 页。

五　黎族传统社会契约习惯法的社会功能

任何一种习惯法的产生都不是偶然的，而是具有历史的必然性。社会功能的大小是支撑习惯法合法性和合理性的重要依据。黎族传统社会契约习惯法具有以下重要的社会功能。

（一）维护黎族传统社会民商事生活秩序

对大自然的恐惧以及对和谐生活的向往使人们追求有序的社会生活。秩序是人类社会赖以存在发展的基础。在维护黎族传统社会民商事生活秩序方面，黎族传统社会契约习惯法发挥了不可替代的作用。

黎族传统社会契约习惯法通过对交易规则的规范促进了剩余产品的流通，改变了黎族传统社会人民自给自足的生活观念，加强了人民之间尤其是文化迥异的黎汉两个民族人民之间的交往，使民商事活动依据双方都可以接受的标准顺利进行；通过对借贷、典当规则的规范缓解了传统社会黎族人民的燃眉之急，提高了物的利用价值；通过对契约技术的规定，明确了契约双方的权利和义务，保持双方在交易中的平等地位，避免了纠纷的产生，提高了交易的效率；通过对契约纠纷规则的规定，尤其是其中的保障契约履行及违约处理措施的规定，有效防止了欺诈等行为的发生，预防和化解了社会矛盾。

（二）促进黎族地区私有制的发展

契约习惯法是平等主体之间流转财产的社会规范，一个社会如果仅仅靠血缘继承以及宗教权力来实施财产流转，是不会产生契约法的。契约习惯法是私有制的产物，一旦产生，就具有了自己的生命，按照自己的逻辑前进，进一步反过来促进原有私有制的进一步发展。

以前黎族民众养鸡主要是为了"鸡卜"等祭祀使用，甚至食用都不是最主要的目的。后来为了换取汉族商人的商品才"为买而卖"，被无意识中带进商品交易中。后来，从交易中得到实惠的民众才逐渐认识到产品与商品的不同，进而大力发展商品经济。还有，黎族地区早期很少有买卖土地的事情发生，因为土地是整个氏族的。后来人们也只是在被处罚的时候不得已才出卖土地，并非是为了更大的利益，但这在不经意间也促进了土地的流转及高效使用，加剧了土地兼并。

在契约习惯法的保护下，黎族的交易内容日趋广泛，以前没有意识到，或没有充分意识到的土产也变成了商品，可以为黎族民众带来实实在在的实惠。这促进了财产私有范围的扩大和程度的加深，财产所有制度的逐渐完善，进而贫富分化和阶级分化，使原始公有制逐渐瓦解，私有制逐渐确立。

（三）促进黎族民众个体意识的觉醒

"市场是天生的平等派"，契约习惯法内在地需要交易双方处于平等的地位，实施等价交换，不允许任何一方强迫另一方交易，以及单方决定交易的具体方式。它还要求交易双方诚实待人，不容许任何一方利用对方的无知来进行欺骗。不仅如此，它还内在地构建了一个个体独立表达自己的意志，作出自己的决断，并且独立承担自己的责任的平台。这有利于黎族传统社会结构的转变，尤其是原有社会组织结构的变化，使社会基本组织由氏族公社向个体家庭转变。

在此过程中，它还培养了黎族民众的个体意识和独立意识，这也使得原来社会中身份因素的作用有所减弱，而契约因素的作用不断增强。黎族契约习惯法有利于黎族民众公正意识，进而道德意识的进步。

（四）促进黎汉交流和社会进步

契约习惯法有利于契约的订立和履行，有利于生产效率的提高和社会经济的发展。商品的交流，不仅仅是商品本身的交流，而是人与人的思想的交流。黎族契约习惯法不仅促进了黎族内部的交流，更促进了黎汉之间的交流。这种交流，一方面促进了商品经济的发展，物尽其用，货畅其流，满足了各自的物质需求，进而促进了黎族地区生产力的发展，尤其是铁器的引进，使黎族传统的生产方式发生了革命性的变化，促进黎族地区的生产发展和生活改善，为黎族地区进入封建社会起到了重要的推动作用；另一方面，也促进了黎汉民族之间的文化交流，有利于消除民族隔阂，减少民族冲突，有利于民族融合和统一，有利于整个社会的不断进步。

结　语

　　黎族传统社会契约习惯法与黎族特殊的生活环境相适应，是黎族人民在长期的生活实践中逐渐形成的"地方性知识"。它是黎族先人长期实践经验的积累和教训的总结，是先人智慧的结晶，尤其是其中蕴涵的诚信理念、平等理念是黎族人民重要的精神财富。

　　黎族传统契约习惯法是朴素、简陋的，不少内容已经不再适应现代社会的发展，但对此我们应该采取"同情式理解的态度"。在这方面，张晋藩老先生说得好："传统绝不意味着腐朽、保守，民族性也不是劣根。传统是文化和历史的积淀，只能更新，不能铲除，失去传统就丧失了民族文化的特点，就失去了前进的历史文化基础。我们需要从固有的法律传统中，引出滋润了五千年中国的源头活水，需要科学的总结和吸收有价值的因素"。① 研究黎族契约习惯法，可以使我们对黎族社会中契约习惯法的历史脉络加深了解，这对我们进一步理解和分析黎族民众在当代社会遵守国家法的表现，并进而可以在促进黎族地区建设法治社会、和谐社会方面提出切实可行的意见和建议。

（作者单位：海南大学法学院）

---

　　① 张晋藩：《中国法律的传统与近代转型》，法律出版社，2005，"前言"，第1～2页。

海南黎族与临高人入琼时间
及相关问题研究

鞠 斐

海南是一个民族共同和谐生活的岛屿，主要生活着汉族、黎族、苗族、回族等民族，海南汉、回、苗等民族的迁入都有清晰的史料记载可以寻找其迁入的历史，但黎族的来源以及他们何时迁入海南，却意见不一。同时，海南还有一支被称为临高人的族群，其生活习惯和民族认同与汉族相同，但其语言却有着明显的差异。今天他们的生活区域只限于临高县一带，但其语言文化却在今天的临高、琼山（海口）、澄迈、定安、文昌等市县留下了明显的影响，构成了海南语言中重要的一个支系。其缘起也是海南研究中的重要问题。本文试图结合人类学、民族学与考古学以及语言学的成果找到一些线索和答案。

一 黎族迁出地与族属

黎族是海南最古老的民族，但对于其先人是从哪里迁来的却有着不同的看法。

一种早期的说法是海南黎族是从东南亚的马来人居住地迁入的。主要由德国民族学者史图博提出。这种说法提出很早，但已经被诸多的现代研究推翻。今天一般认为，马来——南岛语民族与中国古代的百越民族有着近亲关系，其中部分民族从中国大陆后来迁移到了南洋诸岛最远直至夏威夷，因而马来语民族与黎族确有同源性，但从迁出时间上来看，他们迁出时间要晚于黎族。马来语等南岛语与侗台语中与水稻种植相关的词汇都有着严格对应关系，说明他们迁出时已经普遍开始种植水稻。而黎语与他们都无对应关系，水稻相关的词汇可能是后来自造，这说明黎族迁出的时间早于马来人。马来人的确与海南黎族拥有共同的起源，但源头都在古代越人。

现在黎族来自百越系民族基本没有争议，但具体来自百越民族中的哪一支系，却一直有着不同的说法。

中国古代的越人是沿着海岸线分布的，从东北到西南分布着吴越、东瓯、闽越、南越、西瓯、骆越等几个部落集团。那么，到底是其中的哪一支迁移到了海南呢？研究者主张各异。其中主要有吴越说，即"距今7000年前，古越人从河姆渡出发，逐步向南移民，在距今6000年前到达台湾，那么在距今5500年，最多是距今5000年前到达海南岛"。① 有骆越说，《汉书·贾捐之传》中，贾捐之谓海南"骆越之人父子同川而浴，相习以鼻饮，与禽兽无异，本不足郡县治也"。罗香林1939年在《青年中国》创刊号上认为："黎为骆越一部分，即俚所转称，骆越为百越一支，亦古代夏民族所分出。"此说发表后，后人多从之。还有人认为是西瓯。再有就是多起源说，即认为"有迹可寻的迁入海南岛的越人至少包括以下几个族群：西瓯、骆越、僚人、乌浒人、俚人、被认为是'文郎人'的人，后来成为掸泰族群的人"。② "黎族的构成是多元的，但非多源。她的源只有一个，那就是骆越。其他的成分都是流。"③

我们首先来看一下骆越说。骆越、僚人、俚人应该是中国古籍中对于壮侗系先民的不同称谓。而境外的掸泰系民族与这个集团历史上也关系密切，恐怕在黎族迁入海南之前尚未分化。这一系民族与海南黎族之间的确有着复杂的关系，无论是从基因分布还是从语言上来看，它们都和黎族接近。但这里却有一个问题无法解释，即从语言中从一到十的数词上来看，今天这一系民族中主要是来源于汉语的借词，只有一、二、五等几个数字有自己的系统。④ 很明显，壮侗系民族是在还没有完全形成自己的一套一

① 史式：《探讨黎族历史如何突破时空限制》，《海南政协》1997年第3期，第30页。

② 方鹏：《海南岛历史民族与文化》，南方出版社，2003，第81页。

③ 练铭志：《关于海南黎族族源的研究》，《广东技术师范学院学报》2003年第5期，第81页。

④ 冯孟钦：《从壮侗语族的数词系统看其数概念及亲缘关系——兼论黎语不属于壮侗语族》，《百越文化研究——中国百越民族史学会第十二次年会暨百越文化国际学术研讨会论文集》，2004，第158~167页。

到十的计数系统的时候，受到汉族的影响而直接借用了汉语。这一点与西南一些少数民族的情况相类似。黎族则完整地形成了与此一族系一套完全不同的一到十的数词，而且其中没有受到汉语借词的影响。这说明在迁入海南的时候，黎族的祖先的文明程度要高于这一系民族。它在从迁移到海南的时候，一到十的数字系统已经完全形成了，而骆越民族当时则未形成。因此，黎族不可能是从这一系民族中分离出来的。

而值得注意的是，黎族的这一套计数系统与台湾的泰雅语以及印尼语等南岛语等有着明显的同源关系。现在一般认为，台湾的南岛语居民和太平洋的南岛语居民都是从中国古代百越民族分离出去的。因此，与海南黎族当然有着渊源关系。因为台湾原住民最大的可能性是来自吴越系的闽越，那么，是否也暗示着海南黎族也来自吴越（含闽越、东瓯）系统，即史文所说的是"河姆渡"人的后裔呢？

我们从现代的基因技术上可知，古代吴越居民分布较高的典型父系染色体类型是 O1 - M119 单倍体，而代表西部百越的典型是 O2a - M95。前者在台湾的原住民中排湾、泰雅族居民中出现频繁，普遍超过 50%，它在浙江汉族中的出现频率也相当高，但台湾原住民和浙江汉族中的带有西越色彩的 O2a - M95 的出现频率却很低。黎族中这两种单倍体都有出现，但代表西部百越的 O2a - M95 出现的频率比代表东部百越的 O1 - M119 的出现频率高得多，都超过 50%，与壮族的分布频率相近似。但黎族代表吴越成分的 O1 - M119 单倍体出现频率仍然超过壮族。这说明，黎族的基因分布呈现一种以西越为主，向东越过渡的状态。[1] 但是否是后来进入海南的骆越，即壮侗等民族改变了黎族原有的以吴越型为主的基因构成呢？研究否认了这样的猜测，"试验结果显示，黎族三个支系虽然很高频率的 M119 和 M95 突变，但是却没有发现 1 例其下游的 M110 或者 M88 突变，他们身上所携带的是最古老的百越族群的遗传标记"。[2] 也就是说，不管是东越系统还是西越系统后来出来的突变都没有在黎族的基因中出现，说明近代很少有其他民族群体大规模的融入，今天黎族的基因分布比较接近脱离原有族群时的状态。因此，它的主体应该是接近西部百越，而不是东部的吴

---

① 具体数据参见文波《Y 染色体、mtDNA 多态性与东亚人群的遗传结构》，复旦大学博士论文，2003 年 11 月，第 90~92 页。

② 杨波：《黎族三个支系 Y - SNPs 多态性研究》，第三军医大学，硕士学位论文，2007 年 5 月，第 30 页。

越了。

　　而且吴越如果要迁徙的话，除了台湾与其比较接近的地利（尤其在低海平面的时代）条件之外，那他们更大的可能是选择沿着海岸线向西南迁徙，因为向珠江三角洲迁徙应该更适合他们生存，也更类似于他们原有的长江、闽江下游的生活环境。但在珠江三角洲，即南越一带并没有发现他们迁徙的明显遗迹。据考古发现岭南珠江三角洲一带"约距今6500～5000年间主要分布在网河平原南部的渔猎采集经济文化、约距今5000～3000多年间主要分布在网河平原北部的渔捞采集经济文化和两周时期主要分布在冲积平原的火耕水耨经济文化"。① 也就是说，这一带应该是在3000至5000年前逐步进入农业社会，其生产水平较长江下游一直低得多。而且影响珠江三角洲的先进文化因素一直是从陆地而不是从海上传播过来的，广东的考古发掘中，农业、青铜等文明都是由粤北一带向珠江三角洲扩散，这也就说明不可能是吴越文明从海上带到岭南的，那么，吴越也就更不可能直接移民到海南了。因此，吴越—台湾—海南的可能性不大。黎语中数词与其的同源关系可以解释为当年的黎族先民尚未迁出大陆时从文化水平更高的吴越中借来的。但骆越仍然没有使用，而是在后来直接从汉语中借词了。

　　那么，就只剩下了存在于珠江三角洲一带的南越与西瓯了。应该说，史籍记载中的南越与西瓯是关系密切但又有所不同两个集团，它们之间"习俗虽同，但语言各异"。② 应该说，这是两个更接近的古越集团。从地理位置上来看，南越主体在珠江三角洲平原，而瓯越主要分布在其西南，再西则是骆越了。那么，黎族先民从雷州半岛南渡的可能性是最大的。西瓯应该是亲缘关系上和语言文化距离南越更近些，而距骆越更远，因此它后来才会成为南越下面的一个属国性的组织。而且更大的可能是在黎族向海南移民的时候，南越与西瓯两个群体尚未分化。考古发掘中也能看到，海南的古遗址与广东而不是广西有着更多的类似。而这个族群在文化和生产技术上低于东面的吴越，但高于西面的骆越。只不过秦汉之后，南越文化已经纳入中原文化体系之中，这时西瓯便与西面的骆越文化显得更近了，因此，汉时便开始骆越、西瓯并称了。后来，西瓯的一部分被同化到

---

　　① 　赵善德：《先秦时期珠江三角洲环境变迁与文化演进》，《华夏考古》2007年第2期，第95页。

　　② 　方鹏：《海南岛历史民族与文化》，第27页。

了东面的汉文化之中，而别一部分则融入了骆越之中，还有一部分更古老的就留在了海南黎族之中。①

二　黎族迁入海南的时间

关于黎族迁入海南的时间大体的推测主要有以下几种。

1 万年前说。认为 1 万年前的三亚落笔洞遗址就是黎族先民的生活遗迹。

5500～5000 年说。"在距今 6000 年前到达台湾，那么在距今 5500 年，最多是距今 5000 年前到达海南岛。"②

三四千年说。"在距今三至四千年前，他们的祖先横渡琼州海峡后，不适宜于北部的平川旷野生活，即沿南渡江两岸寻觅自然食物，溯流而上，择林而居。"③

我们先来看一下 1 万年前的三亚落笔洞遗址是不是古代黎族先民的生存遗址。海南有人类生活的遗址很早，但能够确认的连续的文化却不多。"在文化发展的时序上，海南虽与两广地区大致保持着基本相同的演变进程，但在每个发展阶段上仍然存在一定的早晚差别，并且体现出某些地方特点。总的来看，海南的史前文化发展较为缓慢，各阶段的文化之间存在缺环，年代序列不甚明确，缺乏自身演变、发展的连续性和继承性，突显出文化渐变进程中滞后的特点，在时间上也较两广地区为晚。"④ 也就是说，在新石器时代，海南不断地有人迁来，也有人迁走，极不稳定，尚未进入稳定连续的民族生存状态，或者说，是处于古代越人生活的一个边缘状态，因此，那个时代还难说已经形成了海南黎族这样稳定生活的族群。

其次，黎语中"猪"一词与侗台语和南岛语都保持了严格的语音对应关系。那么黎族进入海南应该是在猪已经在人们生活中占有重要地位之

① 关于黎族起源于西瓯的证据更多参见潘雄《古瓯人后裔考——黎族族源研究之一》，《广东民族学院学报（哲学社会科学版）》1983 年第 1 期。
② 方鹏：《海南岛历史民族与文化》，第 81 页。
③ 潘雄：《古瓯人后裔考——黎族族源研究之一》，《广东民族学院学报（哲学社会科学版）》1983 年第 1 期，第 12 页。
④ 郝思德、王大新：《海南考古的回顾与展望》，《考古》2003 年第 4 期，第 6 页。

后。虽然考古中发现最早的猪是在距今 9000 年前的广西甑皮岩遗址中，但中国南北普遍对猪进行圈养则是在距今六七千年前。结合考古发掘，黎族入琼的时间一般不会超过这个时间，即上限是 7000 年。同时据考古发现，黎族进入海南的时间应为新石器文化的晚期，即生活方式以渔猎采集为主，开始有了原始畜牧业和农业的萌芽，所以 1 万年的说法基本上可以排除。另外黎语中"田"一词却与侗台语有对应关系，说明已经有了原始农业，只不过这时的原始农业可能是以薯芋为主，也可能开始了山栏旱稻的种植。① 说明已经进入了新石器时代的晚期，有了原始的农业。这一时期不会超过距今 7000 年。

而时间的下限也可以在语言中找到相应的关系，一是黎语中"水稻"、"狗"等词都与侗台语不同，说明在这些事物传入南方的时候，黎族已经从母体族群中脱离出来了。因此，这些事物在岭南出现的时间应该是黎族分化出来的时间下限。

在壮侗系（或称侗台语）语中"黎语……'稻子、插秧、臼、耙'几个为黎语所独有，与其他语言完全没有对应关系。……恐怕只能解释为黎族先民入岛前两广大陆尚未学会栽培水稻，除此很难作出其他比较合理的解释"。② 这说明黎族先民入琼的时候，瓯越等系族群还基本上不懂得种植水稻。从其他相关的语言研究中也可以发现，黎语在渔猎阶段的词汇与印尼语、壮侗语有着更多共享的词根，如猪、熊、鸭子等，而农业相关的共同词根却难以找到了，如水井、池塘、栽种等词印尼语与壮傣、侗水都有共同的词根，但与黎语不同。③

一般认为，据今 5000 多年前的良渚文化已经进入了以水稻种植为主的农业文明。水稻种植已经成为了重要的产业。但这种文化传到珠江流域则较晚。距今 4500～4000 年前的粤北石峡文化是岭南最早的水稻人工栽培的实物证据。考虑到沿海地区种稻时间更晚，可以把时间的下限放到距今 4000 年前。

黎语中"狗"一词与侗台语已经没有对应关系。说明狗大量出现的时候，黎族先民已经脱离了大陆。虽然中国南方距今 7000 年前的马家浜文化

---

① 参见颜家安《海南岛原始农业起源的几个问题》，《古今农业》2005 年第 3 期。

② 刘剑三：《临高语黎语关系词的文化内涵》，《民族语文》2001 年第 3 期，第 65 页。

③ 倪大白：《中国的壮侗语和南岛语》，《中央民族学院学报》1988 年第 3 期，第 54～64 页。

中就已经出现了狗的骨骼，但岭南距今 4000 年前的广东河宕遗址中才出现了狗的骨骼，因此，黎族与母体民族的分离应该不晚于这个年代。

那么，黎族移入海南的时间大约是在距今 6000 年至 4000 年间，而且它不是一次性地入琼，而是在这个时间段中分批次地陆续移民。考虑到这一时期人们尚未进入稳定定居的农业阶段，在以采集、捕捞、狩猎为主的生活中，迁徙是经常发生的。值得注意的是在距今 5000 年左右的时候，有一个海退期，古华南的海岸线"在距今 5000 年左右开始了波动性的海平面下降，水域面积减小，软体动物和鱼类数量减少"，① 很有可能在这一时期，由于食物数量的减少，习惯了以海洋为食的先民们转向了更南的海南寻找食物，这一段时间可能是一个移民的重要时期。可能是黎族民族主体的形成期。因为在此之后，海南的考古遗址数量相对多了起来。而在距今 4000 年之后，由于水稻的种植和海平面的重新升高，人们的食物资源又丰富起来，而且更加倾向于定居生活，所以迁居的动力反而不大。

三　相关的两个问题

一般认为黎族支系间语言上的区别主要来源于入琼的时间不一，多数人认为润（本地）黎是最早迁入者。但我们从语言上发现，赛（加茂）黎却可能是最早的迁入者。加茂方言与其他黎语沟通较难，很可能是因为越古老的族系越倾向于维持自己原有的语言文化所致。加茂方言中的数词系统的一些讲法明显与其他黎族不同，如三、四、六、十等都更接近黎语的古语系统。② 黎语其他方言中的不同读法实际上是来自古南岛语双音节中的另外一个音节。而且从称谓上来看，"如果站在岛的四周来看，居住越靠岛中部的本族人，越会被居住在外部的本族人称为'赛'；而若站在岛的中部来看，居住越靠岛四周的本族人，越会被居住在中部的本族人称为'哈'"，③ 那么，自称"赛"的加茂黎族可能是最正宗的"赛"，因而他们可能是最早移民海南的黎族群体。

① 程玲：《先秦时期岭南社会的复杂化进程》，厦门大学硕士论文，第 12 页。
② 吴安其：《汉藏语同源研究》，中央民族大学出版社，2002，第 202～211 页，
③ 高泽强：《黎族族源族称探讨综述》，《琼州学院学报》2008 年第 2 期，第 21 页。

另外，多源说中的其他民族因素在黎族中占到多大的因素呢？从基因分析可知，首先，人们根据黎族"族栈"的传说和中国历史上关于"昆仑奴"的记载，一直认为有"矮黑人"，即"尼格利陀"人融入了黎族之中。① 现在已经知道，"矮黑人"实际上是指早期从非洲移出进入亚洲大陆的一支古老的人种，主要分布在东南亚的一些岛屿中。其特有基因类型比较古老而简单，即 D 型基因，除在东南亚和太平洋群岛上分布之外，只在西藏和日本有少量分布，而在中国的其他民族中出现频率极低。目前，海南黎族中尚未检测出这种基因类型，它在黎族中的分布可以排除。同时，尽管史籍中记载了李德裕后人融入黎族的事迹，但在黎族的基因中，中国南北汉族高分布的 O3 型基因出现频率极低，至少汉族对于黎族基因库的影响可以说是很有限的，而且 O3 型基因并非是汉族独有的基因类型，也是较古老的一种基因单倍体，在东亚其他民族中也都有分布，只不过在汉族群体中由于瓶颈因素被放大了而显得集中，海南黎族中存在的少量 O3 型基因并不一定是汉族的影响所致。如要证明海南黎族中的汉族融入，需要检测汉族独有的 O3 下游的独有单倍体，现在这方面的资料未见。从黎族现在能见到的资料来看，它的父系基因单倍体分布相当古老，找不到出现过大面积的基因交流的重大事件的迹象，可以说，汉族流入黎族的情况在现代之前应是很少发生，偶然流入的基因类型并未对其原始基因库产生重大影响。

四　临高人入琼的来源与时间

"临高人"是海南一个特殊的群体。他们主要生活在海南临高县及其附近的琼山等地，其生活方式与周边汉族无异，但其语言却与周边的各种汉语方言以及黎语都迥然不同。人们将这些讲临高话的居民称为临高人。关于其来源，历史上一直争论较多，说法各异。有认为他们是汉族独自发展的一支；有人认为他们是汉化的黎族或者黎化的汉族。但自 20 世纪 80 年代以来，逐渐地理清了"临高话"与壮侗语之间的关系。今天，多数学

---

① 谢业琪：《海南岛黎族指掌纹研究及临高人与汉族壮族指掌特征比较》，《人类学学报》第 1 卷第 2 期，1982 年。

者已经普遍认同，今天讲临高话的临高人是古代操壮侗语的族群迁入海南后形成的一个群体。他们所讲的"临高话"是壮侗语，或者叫侗台语的一个支系，只不过已经高度汉化，表层成分受汉语影响很大。①

但关于临高人是什么时间迁入海南的，却众说纷纭。

首先有殷周说，张介文认为："至迟在殷周母系氏族公社时期，临高人的先民开始进入海南，特别是进入儋、临、琼、澄等地带。从遗物看来，当时的临高人先民是从事原始的农业生产，同时又进行了以捕鱼、采集、狩猎为经济性的生活劳动。"②

其次是先秦说，"其下限可能不晚于珠崖、儋耳设郡的时候，更可能是秦朝以前就迁去了的。"③

再次可以称为秦汉说，王哲认为"他们进入海南的时间则在黎族先人从北向南迁移以后，最迟不晚于西汉"。④

最晚的认为是在宋代，陈江等认为"我们认为从历史上的民族迁徙、杂居过程来分析，临高话的形成却与北宋期间的征黎有着极密切的关系"。⑤ 即认为根据阮元《广东通志》中记载的北宋淳化二年，"调雷、化、高、藤、客、白诸州兵，使运军粮汛海给琼州"的军士是今天临高人的祖先。

从殷周说到北宋说，中间相差了两千多年，那么到底哪一个时间更确切，就需要从语言、史籍等各个方面进行考察才可能得出科学合理的结论。

首先我们来讨论一下"秦汉说"和"殷周说"。海南的最早居民黎族是来自中国南方的百越集团，而壮侗系民族的前身也是百越集团中古老的一员。如前所述，黎族当来自广东西部的西瓯，而壮族前身则是居住于广西一带的骆越。他们何时开始分化尚不知道，在秦汉的资料里两个集团并称说明已经不完全一致了，但两个邻近集团之间的分化肯定不会太大。如果说在秦汉之前，源于骆越的壮族移入海南的话，很难不与海南已有的本地黎族相互同化。因为这两系民族无论是从基因分布还是从语言上来看，

① 具体各种说法，参见梁敏《"临高人"——百粤子孙的一支》，《民族研究》1981 年 5 月。
② 张介文：《透过地名看临高人在历史上的几个问题》，《中国地名》1996 年第 2 期。
③ 梁敏：《"临高人"——百越子孙的一支》，《民族研究》1981 年 5 月，第 16 页。
④ 王哲：《海南的移民（1）》，《特区展望》2002 年 3 月，第 43 页。
⑤ 陈江：《海南岛"临高人"族源族属之我见》，《东南文化》1987 年第 3 期，第 116 页。

它们都比较接近。但壮语与黎语里数词的差异说明黎族从大陆迁入时，文明程度高于当时的壮族——而壮族受到汉族的大规模文化影响是在秦汉时期开始的。因此，如果在秦汉之前移入的话，则或者为其同化，而形成一个更大的民族集团；或者从黎语中借用数词，但临高话中的数词与黎语没有关系，而是与壮族一样主要是来自汉语借词，而壮族与汉族发生大规模接触是在秦汉平定南越开始的，说明其注定不是在秦汉之前移入海南的。

而临高人与黎族之间始终保持着距离而不与之同化，说明当两个群体接触的时候，二者的文化水平和生产水平已经出现了较大的差异。这种差异也只能是在秦汉之后才出现的，秦汉之前，百越民族的差异主要表现为东部的吴越与西部各族群之间的差异。吴越（包括吴、越与闽越）经济文化水平最高，最先进入青铜文化和稻植文化，进而可以参与中原的争霸。而西部的百越系统进入这个水平至少要晚一千到两千年的时间。那么，已经进入海南的黎族族群不会与骆越（即壮侗民族）的先民有太大的差别。

从生产方式上可以看到，临高人普遍地以农业和海洋渔业生产为主，完全放弃了原始的渔猎的生产方式，说明其已经作为一个农耕民族进入海南。而两广的壮族普遍放弃渔猎，进入农耕文明的时间已经在秦汉之后了。

再有一个临高语中的词也能说明问题，即"文身"这个词。临高语中"文身"一词借自黎语，[①]而传统上文身一直是壮、侗、黎等百越民族的重要习俗，频繁见于各类秦汉时代的文献。那么，临高人的这个词借自黎语，说明他们上岛的时候早已放弃了文身的习俗，而到了海南之后才为了表示黎族的习俗才重新从黎语中借用了这个词。秦汉之时，壮侗民族普遍文身，因此，临高人入琼当不会早于汉代。

据《太平寰宇记》载：宋代广西邕州左右江各州壮族人："其百姓悉是雕题、染齿、画面、文身。"明代邝露《赤雅》也记载了壮族文身："黥面绣额，为花草、蜻蜓、蛾蝶之状。"似乎壮族放弃文身的时间很晚。但需要注意的是，在广西西部的壮族保持着文身习俗的时候，在今广东西部和广西东部的关于文身的记载却在六朝之后就难以找到了。"魏晋以后，分别以僚、俚、鸠僚、乌浒等名称出现于中国古代史籍之中。但有关僚人文身习俗却不见记载……笔者认为这是由于秦汉以来，特别是魏晋至南朝

---

① 刘剑三：《临高语黎语关系词的文化内涵》，《民族语文》2001年第3期，第66页。

时期大批汉族涌入加快了当地僚人汉化的速度。据文献记载，这一变化从东汉到隋唐延续了近五百年。"① 六朝政府对俚僚攻掠的军事行动接连不断，但对招抚的俚人，纳入郡县为编户。赋税（贩物）是随地所产而征。对俚人聚居的溪峒，仍委任俚帅管理其民。② 《后汉书·南蛮西南夷传》载：灵帝时，"郁林太守谷永以恩信招降乌浒人十余万内属，皆受冠带，开置七县"。从东汉末年开始，东部的俚僚民族大规模汉化。

确定了临高人入琼的时间上限之后我们再来看时间下限。临高语中"甘蔗"与"龙眼"两个词也是借自黎语，③ 而与壮侗语中其他语言完全不同。我们知道，这两种植物都是今天广西壮族地区的重要作物。临高语中没有这两种作物的称谓而借自黎语，说明临高人移民海南的时候，这两种作物至少还没有大规模种植。虽然汉代就记录了两广地区出产甘蔗，但这时并不一定形成大规模种植，有可能入琼的壮侗语族群对此物并不熟悉。但到唐朝时，甘蔗已经成为中国人的著名水果了，生产已经规模化，龙眼的种植也在唐宋时期高度商品化了，如果临高人是在这之后入琼的话，不会放弃原有名称而改借用黎语，所以临高人入琼，最晚不会晚于唐。

另外，广西部分上层壮族自唐宋开始，出于政治文化因素，开始指认自己的"汉裔"身份，族谱中多将祖籍地认作山东青州、白马等地，④ 而这在临高人的传说与族谱中均见不到痕迹，临高人的族谱多将自己的祖籍地认作福建，这显然是受到了唐宋之后迁入海南的汉人族谱的影响，也说明临高人入岛时间不晚于唐宋。

那么，基本上可以得出结论，临高人的祖先是在六朝及隋时迁入海南的高度汉化了的俚、僚人，他们来自今天的雷州半岛及广西西部一带。结合古代百越民族悠久的航海技术，他们很容易越过琼州海峡登陆海南，可能不是一次性地移入，但在这几百年左右的时间里，先后进入海南之后结成了一个统一的族群。至于宋朝征黎时从高州等地调入的兵士，也可能在征伐之后有些人融入了这一族群之中，但不可能是其主体。

① 王文光：《百越系同源民族的文身习俗浅论》，《昆明师专学报（社会科学版）》1991 年 9 月，第 30 页。
② 李柄东：《古代岭南农业技术》，《广西大学学报》1992 年第 4 期，第 29 页。
③ 李柄东：《古代岭南农业技术》，《广西大学学报》1992 年第 4 期，第 63 页。
④ 邓金凤：《壮族认同"汉裔"现象研究回顾与展望》，《广西民族研究》2009 年第 1 期，第 88 页。

　　而且"俚人"这个名称也很值得注意，它不像是其他民族称谓一样往往是音译，它一方面可能与"骆"、"僚"的字音相关，但另一方面，"俚"字在古汉语中一直是有其意义的，它本来就有"俗"的含义，而"俚人"并不全是指异族，它也可以指民间的老百姓。说明当时的人们并不是全把他们当做异族对待的。

五　临高人与冼夫人传说

　　联系到这一时期内的一些关于僚人、俚人的重要事件，我们就可以对临高人入琼的脉络有更加清晰的认识。

　　雷州半岛和海南北部都有冼夫人崇拜的遗风，传说她就去世在海南。冼夫人正是俚僚的一位著名民族首领。史书中对她的记载详细，这里只将相关的材料整理出来。第一，冼氏家族势力强大，"海南儋耳归附者千余洞"说明，当时的海南已经有大量的俚僚人生活。他们与雷州半岛的俚僚应当是一个族群，而不指黎族，正是有了这样的统治基础，所以冼夫人才可能建议梁朝在汉儋耳郡的基础上设立崖州。第二，从冯冼家族联姻以及带领本族人帮助中原王朝平定岭南等史迹来看，其族群一方面在习俗上已经高度汉化，但另一方面还保持着部落制度的大量遗迹。冼氏作为部落头人的地位仍显得相当重要。而中央王朝也正是借助于他们的这种地位而进行统治。第三，虽然冼夫人没有在海南进行军事活动的明确记载，但冼冯家族的后代在海南作为羁縻长官的事实却是明确的。"冯冼家族实际上成为海南的直接管理者和统治者，于是大量已经汉化的俚人，作为冯冼家族的族人、士兵、奴婢、随从等纷纷涌入海南。《大唐和上东征传》对于冯崇债、冯若芳经营开发振州、万州作了较为详尽的描述。在万州首领冯若芳的辖区内，冯的奴婢居处'南北三日行，东西五日行，村村相次，总是若芳奴婢之住处也'。……对他们进行管理应为南下的俚人所为。"① 从这些史料中，我们可以得知，在六朝时期，有大量的俚人或者称为僚人的人进入海南。后来随着冼冯家族势力入琼，更多的人随之入琼，他们一方面

① 詹长智、张朔人：《中国古代海南人口迁移路径与地区开发》，《华中科技大学学报（社会科学版）》2007 年第 1 期，第 78 页。

不再认同土著的黎族而与之同化，但与汉族还有着区别，传统的部落制度还有着深刻的影响，而这些俚人就是今天临高人的祖先。

这一点我们可以从临高话的称谓中看出，"临高人把黎族称为'勒林'［lak55lim53］，（意为'外族人'、'非自己人'），而把操海南话的汉族人称为'勒科［lak55khak55］'（意即'客'）或'港科［ko：55khak55］'（意即'讲客'）。"① 他们认为黎族是"外人"，而后来的汉族不是"外人"，而是自己人中的客人。他们自己则以汉族中的"本地人"自居。

这也能回答有的研究者提出的问题，即"临高人先民到达海南岛东北部海岸之后，为什么不像黎族祖先那样溯河而上，向高山大岭求生存求发展，却分布在东北部的丘陵地带定居下来？"② 因为他们入岛时在生产方式上已经与汉族区别不大，已经完全以稻作农业为主，因此，对狩猎已经毫无兴趣，更多地向适于水稻种植的近水平原发展。

另外，我们还需要注意到海南的一个史实，就是唐时设立了琼州之后，乾封二年（667），整个琼州都"陷于山洞蛮"，直到贞元五年（789）。在这 120 多年里，琼北地区只有临高（临机）县一直控制在唐政府手中，说明临高一带是这些汉化俚人生活的核心区域，也是唐政府在琼北统治的核心区域。后来随着唐宋政府权威的建立，根据前人对于海南地名的考证，他们分布到了海南北部、东北部的广大地域上。他们直接与黎族接触，所以在语言上有着诸多的相互影响。

但从宋代开始，汉族更多地移入海南，海南这种南黎北俚的局面被打破，这些入岛的俚人中的许多人都与汉族同化（本来古代就没有今天的民族观念，纳入编户齐民者之间很容易产生相互之间的认同感），所有风俗习惯都与汉族无异。而且一个重要的因素是唐宋之后，其迁出地广东西部的汉化程度更快，这使得临高话失去了与其来源地的语言接触的可能，因此使它只能在语言的底层上保留着一些壮侗语的规则，而在词汇层面上大量借用汉语。其中也自然有很多人放弃了临高话，而改讲海南汉语方言。随着时间的发展，只在临高保留了较为完整的更接近壮语的"临高话"，而澄迈、琼山、儋州等一些地方还能看到遗迹，如海口琼山的长流话便是以临高话作为语言的底层结构，只是表层受到了更多的汉语影响。③

---

① 高泽强：《黎族族源族称探讨综述》，《琼州学院学报》2008 年第 2 期，第 22 页。
② 陈光良：《海南原始居民蠡测》，《广西民族研究》2003 年第 3 期，第 106 页。
③ 参见张惠英《海南长流土话》，南海出版公司，2010。

结　语

　　这样我们可以看到了海南民族分布的历史和演变过程。作为海南土著居民的黎族在距今 5000 年左右的时候首先渡海来到海南生存繁衍，那时还处于渔猎社会的末期和农业生产的初期；而后在秦汉之际，随着中国边界扩大到了岭南，海南黎族也结束了孤独的状态，随着秦汉帝国的征战，海南逐渐为人所知。随后，汉化的"俚人"（即今天临高人）的先人渐次进入海南，把更先进的农耕技术和海洋渔业发展起来，从此，中央政权开始在海南逐渐建立起稳定的统治。而且形成了"南黎北俚"的民族分布。唐宋之后，汉族移民来海南定居者不断增加，擅长渔猎的黎族向山区集中，而临高人与后来的汉族移民渐次融合，生产生活方式上已经找不到区别，只是在语言上还保留了其先民骆越的痕迹。这个过程中，回、苗（瑶）等民族又进入海南的民族大家庭，形成了今天各民族共同开发海南、建设海南的和谐景象。

　　这个过程中，各民族也有过矛盾，但其主流是互通有无，相互学习和沟通，这一点我们从各种语言中相互之间的借词关系就可以看得出来。各种与种植、养殖等生产相关的词汇在海南各民族之中都是相互借用，说明彼此之间的相互学习一直没有中断过。"沧海何曾断地脉，白袍当合破天荒。"正是在不断的融合与更新中产生了古老的海南文化，而海南文化也会随着各种文化的融合而产生出更加灿烂的明天。

（作者单位：海南大学人文传播学院）

清代三亚回族蒲姓改姓考

林日举

海南回族蒲姓的来源，最早见于《宋会要》之《蕃夷》四记载，该书云：

> 北宋太宗雍熙三年（986）九月，儋州言，占城人蒲罗遏为交州所逼，率其家百余口内附。

这一家族移居的地点是在海南儋州境内。关于海南三亚回族蒲姓的来源，明《正德琼台志》卷七《风俗》条记：

> 番俗……其外州者（笔者按："外州者"指崖州、儋州、万州，崖州包括今三亚市全境和乐东黎族自治县中南部境），乃宋元间因乱挈家驾舟而来，散泊海岸，谓之番坊、番浦，不与土人杂居。其人多蒲、方二姓……

在三亚回族民间则流传着这样一个传说：宋时有安南（笔者按："安南"乃泛指越南，实指占城）渔民二百余人，被风吹到琼州，他们都信仰伊斯兰教。当时的政府问他们自何地漂来，他们不懂话，只连说"华蒲，华蒲"。安南话"华蒲"是吃饭的意思。当时政府以为他们姓蒲，就定他们为蒲姓。后来因为通婚而部分改姓，并分别把他们移至万州的太阳坡（约五六十人），儋州的莪蔓村（一百余人）和崖县的黄流（约一百人）。黄流一股因既不近海又无田地，遂又移至崖县的大蛋，后在清乾隆年间又移至"所三亚里"。

然而据考，"蒲"是阿拉伯语 Abu（阿布或阿卜）的省译，即回族蒲姓来自阿拉伯人姓氏，在《宋史》、《宋会要》、《资治通鉴长编》中所见蒲姓者多是大食贡使。① 一般来说，外来穆斯林进入中国之后，在中华文化的潜移默化下，逐渐改用汉人姓名，其进程首先是从复音姓改为单音新姓；其次，又从单音新姓改为完全的汉人姓氏，表示在名字上完全融入中华文化。上面所引三亚回族民间的传说，其实是对三亚回族穆斯林第一阶段从占城化的阿拉伯人姓氏改为单音姓氏"蒲"姓的反映。至于第二阶段，三亚回族穆斯林则是从"蒲"姓改易为他姓。对于三亚回族蒲姓改易他姓之事，光绪《崖州志》卷一《舆地志·风俗》中记云：

> 番民，本占城回教人。宋元间因乱挈家泛舟而来，散居大蛋港、酸梅铺海岸。后聚居所三亚里番村。初本姓蒲，今多改易。

　　然而，所谓"今多改易"一语很令人费解。首先，"今"这一时间概念，是指光绪年间还是指清朝的某一朝至光绪年间；其次，该志在记述"所三里"回族这段文字之后注："参《旧志》。"似乎是说明该志记载三亚回族风俗习惯，包括蒲姓改易他姓之事，是依据旧志书所载。但查考编纂最早的成书于康熙三十三年（1694）《康熙崖州志》，无三亚回族的记载；编纂于乾隆二十年（1755）的《乾隆崖州志》有关于三亚回族风俗习惯的记载，但仅述及"……人多蒲姓"，而未涉及蒲姓改易他姓之事。正由于光绪《崖州志》中所记三亚回族蒲姓改易他姓的时间概念模糊，致使三亚回族蒲姓改易他姓这一问题，仍一直是三亚回族历史文化研究中一个难题。近年来也有学人探讨，认为三亚回族蒲姓改易他姓的时间是在"明末清初"，② 然而这一时间概念太过于宽泛。笔者近年深入三亚回民中进行社会调查时，在回辉村蒲桂才老阿訇家里见到丢失多年后从香港复印归来的三亚回族《通屯宗谱全书》，③ 又反复研读立在回辉村清真古寺里的

---

① 罗香林先生《广东民族概论》中道："今日海南岛的居民，多有姓蒲者，证以宋史所载大食国人，如蒲希密、蒲麻勿、蒲加心、蒲沙乙等，皆蒲姓。蒲即 Abu 之音。大食人姓此者最多，粤之忽有此姓，知当时阿拉伯人流寓者极盛矣。"转引自姜樾、董小俊《海南伊斯兰文化》之《三亚羊栏回族的历史与现状》，中山大学出版社，1992，第33页。

② 与笔者同时进行田野调查的王献军博士，事后写成《失而复得的海南回族族谱——〈通屯宗谱全书〉》，《广东技术师范学院学报》2007年第1期。

③ 《通屯宗谱全书》是三亚回辉村回族多家族谱的汇集本。海南解放前夕，原回辉小学校长刘贤遵在广东伊斯兰教资金会会长熊进忠的请求下，将仅有的孤本寄给他，熊进忠却带到台湾去，自此这本族谱下落不明。2004年海南大学周伟民教授曾到过台湾，并受海南回族人士之托，但在台湾寻找不到这本族谱，后来他在访问香港中文大学时，在该大学图书馆中发现了这本族谱，于是将复印件带回海南送给回辉村蒲桂才老阿訇，这样才使这本族谱失而复得。

《正堂禁碑文》，同时发现《肇庆府高要县掌教刘老师墓碑文》和《蒲太公婆墓碑文》、《刘太公墓碑文》、《刘老太公太婆墓碑文》等有参考价值的碑文资料，本文就依据《正堂禁碑文》，以及《通屯宗谱全书》和所发现的墓碑文资料，对三亚回族蒲姓改易他姓的大致时间和原因进行探讨。

一　蒲姓改易姓氏的大致时间

在清代，崖州共划分为三坊、四厢、十一里，三亚回族之村落称为"所三亚里"，整个所三亚里共划分为十甲。据《通屯宗谱全书》记载，由蒲姓改易的姓氏共有 12 姓，即高、庄、哈、陈、刘、杨、金、李、江、海、傅、米等姓，分别被划在一、二、三、四、五、七、九、十甲中。其中，"哈"氏有两个系统，一家在二甲，一家在九甲。而仍称蒲姓之系统共有六个系统，其中在四甲中有两个，在七甲、九甲中各有一个，在十甲中有两个。除此，在十甲中原来就不属于蒲姓系统的还有马、张、赵、江、苗、汪等姓氏。

1. 蒲姓改易海、高、庄、陈、杨、傅等姓氏的大致时间

考查蒲姓改易海、高、庄、陈、杨、傅这六姓，需要依据《正堂禁碑文》、《肇庆府高要县掌教刘老师墓碑文》和《通屯宗谱全书》，为了便于论述，特将《正堂禁碑文》摘录如下，《肇庆府高要县掌教刘老师墓碑文》则全文照录。

《正堂禁碑文》

特授崖州正堂加二级纪锡四次许，为乞恩准给碑模，以垂久远事。据士民蒲儒嵩、周贤盛、周之造、王仕伟、蒲相贤、蒲学嵩、蒲高仕、蒲弘仁、周元秀、蒲高贤、陈国傅、蒲锡嵩、蒲金玉、蒲春倚、蒲永发、蒲万谥等，状呈前事到州堂，批准抄录判语勒碑在案。随查保平里徐翰珪等，与三亚里蒲儒嵩等互控海面一案……兹保平里徐翰珪住居藤桥，欲将藤桥海面归贴保平，因以海面宽窄悬殊，具控前来……但事已经久远，殊难纷更，仍着照旧分管在案。兹据该生等呈请给发碑模前来，合行勒石示谕……如敢抗违，许该埠长指名扭禀，按事究治，各宜凛遵毋违，特示。

乾隆十八年十二月十七初十日立

《肇庆府高要县掌教刘老师墓碑文》

清　　　乾隆癸酉季冬吉日

真　　　肇庆府高要县掌教刘老师墓

教　　　同教国学蒲儒嵩立

《正堂禁碑文》上标示的具体立碑日期有些令人费解，但从中可确知碑文中"特示"的年月，是在乾隆十八年（1753）十二月，"初十日"是具体立碑时间。碑文所记的内容，是回族蒲儒嵩、周贤盛、周之造、王仕伟、蒲相贤、蒲学嵩、蒲高仕、蒲弘仁、周元秀、蒲高贤、陈国傅、蒲锡嵩、蒲金玉、蒲春倚、蒲永发、蒲万谥等16人向州衙呈状，争与保平里徐翰珪互控海面，州衙查勘之后作出判决，并勒成碑铭作为示谕；《肇庆府高要县掌教刘老师墓碑文》立于乾隆癸酉冬，[①] 即乾隆十八年十二月，立此墓碑者，正是《正堂禁碑文》中所列呈状的第一人蒲儒嵩。

从三亚回族《通屯宗谱全书》中查考，《正堂禁碑文》中所列呈状的16位回民中的蒲儒嵩、蒲学嵩、蒲锡嵩三人，均见于"十甲改称海家蒲氏系统表"中。此外，发生在乾隆四十六年的"海富润案件"中的当事人海富润，也见于这一蒲氏家族系统中。如《通屯宗谱全书》记：

一五、十甲改称海家蒲氏系统表（笔者按世系表）：

1. 蒲尚志（始传）—成恩（二传）、成惠（二传）

（1）成恩（二传）—奇雄（三传）、奇豪、奇汉（下略）；

奇雄（三传）—儒嵩（四传，劝教领袖监生）、桥嵩（下略）、瑜嵩（下略）；

儒嵩（四传）—应中（五传）、泗中、达中（按共有十传，下略）；

奇豪（三传）—学嵩（监生）；

学嵩（四传）—本中、居中（下略）、建中（下略）、荣中（下略）、跃中（下略）；

---

① 这位"刘老师"的坟墓位于今回新村的西南边，其墓碑至今保持完好，碑铭尚可辨见。

本中（五传）—富润（陕西出学）；

富润（六传）—国龙—麟瑞—文顺、文焕、文思；

文顺（九传）—德宏（翰林院）、德昭……

（2）成惠（二传）—奇伟、奇杰（下略）、奇珍（下略）、奇明

（下略）；

奇伟—锡嵩—无中（绝）

从这一蒲氏系统中看，可知这一家族是三亚回族中较为显赫的家族之一，蒲儒嵩、蒲学嵩、蒲锡嵩是这个家族的第四代传人，其中的蒲儒嵩是当时三亚回族中的宗教头面人物。从《正堂禁碑文》和《肇庆府高要县掌教刘老师墓碑文》所记时间确知，这一家族的第四代传人于乾隆十八年十二月时仍未改为海姓。又如前所说，成书于乾隆二十年的《乾隆崖州志》仅记三亚回族风俗习惯，未记改姓之事，可见三亚回族改易姓氏的时间在乾隆二十年之后。

在上列的"十甲改称海家"世系表中看，海富润是这一家族的第六代传人，是蒲学嵩的直系孙子；这一家族的第六代的字辈有两个，一是"润"字，一是"清"字，以"蒲尚志——成惠——奇明"这一支系传下来的第六代传人"海澜清"，即以"清"为字辈，与海富润同一辈分。这位海澜清早逝，因妻子李氏是位烈女而被记载在光绪《崖州志》卷十八《人物三·烈女》中：

> 李氏，所三亚人，举止端庄，言笑不苟。年二十，适同里海澜清。才一载，夫亡，氏充嗣子，以绵夫祀。孀守七十八年。寿九十九终。

由海富润、海澜清可确知，这一家族的第六代传人全都以海为姓氏了。关于海富润其人，依据有关资料得知，他于乾隆三十九年（1774）从崖州到广州礼拜寺，从该寺教长马尚仁学习伊斯兰教经典，不久"历经广西、湖南、湖北、安徽、陕西"游学，在陕西大荔、渭南等地长期留居。乾隆四十七年他携带着搜集来的阿拉伯文和汉文伊斯兰教经书返琼，途经广西时被清兵盘查时，因被疑为"不僧不俗，形迹可疑"，立即遭逮捕投入监狱，幸得乾隆皇帝及时明察秋毫，降旨制止，海富润才得免于劫难。据当地回民相传，海富润返故里后，"未几病殁"。又从上列的"十甲改称

海家蒲氏系统表"中看，海富润传下一男"海国龙"，使得该支系续传下来（谱中仅记至第12代）。由此判断，海富润于乾隆三十九年外出游学时已完婚，年龄当处于弱冠或过了弱冠。再据《乾隆崖州志》中未记三亚回族改姓之事判断，海富润这一辈改为海姓的时间当晚于乾隆二十年，早于乾隆三十九年。由此可以确定，这一家族从蒲姓改为海氏的大致时间，即在乾隆在位的中期（乾隆二十一年至四十年，即1756～1775年）。

其次，在《正堂禁碑文》中所列的16位回民中的蒲高仕，见于《通屯宗谱全书》中所记的"一甲改称高家之蒲氏系统表"中，如：

一、一甲改称高家之蒲氏系统表
蒲茂华（始传）——高仕（二传，改称高姓）……
蒲茂林（始传，生三子，改称庄姓）

在这一世系表中，明确标明这一家族改为高姓、庄姓，是从第二代，即从高仕这一代开始的。依据《正堂禁碑文》，可知在乾隆十八年时高仕仍以蒲为姓；另外，如前所说，《乾隆崖州志》未记三亚回族改姓之事，可以判断他从蒲姓改为高姓的时间是在乾隆二十年之后，也许是在他人生的中年或晚年时，改易的时间当与"十甲改称海家之蒲氏系统"同一时期，即乾隆中期。依此，蒲茂林所生三子改为庄姓的时间，也与高姓、海姓同在这一时期。

从以上这两个家族改易姓氏的情况来看，在乾隆中期，三亚回族蒲姓中已有一些家族兴起了改易姓氏之风。

再次，在《正堂禁碑文》所列的16位回民中的蒲万谧、蒲春倚、蒲相贤，分别见于《通屯宗谱全书》中"三甲改称陈家之蒲氏系统表"、"四甲改称杨家之蒲氏系统表"、"十甲改称傅家之蒲氏系统表"中，如：

四、三甲改称陈家之蒲氏系统表
蒲万镒（始传）—开光（二传）—俊明（三传）—国仁（四传）、国义、国礼……（笔者按共有七传）
七、四甲改称杨家之蒲氏系统表
蒲春声（始传）—卫生（二传）—光辉（三传）、光清……
蒲春犄（始传）—卫洁（二传）、卫林……（笔者按共四传）

卫洁—光秀（绝）

十六、十甲改称傅家之蒲氏系统表

蒲尚愿（始传）—相贤、相顺（下略）、相能（下略）、奇辉（下略）、奇常（下略）；

相贤（二传）—子惠（三传）、子美……（笔者按共有八传）

《正堂禁碑文》中的蒲万谧、蒲春倚，上引《通屯宗谱全书》的有关系统表中写作蒲万镒、蒲春猗，他们分别是"三甲改称陈家"和"四甲改称杨家"的始传人；蒲相贤是"十甲改称傅家"的第二代传人。虽然宗谱系统表中没有这三个家族改易姓氏的直接证据，但依据《正堂禁碑文》、《乾隆崖州志》，可知他们改易姓氏是在乾隆二十年之后。另外，从"三甲改称陈家"的第二代传人"开光"这一名字来看，无疑是包含着开一代新风和继往开来、光前誉后之意，这分明就是这一家族在这一代改易姓氏之标志。又如"四甲改称杨家"的第三代传人的名字"光辉"、"光清"，完全与阳光联系在一起，因为"杨"与"阳"谐音，他们的姓名无疑是取义于"太阳的光辉"和"阳光清丽"，即希望本家族从这一代起有一个好的开端，据此也可见该家族在这一代已改称为杨姓了。至于"十甲改称傅家"，虽然从姓名上很难考见其改姓氏之端倪，但将其家族世系与上面引录过的海富润这一家族（即"十甲改称海家"）之世系相比较，可见"十甲改称傅家"的始传人蒲尚愿，与"十甲改称海家"的始传人蒲尚志是同一辈分的，但"十甲改称海家"的字派是尚、成、奇、嵩、中……而"十甲改称傅家"的字派是尚、相（奇）、子、肇……如果说"十甲改称傅家"家族第二代的字派"相（奇）"与"十甲改称海家"家族第二、第三代字派还有一丝联系的话，那么从第三代起就完全不同了，从此可明显地看出这一家族从第三代起已改姓氏了。从大致时间上讲，这三个家族的第二、三代均与海富润生活在同一时代，改易姓氏的时间，当与海氏、高氏、庄氏同在乾隆中期，他们是在蒲姓系统中兴起改姓这股风气中改易姓氏的。

2. 蒲姓改称刘姓的大致时间

"蒲姓改称刘姓"家族所属三亚里四甲，是三亚回民中较为兴旺的家族。笔者在田野调查中发现了这一家族的第三代、第六代、第七代传人的墓碑文，在论述中均需要依据，故将其分别录于下。

1. 《蒲太公婆墓碑文》

乾隆四十三年四月内公故至

清　癸山　道光十七年十一月二十一日立

考　　　公

真　清化曾祖　蒲太　　之墓

　　　　　　　　　　妣　　婆

教　　丁向　　曾孙刘国刚重修

2. 《刘太公墓碑文》

光绪五年闰三月十二日未时建修

□□待赠显考醇厚刚直恩进士刘太公之坟

翰

信　男　崧　　赵凤仪

胞弟必宽　生　外　甥　仝　立

敏姪　辉　海文翰

耀

瑞

3. 《刘老太公太婆墓碑文》

光绪十七年孟秋月吉旦重修

清　　祖考生于九月初九日卒于二月二十

八日葬

文林郎　　考刘老公

真　　皇清　祖　　坟

谥醇厚　哈

妣江　太婆

教　赵

厚德光　瑞

侄子祥　　侄孙生光

荣必焕鋈

崧

男秉中孙生庄生照

耀　　仝立

　　婿书香甥宏恩①

　　其中，《刘太公墓碑文》"□□待赠显考醇厚刚直恩进士刘太公之坟"
中有两个缺字，根据碑记格式，笔者以为是"皇清"或"大清"二字。在
学术界一般认为，三亚回族的蒲姓中有两支，一支来自大陆，一支是占城
蒲姓。所谓的大陆蒲姓，实指明代自广东迁入海南儋州，后来又迁往三亚
羊栏的蒲姓。在丧葬习俗方面，笔者在田野调查中发现，原来来自占城的
穆斯林的后裔都按照伊斯兰教规矩，力求简葬、速葬，无殉葬品，坟茔不
立碑，只在坟头放一块石头作为标志，而由大陆迁来羊栏的回族均立墓
碑，且墓碑上往往铭刻原籍。由此，笔者怀疑这一"改称刘姓的蒲姓家
族"，就是明代由广东入海南儋州，后又由儋州迁入崖州的原"南海甘蕉
蒲氏"之后裔，是三亚回族中汉化程度最深的家族。

　　从《蒲太公婆墓碑文》中可以了解到：蒲太公是于乾隆四十三年
（1778）四月间逝世的，到道光十七年（1837）十一月二十一日，其重孙
刘国刚将其坟墓重修一次并立碑记。对照《通屯宗谱全书》，这一家族见
于该宗谱全书"四甲改称刘家之蒲氏系统表"中。

　　　1. 蒲天福（始传）—留文（二传）、留芳（绝）、留贵（绝）；
　　留文（二传）—盛有（三传，绝）、大有、富有（下略）；
　　大有（三传）—月高（四传、下略）、月惠、月贤（下略）；
　　月惠（四传）—攀圣（五传）—国刚（六传）—必中（七
传）—生庄（八传）—贤明（九传）

　　　2. 蒲天禄（始传）—留迁（二传）—会有（三传）—月清（四
传）、月光（四传）；
　　月清（四传）—攀清（五传、略）、攀桂；
　　攀桂（五传）—国典（六传）—必恭（七传、监生）、必敏（七
传、绝）、必信（七传）、必宽（七传）；
　　必恭（七传）—生翰（八传）、茗松（广西出学，监生）……
（笔者按共有十传，下略）；
　　必信（七传）—生珠（八传、去番邦）、生瑞（州同）……（笔
者按共有十传，下略）；

---

① 这三块墓碑，被现任三亚市伊斯兰教协会秘书长海世龙（今回新村回族）收藏于家中。

必宽（七传）—生□（八传）、生辉（武生）……（笔者按共有十传，下略）

刘国刚是蒲天福（始传）的第六代子孙，《蒲太公婆墓碑文》上这位蒲太公，即这一家族中的第三代传人"大有"，刘国刚的曾祖父。而《刘老太公太婆墓碑文》中的"文林郎"刘老太公就是刘国刚；《刘太公墓碑文》中的刘太公，则属于蒲天禄（始传）这一系统的第七代传人刘必恭，是位监生，被赠谥号为"醇厚刚直恩进士"，他是刘国刚的族侄。由这三个墓碑文可判断出这一家族改称刘姓的时间，在乾隆四十三年以后，即在蒲大有、蒲会有这一代之后；以蒲大有逝世的时间来推测，他应是与海富润的父辈生活在同一时代；第四代的月惠、月清、月焕应是与海富润同一时代，他们生活的年代跨越了乾隆晚期至嘉庆前期；第五代，刘国刚父亲"攀圣"这一代，生活的年代，则跨越嘉庆前期至后期。据成书于光绪二十七年的光绪《崖州志》卷十八《人物三·耆寿》记：

刘国选，所三亚人，现年九十三。

刘国选是蒲大有同胞兄弟蒲富有这一支系的第六代传人，与刘国刚同一辈分。由此可推知，刘国刚这一代人全部都以刘为姓氏了。一般来说，儿女的姓名是由父母所起，据此，这一家族改称刘姓之举可向前推到刘国刚、刘国选的父辈。如再联系到这一家庭的汉化程度来看，该家族改称刘姓的时间有可能与海富润这一家族处于同一时间段，即从蒲大有的子辈——第四代开始。据此，这一家族改称刘姓的时间，就可确定一个大致的时间段，即乾隆晚期至嘉庆前期。

3. 蒲姓改为哈姓的大致时间

《通屯宗谱全书》上所记载的"改称哈姓之蒲氏系统"共有两大系统。

三、二甲改称哈家之蒲氏系统表

（1）蒲成树（始传）—琼□（二传，笔者按共有九传，下略）、琼珍、琼珠（下略）；

琼珍（二传）—秀法（三传）、秀欲（下略）；

秀法（三传）—俊林（四传、下略）、俊高；

俊高—景风（五传）—书馨（六传）、书香

（2）蒲成祥（始传）—琼□（二传）—秀桂（三传）、秀龙；……（按共七代，下略）

一三、九甲改称哈家之蒲氏系统表

（2）蒲秀香（始传）—俊才（二传）、俊拔；

俊才（二传）—应贵（三传）；

俊拔（二传）—应昌（三传）；

应昌（三传）—书文（四传）、书汉、书章（合旨，① 居住南洋槟榔屿）

（3）蒲成端（始传）—琼□（二传）、琼尧；

琼□（二传）—有芳（三传）、有龙；

有龙—俊启（四传、一子）、俊超；

琼尧（二传）—有光、有璋（三传）；

有璋—俊庆（四传）

二六、十甲称为哈家之系统表

哈应亮（南京出学）—书龙、书福、书禄；

哈应春—书虎、书明、书敏；

哈应简—书芳

这三个家族系统从世系辈分上看，应是同属一个大家族系统分派出来的，"二甲改称哈家"的第五代"景"字辈，"九甲改称哈家"系统中的"蒲成端"这一支系的"有"字辈，与"九甲改称哈家"系统中的"蒲秀香"及"十甲改称哈家"的"应"字辈，同一辈分；将"二甲改称哈家"、"九甲改称哈家"这两家族系统，与"十甲称为哈家"中的哈应亮、哈应春、哈应简对照，可见"二甲改称哈家"、"九甲改称哈家"系统中的"蒲成端"这一支系的第五代传人、"九甲改称哈家"系统中的"蒲秀香"这一支系的第三代传人，全都以"哈"为姓，那么由此可推测到，为他们改姓起名的应当是他们的父辈，即在"俊"字辈时所为。"俊"字辈生活在哪一朝呢？"二甲改称为哈家"中的第六代传人"书香"，又见于"十甲称为哈家之系统"中，如该系统表中记：

---

① 即哈吉，穆斯林去麦加朝觐，完成这一功课，即获得"哈吉"的荣誉。在三亚回民宗谱原注表中习惯写作"合旨"。

哈书香—秉礼、秉智、秉信。

除此,"书香"又见于《刘老太公太婆墓碑文》,该墓碑文上的同立碑人有"壻书香,甥宏恩"之语。如前所述,《刘老太公太婆墓碑文》上的刘老太公就是《蒲太公墓志》中的刘国刚,可知"哈书香"就是刘国刚的女婿,这位哈书香生活的年代,当在道光晚年至光绪朝。

另外,在"九甲改称哈家之蒲氏系统表"中的"书章",见于三亚回族的传说《哈书章的故事》中,这位哈书章生活在清末民国初年。他年轻时曾和老一辈的阿訇到过麦加朝圣,回来后不久就到马来亚的槟城谋生,他凭着自己的聪明才智,后来发展成为槟城的富商,民国初年三亚回族扩建清真寺时的费用,全由他个人支付,他的后代后来发展成为马来西亚的望族,他的外孙阿布杜·巴达伟曾当上了马来西亚的副总理。如以 25 年为一代计算,从哈书香、哈书章这一代上溯到俊林、俊高和俊拔、俊才、俊启、俊庆这一代,正好在道光年间。由此可确定,上述这两个家族系统由蒲姓改称哈姓的大致时间,最早是在道光时期。

4. 李姓从蒲姓改姓的大致时间

从《通屯宗谱全书》上查阅,李姓家族在五甲中有三支。

1. 蒲大统(始传)—其荣(二传)、其华、其会;

其荣(二传)—开贤(三传)、开芳(绝);

开贤(三传)—天祥(四传、一子)、天瑞、天龙、天机、天成;

天机(四传)—子馨、子香(五传);

子馨—春芳(六传、监生)、春生(监生);

天成(四传)—子英(五传、监生)—春阳、春桂(六传,按这一支共有八传,其旁系有九传,下略)

2. 蒲大纶(始传)—其光(二传)—开圣—学琨、学理……(笔者按这一支系共有八传,下略)

3. 蒲大纪(始传)—其辉(二传)、其明、其亮;

其明(二传)—开进(三传);

春熙(六传)—振文(七传,陕西出学)、振业(七传,笔者按该支系共有七传,旁支共八传)

这三个派系相同，据查考，在蒲大统这一支系中的第五代传人"子英"（即李子英），生活在清末，曾于清末前往朝圣。比李子英晚一代的"春"字辈中还出过两名"监生"（即春芳、春生）。据史载，光绪三十年（1905）清廷废止科举，可见春芳、春生生活的年代在光绪三十年之前后，而李子英生活的年代则在光绪前期或光绪之前。以一代25年计算，推算到这一支系的始传人"蒲大统"这一代，大约在乾隆年间，与"十甲改称海家之蒲氏系统"中的海富润的父辈同一时代。另外，前面述及"改称海姓之蒲氏系统"中与海富润同一辈分的海澜清的妻子李氏，无疑是出自"五甲改称李姓之蒲氏"家族。从海富润生活的年代来推测，海澜清妻子李氏，当出身于"五甲改称李姓之蒲氏"始传人"蒲大统"的子女辈中，由此即可确定，蒲姓改称为李姓的时间在乾隆中期。

5. 蒲姓改称金姓的大致时间

从《通屯宗谱全书》中可见，金姓有两大系统，一是"四甲改称金家之蒲氏系统"，一是"十甲称为金家之系统"，具体见下文。

九、四甲改称金家之蒲氏系统表

1. 蒲廷璋（始传）—邦传（二传）、邦伟（绝）；

邦传（二传）—孔照（三传）、孔忠（绝）、孔雀（略）；

孔照（三传）—文政（四传、下略）、文德；

文德（四传）—光清（五传、略）、光魁；

光魁（五传）—世祈（六传、下略）、世喜、世瑚；

世瑚（六传）—定福（七传、下略）、定禄；

定禄（七传）—满堂（八传、下略）、满田（下略）、满仓、满庭（下略）；

满仓（八传）—万生（九传）、万瑞、振璜（给李春彦为养子）、万祥、嗣丰（给赵德辉养子）

2. 蒲廷辅（始传）—邦俗（二传）、邦任（绝）……（笔者按下略）

二八、十甲称为金家之系统表

金世和—起端—满忠（死）、满臣

对照这两个家庭的世系，可见"十甲称为金家"是从"九甲改称金家"中分派出来的。在"十甲称为金家"中，"世"字辈的"金世和"已以"金"为姓，以此对照，"九甲改称为金家"的第六代，即世祈、世喜、世瑚这一代与金世和同一辈，应该是同一时代，但这一家族并不只从这一代才开始改姓，再上溯到第五代光清、光魁这一代，其辈分"光"字，与"金"姓是十分相配的，由此可判断，这一家族的第五代传人已全部以金为姓了。既然这一代人全部以金为姓，说明他们由蒲姓改为金姓是在其父辈在世时所为，即第四代人已改为金姓。那么这一家族的第四代人处于哪一朝呢？这从该家族的第九代传人金振璜"给李春彦为养子"和金嗣丰"给赵德辉为养子"这两条线索，可找到一些旁证。

首先，前面述及"五甲改称李姓之蒲氏系统表"中的李子英，在清末到过麦加朝圣，他的侄孙——"春"字辈里出过两名监生，"春"字辈应处在晚清光绪末年到民国初期，他则处在光绪前期及之前。从振璜"给李春彦为养子"这条线索可知，李子英与金振璜的祖父金定禄同一代。

其次，查考金嗣丰养父之伯父赵凤仪——赵家第二代传人，又见于《刘太公墓碑文》上，赵凤仪是刘太公的"外甥"，《刘太公墓碑文》最右边上标明："光绪五年闰三月十二日未时建修"，可见赵凤仪生活的年代自光绪早期至晚清晚期，他与李子英及金嗣丰祖父金定禄是同一代人。如以《刘太公墓碑文》上标明的时间"光绪五年（1879）"为起点，以一代为25年计算，从金定禄这一代往上追溯，至"改称金家之蒲氏"的第二代传人，经历了五代共125年，正好处在乾隆十九年（1754），其与见于《正堂禁碑文》中的蒲儒嵩当是同一代人；如计算到第四代传人，正与海富润同一时代，生活的时代跨越乾隆的中期和晚期。由此可确定，由蒲姓改为金的大致时间，就在乾隆中晚期。

6. 蒲姓改称江姓的年代

从《通屯宗谱全书》中可知，在三亚回族中，江姓有两个大系统，一是"十甲改称江姓之蒲氏系统"，一是"十甲称江家系统"，其世系详见于下。

一四、十甲改称江家之蒲氏系统表

1. 蒲尚舜（始传）—成忍、成懋（下略）；

成忍（二传）—奇伟、大勇（下略）；

奇伟（三传）—苍纶（四传）—桂华（五传）—日光、日辉（下略）、日红（绝）、日龙（下略）；

日光（六传）—万清（七传）—德馨、德高（下略）；

德馨（八传）—朝宗、朝熙（绝）、朝元、朝镇；

朝宗（九传）—岳泰、岳连、岳衡（住番邦）、岳嵩（住番邦），

朝元—岳琦（亡于番邦），岳镇—岳文、岳武；

岳泰（十传）—振昌（十一传）

2. 蒲尚国（始传）—成蕙（二传）—荣杰、荣华；荣杰（三传）—文仕（四传），荣华—文龙、文庞……

二二、十甲称为江家之系统表

江德善—朝珠、朝玉；朝珠—岳孟—振熙，朝玉—岳崇（绝）

江德仪—朝南—岳荣

江国琚—源泉（绝）、源淇；源淇—岳清、岳瑄（七小毕业）

江朝栋（合旨）—岳英—振声

江朝良—岳琨

江朝光—岳秀

江朝纪—岳□

江朝俊—岳辉

江朝龙—岳元（绝）、岳明

江朝凤—岳祯

江世禄—岳和

虽说以上所列的是两个家族系统，但从其派系来看，"改称江家之蒲氏系统"的第九代、第十、第十一代，与"十甲称为江家之系统"二代、三代、四代的字辈相同，估计两个家族这三代人中，每一代都同处在一个时代。在"三亚羊栏回族历年来赴麦加朝圣人名单"中，记有"十甲称为江家之系统"中的"朝南（清末）"一人，由此可推知，"十甲改称江家之蒲氏系统"这一家族的"朝"字辈，当处于清末，如以清末之年代为起点，以一代 25 年计算往上溯，至该家族的第四传人这一代，正好是处于乾隆年间。

另外，"十甲改称江家之蒲氏系统"中的始传、二传与"十甲改称海家之蒲氏系统"之始传、二传的派系相同，第三代传人中有一人（即"奇伟"）的字派与"十甲改称海家之蒲氏系统"的第三代传人的字派相同，到"四传"这两个家族的派系就完全不同了。依据《正堂禁碑文》可知，

"十甲改称海家之蒲氏"的第四代传人，即蒲儒嵩这一代仍以蒲为姓，也就是说明这一家族仍沿袭蒲家的派系，而"十甲改称江家之蒲氏"的派系与"十甲改称海家之蒲氏"不相同，说明"十甲改称江家之蒲氏"这一家族开始从蒲姓系统中分派出来了。"十甲改称海家之蒲氏"的第四代传人生活的时间，从乾隆的前期跨越到中期。与此相对照，可以确定十甲蒲姓称为江姓的时间，也在乾隆中期。

7. 蒲姓改称米姓的大致时间

在三亚回族中，米姓仅有一个系统，即"十甲改称米家之蒲氏系统"，其世系如下：

一七、十甲改称米家之蒲氏系统表

米万年（始传）—如玉（合旨）、如珠（绝）

如玉（二传）—白光（三传）—周洪（四传）、周生

在"三亚羊栏历年来赴麦加朝圣人名单"中有"米如玉"一人，在其名下标注曰："清末步行去朝圣"。由此可推测，这一家族的始传人米万年生活在光绪年间，那么可以肯定，从蒲姓中改称米姓的时间是在光绪年间。这是三亚回族蒲姓中改易姓氏最晚的一个家族了。

如上所考，三亚羊栏回族从蒲姓中改易各姓的时间分别是：

海氏，乾隆中期；

高氏，乾隆中期；

庄氏，乾隆中期；

陈氏，乾隆中期；

杨氏，乾隆中期；

傅氏，乾隆中期；

江氏，乾隆中期；

李氏，乾隆中期；

金氏，乾隆中晚期；

刘氏，在乾隆晚期至嘉庆前期之际；

哈氏，道光年间；

米氏，光绪年间。

反观光绪《崖州志》卷一《风俗》，其中所记"番民……初本姓蒲，今多改易"中的"今"这一时间概念，准确是指清乾隆中期至光绪年间。

二 三亚回族蒲姓改姓的原因

三亚回族蒲姓为何在清朝前期就纷纷改易异性？史志无考。笔者曾带着这一问题深入三亚回民中了解，请教过回辉村的老一辈阿訇，他们说蒲姓改易他姓是为了便于内部通婚。近年来的研究者也持这一说法。笔者经过一番查考，以为三亚回族蒲姓改易他姓的原因是多方面的，为了便于本族内部通婚仅是原因之一。因为"婚不忌同姓，惟忌同族"，这是三亚回族之故俗，所谓"同族"，即谓同血统。笔者近年来在三亚回族民间调研中发现这一故俗相沿袭至今，如在 2008 年至 2010 年张贴在各清真寺的结婚请柬中，就有蒲姓与蒲姓通婚，李姓与李姓通婚。这一现实就使得回族蒲姓改易各姓仅仅是为了便于内部通婚的说法，显得苍白无力。笔者以为这是跟清朝的政治经济文化有着密切的关系的。

首先，回族形成的过程是一个艰辛的过程，元、明、清三代封建政权均不同程度地采取过打击利用的政策。如明朝，自明太祖这一朝起就对回族实行同代政策，禁止"胡服、胡语、胡姓"，而且因对蒲寿庚叛宋归元之举反感，对蒲寿庚的后裔实行打击报复。如《闽书》卷 152 记道："皇朝太祖禁蒲姓者不得读书入仕。"清邵元平《元史类编》卷 18 引录无名氏之《樵书》云："明太祖初，禁蒲姓不得读书入仕。"至清朝，统治者对回族的政策是"齐其政而不易其俗"，在具体的统治过程中，体现出既拉拢又打击限制的策略。由于这样的政治背景，使得回族遭受社会各界多方的歧视，这些歧视多集中在回族的生活风俗习惯方面。据余振贵《王岱舆》中记：顺治年间有一僧人当着王岱舆的面数落伊斯兰教的不是。如上所述，不论是统治者对回族的打击，还是社会各界在风俗习惯上的歧视，均说明回族的伊斯兰教文化与正统的华夏文化正面冲突，如何消除这些冲突是摆在回族这一共同体面前的严峻的问题。为此，回族为了生存发展，不得不寻求自强不息的途径。其途径是多方面的，改汉姓汉名，尽量把本民族融入汉文化中，就是其中之一。如《清稗类钞》第五册《姓名类·蒙古色目西域人改汉姓》第 2145 页中记："盖元季之乱，蒙古色目西域诸子姓，转徙流亡，其存者皆从汉姓，至国朝（按指清朝）而相仍弗替。"该书虽讲的是蒙古色目西域人，其实当时天下之回民皆如此。以上所言，正是清代三亚回族蒲姓改为异姓的背景。

其次，与其被动地适应封建王朝统治需要，不如主动寻求自强不息的途径。为了自强不息，天下回族人除了改易汉姓汉名之外，一方面是在宗教上采取"以儒诠经"，增进"二元忠诚"内容，另一方面是举办经堂教育，培养本宗教人才，再一方面就是积极进取，走科举之路以实现本民族的振兴。这一自强振兴的途径是何其艰难。三亚回族自明代起就有人开始沿着科举这一途径寻求自强，然而，此时能够由此实现自强的人数可谓寥寥无几。查考有关史志，仅有一人即"蒲盛"见诸光绪《崖州志》卷 16《选举志》上，他是以"晓占城番字"，在政府的"举人才"中被"授鸿胪司宾署序班"的。

也许是由于经过明代几百年的苦心经营和教育后，三亚回族的经济与汉化程度更进了一步，进入清朝后，这一区域的回族出现了在政治与文化上积极进取的势头。如在《通屯宗谱全书》中见到整个蒲姓系统中，出现了许多"监生"、"附生"、"例贡"、"武生"、"州同知"、"翰林院"等科名和职名。这些名目所属里甲及家族详见下表。

序 号	姓 名	科目及职位	所属里甲家族	本家族第几代传人	家族统计
1	高位明	监 生	一甲改称高家之蒲氏系统	三 传	高家 1 人
2	哈秀林	武 生	二甲改称哈家之蒲氏系统	三 传	哈家 2 人
3	哈应□	例 贡	二甲改称哈家之蒲氏系统	五 传	
4	刘必恭	监 生	四甲改称刘家之蒲氏系统	七 传	刘家 4 人
5	刘生瑞	州 同	四甲改称刘家之蒲氏系统	八 传	
6	刘茗菘	监 生	四甲改称刘家之蒲氏系统	八 传	
7	刘生辉	武 生	四甲改称刘家之蒲氏系统	八 传	
8	杨景春	例 贡	四甲改称杨家之蒲氏系统	五 传	杨家 1 人
9	李子英	监 生	五甲改称李家之蒲氏系统	五 传	李家 3 人
10	李春芳	监 生	五甲改称李家之蒲氏系统	六 传	
11	李春生	监 生	五甲改称李家之蒲氏系统	六 传	

序 号	姓 名	科目及职位	所属里甲家族	本家族第几代传人	家族统计
12	蒲儒嵩	监生	十甲改称海家之蒲氏系统	四 传	
13	蒲学嵩	监生	十甲改称海家之蒲氏系统	四 传	
14	海士明	监生	十甲改称海家之蒲氏系统	八 传	
15	海廷筠	监生	十甲改称海家之蒲氏系统	八 传	
16	海廷洁	监生	十甲改称海家之蒲氏系统	八 传	
17	海麟玉	监生	十甲改称海家之蒲氏系统	八 传	
18	海麟昭	监生	十甲改称海家之蒲氏系统	八 传	
19	海大兴	例贡	十甲改称海家之蒲氏系统	九 传	海家 15 人
20	海文谟	武生	十甲改称海家之蒲氏系统	九 传	
21	海文通	监生	十甲改称海家之蒲氏系统	九 传	
22	海文辉	监生	十甲改称海家之蒲氏系统	九 传	
23	海文锦	监生	十甲改称海家之蒲氏系统	九 传	
24	海文绣	附生（贡）	十甲改称海家之蒲氏系统	九 传	
25	海文灿	武生	十甲改称海家之蒲氏系统	九 传	
26	海德宏	翰林院	十甲改称海家之蒲氏系统	十 传	
27	傅怀义	监生	十甲改称傅家之蒲氏系统	六 传	傅家 1 人
28	蒲文光	例贡	四甲仍称蒲家之系统	五 传	蒲家 2 人
29	蒲啟昌	例贡	十甲仍称蒲家之蒲氏系统	二 代	

　　从上表中可以看到，取得科目比例最多的家族是"改称海家之蒲氏系统"，其次是"改称刘家之蒲氏系统"，再次是"改称李家之蒲氏系统"、"改称哈家之蒲氏系统"。"仍称蒲家系统"共有五个，即"四甲仍称蒲家之系统"、"四甲仍称蒲家之另一系统"、"七甲仍蒲家之系统"、"九甲仍蒲家之系统"和"十甲仍称蒲家之其余系统"，但仅在"四甲仍称蒲家之系统"中出了一名"例贡"，另外，在"十甲仍称蒲家之其余系统"中出了一名"例贡"。由此可见，那些改称异姓的蒲姓家族，是当时海南三亚回族中最为进取和显赫的家族。如前所述，在明王朝，"禁蒲姓不得读书入仕"；在清王朝，回族人非但在政治上遭受打击限制，而且在风俗习惯上遭到歧视，促使回族人不得不寻求自强不息的道路，其中改姓氏，将自己的文化融入中国文化中即其中之一。在这样的背景下，三亚回族蒲姓家族中纷纷改易他姓，并不只是为了便于内部通婚，主要是为了进取。就看他们所改易的姓氏吧，其中的高、庄、杨、李、傅、金、海均是汉人姓

氏，哈姓则是中国化的回回人姓氏。他们正是通过改易汉姓或中国化的回回人姓氏，将自己真正融入中国传统文化体系中，为在政治上寻求进取，谋求自强不息。如上所述，当是三亚回族蒲姓改易异姓的真正的内在原因。

（作者单位：琼州学院民族研究基地）

海南黎族社会阶层流动状况考察[*]

金　山

前　言

本调查参照中国社会科学院重大研究项目"当代中国社会阶层研究"课题组的研究方法,以职业分类为基础,以组织资源、经济资源、文化资源的占有状况作为划分社会阶层的标准,将黎族社会群体划分为国家与社会管理者阶层、经理人员阶层、私营企业主阶层、专业技术人员阶层、办事人员阶层、个体工商户阶层、商业服务业员工阶层、产业工人阶层、农业劳动者阶层和城市无业、失业和半失业者阶层等十个阶层。调查地点为海南省的 6 个民族自治县(乐东、陵水、琼中、保亭、白沙、昌江)以及 3 个享受少数民族政策的市(三亚、五指山、东方)。调查实施时间为 2008 年的 7 月和 8 月。

作者从海南大学在读的黎族学生中选出 50 位来自不同乡镇的同学作为调查人,要求每位调查人对自己居住的村或街道办事处的 10 个黎族家庭进行调查。调查共发出问卷 500 份,回收 262 份,其中有效样本数为 245 份。作者使用 SPSS 软件对调查结果进行了分析。^①

---

* 本文系国家社会科学基金项目"海南黎族地区社会阶层结构及社会流动状况调查"(项目编号:08XMZ051)的预备调查的统计结果分析。

① 由于本调查为国家社科基金项目"海南黎族地区社会阶层结构及社会流动状况调查"的预备调查,主要目的在于检验问卷题目是否合理、确定分析方法,故没有采取抽样调查的方式进行。从这一意义上讲,本调查所得到的结论并不能准确反映海南黎族社会阶层分布状况的全貌。然而,其中的一些结论对于考察当前海南黎族的社会阶层及社会流动状况仍具有一定的参考意义。

一 调查对象的基本情况

本调查共获得除昌江外的 8 个市县的 245 份有效样本。其中最多的为三亚 88 份，最少的是乐东、保亭和东方，有效样本数各 1 份。在 245 位户主中，农业户籍者为 199 人，占 81.2%。户主中，男性比例为 86.1%。[①]户主平均年龄 46.96 岁，最年长者为 90 岁，最年少者为 22 岁。

户主的受教育程度呈现中间大、两头小的分布态势，即初中毕业的最多，占总数的 49.8%，文盲及大专以上者比例较小，分别为 4.1% 和 9.4%。

本次受访家庭的户主中没有私营企业主，人数最多的是农业劳动者阶层，占总数的 70.2%，最少的是经理阶层，只有 1 人。从社会阶层分布状况看，呈典型的倒丁字形结构。

户主所处社会阶层与其受教育程度交叉列表分析可知，二者之间存在着明显相关，Gamma 值为 -0.609，表明受教育程度越高者所处社会阶层也越高。

从社会阶层满意度调查结果来看，对自身社会阶层不满意的有 126 人，满意的有 119 人，不满者略多于满意者。社会阶层与社会阶层满意度交叉联表分析结果表明，二者之间存在低度正相关关系，Gamma 值为 0.491。这一结果表明社会阶层越高者，对自身所处的社会阶层越满意。

在受访者中，对现在生活不满意的有 133 人，满意的有 112 人，不满者多于满意者。社会阶层与生活满意度交叉列表分析结果表明，二者之间呈低度正相关关系，Gamma 值为 0.430。这说明受访者所处社会阶层越高，对生活的满意度也越高。

受访者中对自己所受教育程度不满意的有 159 人，满意的有 86 人，不满者远多于满意者。社会阶层与受教育程度满意度交叉列表分析结果表明，二者之间呈低度正相关关系，Gamma 值为 0.338，即社会阶层越高者对自己所受教育程度的满意度也越高。

---

① 根据 2009 年海南统计年鉴计算，截至 2008 年底，上述 8 市县总人口数为 2539834 人，其中农业人口数为 1597188 人，占总数的 62.9%。

表 1 - 1　调查对象的户籍所在地

单位：人，%

		频　数	百分比
有　效	乐　东	1	0.4
	白　沙	43	17.6
	陵　水	73	29.8
	琼　中	10	4.1
	保　亭	1	0.4
	三　亚	88	35.9
	五指山	28	11.4
	东　方	1	0.4
	合　计	245	100.0

表 1 - 2　调查对象的户籍性质

单位：人，%

		频　数	百分比
有　效	农业	199	81.2
	非农	46	18.8
	合　计	245	100.0

表 1 - 3　户主性别分布

单位：人，%

		频　数	百分比
有　效	男	211	86.1
	女	34	13.9
	合　计	245	100.0

表 1 - 4　户主年龄分布状况

平　均　值	46.96
标准误差	0.607
中　位　数	47.00
众　数	41
标　注　差	9.502
方　差	90.285

续表

平　均　值	46.96
偏　　　度	0.564
偏度标准差	0.156
峰　　　度	1.793
峰度标准差	0.310
最　小　值	22
最　大　值	90

表 1-5　户主受教育程度分布表

单位：人，%

		频　数	百分比
	文盲	10	4.1
	小学	35	14.3
	初中	122	49.8
有　效	高中（含职高）	50	20.4
	中专	5	2.0
	大专及以上	23	9.4
	合　计	245	100.0

表 1-6　户主社会阶层分布表

单位：人，%

	频　数	百分比
国家与社会管理者	6	2.4
经理人员	1	0.4
私营企业主	0	0.0
专业技术人员	13	5.3
办事人员	16	6.5
个体工商户	3	1.2
商业服务业员工	8	3.3
产业工人	17	6.9
农业劳动者	172	70.2
城乡无业、失业、半失业者	9	3.7
合　计	245	100.0

表1-7 户主社会阶层与受教育程度关联表

		受教育程度						合 计
		文盲	小学	初中	高中（职高）	中专	大专及以上	
社会阶层	国家与社会管理者	0	0	0	1	0	5	6
	经理人员	0	0	0	0	0	1	1
	专业技术人员	0	1	1	3	1	7	13
	办事人员	0	0	1	5	4	6	16
	个体工商户	0	0	2	1	0	0	3
	商业服务业员工	0	1	2	4	0	1	8
	产业工人	1	2	9	5	0	0	17
	农业劳动者	9	30	103	27	0	3	172
	城乡无业、失业、半失业者	0	1	4	4	0	0	9
合 计		10	35	122	50	5	23	245

Pearson Chi – Square = 183. 207，P = 0. 000，Gamma = - 0. 609。

表1-8 社会阶层与社会阶层满意度的关联关系

		社会阶层满意度				合 计
		非常满意	比较满意	不太满意	很不满意	
社会阶层	国家与社会管理者	1	5	0	0	6
	经理人员	0	1	0	0	1
	专业技术人员	4	6	3	0	13
	办事人员	4	9	2	1	16
	个体工商户	0	2	1	0	3
	商业服务业员工	0	6	2	0	8
	产业工人	3	5	8	1	17
	农业劳动者	10	60	73	29	172
	城乡无业、失业、半失业者	0	3	4	2	9
合 计		22	97	93	33	245

Pearson Chi – Square = 42. 140，P = 0. 012，Gamma = 0. 491。

表 1-9　社会阶层与生活满意度的关联关系

		对现在生活的满意程度				合　计
		非常满意	比较满意	不太满意	很不满意	
社会阶层	国家与社会管理者	1	4	1	0	6
	经理人员	0	1	0	0	1
	专业技术人员	3	7	3	0	13
	办事人员	2	10	4	0	16
	个体工商户	0	3	0	0	3
	商业服务业员工	0	4	4	0	8
	产业工人	0	9	8	0	17
	农业劳动者	16	47	74	35	172
	城乡无业、失业、半失业者	0	5	2	2	9
合　计		22	90	96	37	245

Pearson Chi - Square = 42. 231，P = 0. 012，Gamma = 0. 430。

表 1-10　社会阶层与受教育程度满意度的关联关系

		受教育程度满意程度				合　计
		非常满意	比较满意	不太满意	很不满意	
社会阶层	国家与社会管理者	1	3	2	0	6
	经理人员	0	0	1	0	1
	专业技术人员	1	8	4	0	13
	办事人员	2	9	5	0	16
	个体工商户	0	3	0	0	3
	商业服务业员工	0	4	2	2	8
	产业工人	0	8	2	7	17
	农业劳动者	8	34	95	35	172
	城乡无业、失业、半失业者	0	5	3	1	9
合　计		12	74	114	45	245

Pearson Chi - Square = 55. 044，P = 0. 000，Gamma = 0. 338。

二 户主的社会阶层流动状况

如前所述，半数以上户主对自己的生活状况和所处社会阶层并不满意，但有更换职业经历的只有 39 人，流动率仅为 15.9%。其中，职业性质没有发生变化，即属阶层内流动的有 7 人，占 2.9%；社会阶层上升者为 10 人，占 4.1%；社会阶层下降者为 22 人，占 9.0%。可见，受访者的社会阶层流动以垂直流动为主，向下流动者比例为向上流动者比例的二倍以上。具体地看，在社会阶层下降者中，产业工人因失业而变成农民的最多，为 6 人，其次为个体工商户因破产而重新成为农民的，为 4 人。上述结果表明，受访群体的向上流动渠道不畅，社会封闭现象严重。

与多数流动者的社会阶层不升反降的情况相反，在有流动经历者中，大多数人的收入有所增加。毕竟对于绝大多数的黎族群众而言，与社会阶层的高低相比，如何解决眼前的生活问题更为现实。追求更高的收入，应是他们流动的主要动因。

那么，什么样的人流动比例更高，更容易流动呢？更换职业经历与社会阶层交叉列表分析结果表明，社会阶层与更换职业经历之间存在着弱负相关关系，Gamma 值为 0.205。这表明社会阶层越低，流动比例越高。另外，受教育程度与更换职业经历之间存在着低度负相关关系，Gamma 值为 -0.401。这一结果表明：受教育程度越低者流动比例越高。结合前面的"受教育程度越高所处社会阶层越高"的结果，可以得出如下结论：受教育程度越高者，所处社会阶层越高、越稳定，流动的比例也越低；相反，受教育程度越低者，社会阶层越低，流动的比例也越高。

表 2-1 户主更换职业经历

单位：人，%

		频　数	百分比
有　效	有	39	15.9
	没有	206	84.1
	合　计	245	100.0

表 2-2　更换职业者的社会阶层变化情况

单位：人，%

	频　数	百分比
阶层上升	10	4.1
阶层不变	7	2.9
阶层下降	22	9.0

表 2-2-1　阶层上升者具体变动情况

单位：人，%

		频　数	百分比
现在职业	国家与社会管理者	1	10.0
	办事人员	3	30.0
	个体工商户	2	20.0
	商业服务业员工	1	10.0
	产业工人	2	20.0
	农业劳动者	1	10.0
	合　计	10	100.0

表 2-2-2　阶层不变

单位：人，%

		频　数	百分比
现在职业	经 理 人 员	1	14.3
	办 事 人 员	1	14.3
	产 业 工 人	1	14.3
	农业劳动者	4	57.1
	合　计	7	100.0

表 2-2-3　阶层下降

单位：人，%

		频　数	百分比
现在职业	办事人员	1	4.5
	个体工商户	1	4.5
	商业服务业员工	2	9.1
	农业劳动者	15	68.2
	城乡无业、失业、半失业者	3	13.6
	合　计	22	100.0

表 2 - 3   现在收入与流动前的比较

单位：人，%

		频 数	百分比
有 效	显著提高	4	10.3
	略有提高	20	51.3
	基本相同	10	25.6
	略有降低	3	7.7
	显著降低	2	5.1
	合 计	39	100.0

表 2 - 4   社会阶层与更换职业经历的关系

		是否有更换职业经历		合 计
		有	没有	
职业	国家与社会管理者	1	5	6
	经理人员	1	0	1
	专业技术人员	0	13	13
	办事人员	5	11	16
	个体工商户	3	0	3
	商业服务业员工	3	5	8
	产业工人	3	14	17
	农业劳动者	20	152	172
	城乡无业、失业、半失业者	3	6	9
合 计		39	206	245

Pearson Chi - Square = 33.629，P = 0.000，Gamma = 0.205。

表 2 - 5   更换职业经历与受教育程度的关系

		受教育程度						合 计
		文盲	小学	初中	高中（职高）	中专	大专及以上	
是否有更换职业经历	有	0	1	20	11	2	5	39
	没有	10	34	102	39	3	18	206
合 计		10	35	122	50	5	23	245

Likelihood Ratio = 13.329，P = 0.020，Gamma = - 0.401。

三　代际流动状况

受访家庭的子女人数共计 542 人，其中学龄前儿童、正在各级学校就读的学生以及户主不掌握子女所从事职业的有 307 人。在其余的 235 人中，经理阶层与私营企业主阶层的人数为 0。其他阶层的人中，数量最多的是农业劳动者，共 94 人，占总数的 40%。接下来依次是商业服务业员工和城乡无业、失业、半失业者。

由表 3 - 1、图 1、图 2 可知，与户主倒丁字形的社会阶层分布状况相比，户主子女的社会分布状况已有了一定的变化，主要表现在三个方面：

第一，农业劳动者阶层比例显著减少，减少幅度高达 30.2 个百分点；

第二，商业服务业员工阶层比例大幅增加，增加幅度为 22.2 个百分点；

第三，城乡无业、失业、半失业者阶层比例增加幅度较大，为 16.7 个百分点。

可见，受访人群代际流动的主要途径为农家子女成为商业服务业员工或城乡无业、失业、半失业者，其他阶层的比例没有显著变化，国家与社会管理者阶层、经理人员阶层、专业技术人员阶层、办事人员阶层等所谓的社会中上阶层比例甚至有小幅减少的趋势。可见，受访群体的代际流动渠道狭窄，从事商业服务业几乎是农家子弟的唯一上升渠道，公正合理开放的现代化社会流动机制还远未形成。

与户主相比户主子女的受教育程度，除中专生比例略有提高外，并没有明显变化。在整个国家教育水平迅速发展的时代，父辈与子辈的教育程度几乎没有区别的结果令人深省。教育是现代社会主导型社会流动机制的最重要因素，表 1 - 7 也已证明教育程度与本人社会阶层明显相关，由此可以判断目前的这种教育现状是受访者群体代际流动渠道狭窄、上升渠道单一的主要原因。

另外，调查结果还表明，户主子女中男女性社会阶层分布状况出现了较大的差异。男青年中从事农业劳动者的比例明显高于女青年，而女青年中从事商业服务业者的比例明显高于男青年。近年来，困扰黎族地区的大量女青年外出打工，剩余男青年无法找到合适配偶的问题得到了验证。

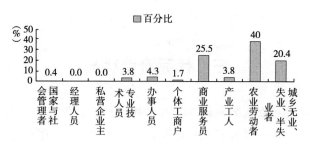

图 1　户主子女社会阶层分布图

表 3 - 1　户主与户主子女社会阶层百分比比较表

		户主		户主子女		比较
		频数（人）	百分比（%）	频数（人）	百分比（%）	（百分点）
有效	国家与社会管理者	6	2.4	1	0.4	-2.0
	经理人员	1	0.4	0	0.0	-0.4
	专业技术人员	13	5.3	9	3.8	-1.5
	办事人员	16	6.5	10	4.3	-2.2
	个体工商户	3	1.2	4	1.7	0.5
	商业服务业员工	8	3.3	60	25.5	22.2
	产业工人	17	6.9	9	3.8	-3.1
	农业劳动者	172	70.2	94	40.0	-30.2
	城乡无业、失业、半失业者	9	3.7	48	20.4	16.7
	合　计	245	100.0	235	100.0	

表 3 - 2　户主子女受教育程度

单位：人, %

		频　数	百分比
有　效	文盲	6	2.6
	小学	23	9.8
	初中	119	50.6
	高中（职高）	42	17.9
	中专	27	11.5
	大专及以上	18	7.7
	合　计	235	100.0

表 3-3　子女社会阶层的性别比较表

			社会阶层								合　计
			国家与社会管理者	专业技术人员	办事人员	个体工商户	商业服务业员工	产业工人	农业劳动者	城乡无业、失业、半失业者	
性别	男	计数	0	5	8	2	27	6	69	30	147
		百分比	0.0	3.4	5.4	1.4	18.4	4.1	46.9	20.4	100.0
	女	计数	1	4	2	2	33	3	25	18	88
		百分比	1.1	4.5	2.3	2.3	37.5	3.4	28.4	20.5	100.0
合　计		计数	1	9	10	4	60	9	94	48	235
		百分比	0.4	3.8	4.3	1.7	25.5	3.8	40.0	20.4	100.0

四　结　论

对 245 户黎族家庭的调查结果表明，受访群体的社会阶层分布呈典型的倒丁字形。从代内流动情况看，户主的社会阶层流动率较低，向上流动渠道不畅，社会封闭现象严重。社会流动的主要动因在于对更高收入的追求。受教育程度越高者，所处社会阶层越高、越稳定。从代际流动情况看，不仅流动渠道狭窄，而且上升渠道单一，从事商业服务业几乎是农家子女的唯一上升途径。究其原因，主要在于户主子女的受教育程度与父辈相比并没有明显提高。就此次调查的结果看，黎族社会公正合理开放的现代化社会流动机制还远未形成，黎族社会的现代化尚处于起步阶段，任重道远。

（作者单位：海南大学外国语学院）

番响村社会调查

王献军   陈甜甜

2008 年 7 月 21~31 日，在海南省民族学会的组织安排下，笔者一行 4
人对琼中县红毛镇番响村（自然村）展开了田野调查，这是继 1954 年、
2002 年之后对番响村进行的第三次规模较大的田野调查。其间笔者运用了
民族学的各种调查方法，对番响村社会的方方面面进行了详细的调查，记
录和收集了大量的文字资料，拍摄了 375 张照片，还对部分内容进行了录
音，可以说大体掌握了目前番响村社会的基本情况，为我们今后从事黎族
相关方面的研究积累了有价值的资料。

一   番响村概况

番响这个自然村是琼中黎族苗族自治县红毛镇番响村委会下属的 4 个
自然村之一，其他 3 个自然村分别为牙模、道响、南美，村委会驻番响。

番响村距离红毛镇镇政府 3 公里，距离琼中县城 24 公里。番响村的南
边有海榆中线通过，村中有一条水泥路与海榆中线相通，交通非常便利。
番响村四周有新伟农场、红毛镇政府、红毛希望小学、红毛中学、红毛镇
经济农场、毛西村、牙模村等单位和村落，番响村都有道路与之相通。

番响村的四周是相对高度较低的小山，村的北面有一条河，叫番响
河，是昌化江上游。番响河源于五指山，原来河水很大，据说水深可达
5~6 米，但后来其上游修建了 1 座水库和 3 座水电站，导致现在的水流量
锐减，河水很小，大片大片的河床裸露。

番响村坐落在缓坡之上，整个村庄的地势西高东低，村头在西，村尾

在东，一条水泥路穿村而过，番响村的民房就建立在水泥路的两边。村里的公共建筑共有两处，都是平房，一处是 1992 年建的旧村委会，现在是全村的文化活动室和大会议室，平时很少用到，已经破旧不堪；另一处是 2007 年 4 月才建成的新村委会，有 3 间平房，是村干部开会的地方。村内的集体活动场所只有一个，那就是 1992 年建成的一个篮球场，现在只剩下一个篮球筐了。

番响村属于黎族杞方言区，全村的男女老少都会讲黎语，由于黎语是他们的母语，所以小孩子从小到大也没有人来教，他们自然而然就学会了；海南话在这个地区也很通行，大部分人会说，但据说现在一些年轻人已经只能听不能说了；普通话绝大部分人都能说，但很多人的普通话讲得不好，很多时候都词不达意，听起来有点费劲，特别是老年人。年纪越小，普通话讲得越好。现在很多家长已经知道了普通话的重要性，都在家有意识地教孩子听、说普通话，相信随着广播、电视的进一步普及以及对外交往的增多，番响村人的普通话会讲得越来越好。

1954 年调查的时候，番响村有 52 户人家，共 211 人；[①] 2002 年调查时，番响村是 64 户 303 人。[②] 笔者这次调查，却得到了三个不同的数据：镇政府报给我们的数据是 61 户 307 人，说自 2002 年至今番响村出生了 25 人，死亡 8 人；我们从镇政府提供番响村常住人口登记卡上统计是 61 户 301 人；而番响村副村长王家庞报给我们的数据是全村 64 户 332 人。三个数据孰是孰非，尚待查证。另外，从民族成分上来说，番响村除了一个几年前嫁过来的媳妇是苗族外，其余是清一色的黎族。

二　经济活动

1. 原始经济

传统意义上的采集、狩猎、捕捞等原始经济在今天的番响村早已经荡然无存，人们现在虽然也偶尔挖一些如飞机草、革命草、雷公根、百花菜、蒲水根之类的野菜回来吃，但显然这些已经不是必需的，只不过是作

---

① 中南民族学院本书编辑组编《海南岛黎族社会调查》上卷，广西民族出版社，1992，第455 页。

② 海南省民族学会编《黎族田野调查》，2006 年编印，第 106 页。

为家里盘中蔬菜种类可有可无的补充而已，人们不吃这些野菜也完全可以生活得很好；从前番响村的狩猎是经常性的，既有大规模的集体围猎，也有个人上山打猎，那时的猎物主要有山猪、鹿、山羊、黄猄、穿山甲、野鸡、野兔等，那时几乎家家户户都有粉枪，家家户户都打猎。但时过境迁，随着人口的增多和周围自然环境的被破坏，很多野生动物已经很少或者绝迹了，为了保护野生动物，当地政府于 2000 年下令没收粉枪，严禁打猎，所以今天严格意义上的打猎行为已经不存在了；番响村西边的番响河，过去水流很大，河里的鱼也很多，那时经常有人去捕鱼。但随着上游水库和水电站的建立，今天的番响河已经变成了一条潺潺的小溪，从河中捡螺与河蚌尚可，至于说捕鱼，已经捕不到什么鱼了。我们在番响村调查的时候还有幸看到一位正在河中用网捕鱼的人，据他说忙一个上午也就只能捕到一斤左右的鱼，而且鱼小得跟鱼苗差不多。

2. 农业

我们在调查中了解到，番响村农民的主要收入均来自农业，农业在番响村的经济中占有非常重要的地位。

番响村的土地比较紧张，水田的面积只有 288 亩，人均 0.94 亩（按全村人口 307 人计算）；旱田面积没有准确的数据，据说比水田略多一些，可以达到人均 1 亩地多一点。这样的土地面积对于一个有村办企业或别的产业占有一定比重的村庄来说并不算太少，但对于一个除去农业之外基本上没有别的产业的村庄来说就显得可怜了。所以，当我们入户调查的时候，几乎每一户都觉得土地太少，不够种。据说原来番响村的土地有很多，只不过新伟农场成立后，把番响村周边当时尚无能力开垦的土地全部征用了，导致了番响村在人口增多而且有能力开垦土地的时候已经根本没有多余的土地给他们耕种了。这几年，番响村为了能够要回一些被农场占有的土地付出了很大的努力，与周边单位和机构的土地纠纷不断，但收效似乎不大。不过这突出反映了番响村土地问题的严重性。

番响村的水田种的都是水稻，分早晚两季，主要品种是博优和大叶青等杂交水稻，也种糯米稻，山栏稻原来有，现在则不再种了。水稻的总产量可达到 748.8 吨。蔬菜的播种面积是 52 亩，总产量为 10.4 吨。玉米的播种面积是 32 亩，分春夏两收，总产量为 5.76 吨。黑豆的播种面积是 3 亩，总产量为 0.15 吨。番薯的播种面积是 17 亩，分春、夏、秋三收，总产量为 4.25 吨。花生的播种面积是 4.7 亩，总产量为 0.47 吨。甘蔗的播种面积是 12 亩，总产量为 12 吨。木薯的播种面积是 60 亩，总产量为 60吨。益智的播种面积是 201.8 亩，总产量达到 6.6594 吨。①

这里特别值得一提的是益智的大面积种植，这可以说是番响村农业种植上的一大特点。益智是姜属多年生草本植物，是一种野生的传统中药，果实成熟后干燥入药，有温脾胃、暖胃固气、涩精之功效，主治寒性胃痛、脾虚吐泻、遗尿、尿频、遗精等症。益智的原产地不明，现在的主产地就是在海南。1984～1985 年海南将野生益智苗移栽成功，从此开始了大面积的种植。益智的茎直立，高 1～1.3 米，由地下根茎分裂成丛状。叶互生，披针形，有叶鞘叶舌。穗状花序，顶生。果实椭圆形，种子呈多角形且有辛辣味。种植上要分株繁殖，栽植 1 年半可收获，可连收 5 年。栽植后，要除草松土，施肥整株，加强管理。② 番响村的土地适宜益智的生产，故家家户户都在种植益智，收购的价格也比较合理，所以近几年来益智成了番响村村民种植的最主要的经济作物，也成为他们经济收入的一大来源。

此外，在经济作物中，番响村还种有香蕉 5 亩，荔枝 46 亩，龙眼 23亩，芒果 5 亩，椰子 0.5 亩，胡椒 0.8 亩，还利用山地种了 209 亩橙子、115 亩橡胶和 220 亩槟榔。由于水田面积少，种的粮食差不多只够自己吃，没有多余的粮食可以卖。所以从经济作物上获得的收入成了番响村村民的主要收入来源。

3. 畜牧业

番响村的畜牧业，基本上停留在自给自足的小农经济时代，根本没有什么现代化的大规模集约经营，基本上仍然是每家每户养几头猪、几只鸡、几只鸭、几只鹅，一方面是自己吃，一方面是过年过节拿到集市上去卖，当然卖也卖不了几个钱。

番响村有两个鱼塘，一个大点，有 2 亩多；一个小点，仅仅有 1 亩多。这两个鱼塘分别被两家承包。两家人都没有专门学过养鱼，县里也从来没有派技术员进行过指导。养鱼完全靠自己摸索着养。所养的鱼的品种主要是草鱼、罗非鱼、鲤鱼和虫鱼。两家平时主要是向鱼塘投放些草料和牛粪，没有买过鱼饲料，也不知道给鱼喂什么饲料。鱼苗是从营根买的，2

---

① 番响村委会上报的《二○○六年农业生产统计年报表》。
② 海南百科全书编纂委员会编《海南百科全书》，中国大百科全书出版社，1999，第 309页，"益智"条。

亩的鱼塘要投入 1000 余元买鱼苗，1 亩的鱼塘要投入 500 多元买鱼苗。一个鱼塘一年究竟能产多少鱼他们自己也不太清楚，但每年要向村委会上交几百元的承包费。据他们说，如果没有自然灾害，一般不会赔钱，当然想靠这面积仅有一两亩的鱼塘发财也是不可能的。

4. 手工业

村中从事木工、编织等手工业的人原来有，现在基本上都没有人做了，需要的家具、编织物都是在市场上买的；家电和农机坏了，都送到新伟农场去修，村里也没有人懂得修；一些人出去打工，学会了建筑技术，但水平都不高，只能在农闲的时候帮亲戚、朋友或者乡邻盖房、修房，没有人仅靠建筑手艺为生的；番响村里真正有一点规模的手工业只有两种，即酿酒和织锦。

番响村的村民像其他很多农村地区的黎族人一样嗜酒，而且喜欢喝自己酿的酒。酿酒技术是祖祖辈辈传下来的，几乎家家户户都会酿酒。番响村酿的主要是米酒，度数在 30 度左右，地瓜酒也有人酿，但很少。在很多黎族地区非常流行的"并"（biang）酒，番响村的人却几乎没有人懂，据说只有几个从外村嫁过来的媳妇懂，但也很少酿。番响村米酒酿制的方法如下：先煮米，把米煮熟，再把买来的酒饼放到米里调均匀，之后放入酒缸中密封。一般密封上 15～20 天就可以取出，将米放到锅里蒸，得到的蒸馏水即为米酒。据说密封的时间越长，酿出的酒就越香。

织黎锦是黎族妇女的传统技艺，但是由于种种原因，在很多地区织锦技艺都面临着失传的危险。番响村也不例外，几年前，番响村懂得织锦的只有几个人，而且岁数都很大，这些人都是从外村嫁过来的，因为番响村自己的姑娘不懂得织锦，也不学织锦。好在织锦技艺面临失传的严重性引起了琼中县政府的重视，县里专门拨出一批款项请出几个织锦技艺高超的老人教年轻人学织锦，不仅给教织锦的人发补助，而且给学习织锦的人也发一部分补助，于是调动了全村妇女学习的积极性。一时间番响村几乎所有身体健康的成年妇女都去学织锦了，而且几乎都学会了织锦，只不过技术上存在差别而已。部分织锦技术高的妇女农闲的时候都要织一会儿锦，也有人来收购黎锦，然后拿到市场上去卖。另外，由于在一些重大活动中妇女都要穿用黎锦做成的传统服饰，所以家家户户多少都需要留几套黎锦做的民族服装。因而他们也往往织出黎锦后先自用，多余的才出售。在番响村织锦水平最高的应该是王玉尾老人，她已经 87 岁高龄了，但精神很好。她是从五指山市毛阳镇什益村嫁过来的，七八岁就开始学习织锦，几十年从来没有间断过，据说现在再复杂的图案她只要看一眼就能织出来。而且王玉尾老人还很勤劳，每天中午和晚上，在别人休息的时候，我们都能在屋檐下或灯光下看到她老人家辛勤织锦的身影。

5. 商业

番响村内没有市场，村里的人买卖东西一般都是到附近的新伟农场集市去交易。新伟农场集市是新伟农场场部所在地，与红毛镇政府仅数百米之隔，离番响村也只有 3 公里左右，坐摩托车十几分钟就能到，很方便。笔者还专门到新伟农场的集市看了看，这个集市应该属于一个中型的市场，市场里的铺位有几十家，一般日常的生活所需应有尽有，新伟农场所属的 17 个连队和附近村庄的百姓都在这里交易。

番响村本身有两个小卖部，但都非常小，而且都没有专门的铺面，是与卧室连在一起的。两家小卖部开办的时间都不长，一家是 2006 年开的，一家是 2007 年开的，在此以前番响村一个小卖部都没有。小卖部所卖的基本上都是日常生活用品，如：食盐、醋、味精、白砂糖、糖果、早餐豆奶、辣椒酱、香烟、花生米、蚊香、饼干、打火机、洗头膏、糨糊、矿泉水、方便面、胡椒粉、罐头、啤酒、米酒、牙刷、卫生纸、卫生巾、香皂、洗衣粉、草帽、扑克、牙膏等。两家都有一个大冰柜，里面放着冷饮和雪糕。每月各家的经营额大约在四五百元上下。买卖一般都是现金交易，也有赊账的，个别品质差的人甚至欠了几年的账都不还，因为是乡里乡亲的，店家也不好意思撕破脸皮去要，好在数额也不是太大，实在不还就算了。

6. 打工

番响村的人出去打工是从 20 世纪 90 年代开始的。打工的人有男有女，都是年轻力壮的，多是初中、高中毕业生，没有学上了，凭着年轻，想到外面的世界去闯闯。出去短期打工的人很多，长期打工的人相对来说比较少，一遇到农忙，经常就有外出打工的人回来帮忙。打工的地点远近都有，屯昌、三亚、海口、广州、深圳都有番响村的人去打工。男的打工者多是干建筑业的；女的打工者，从事服务行业的居多。至于打工的具体人数和男女比例根本无从考证，因为从来就没有人对此进行过统计。

至于说到打工者的收入，应该说有多有少。从我们的调查中发现，有的人家靠着打工者的收入盖起了房子，也有的人家说自己家在外打工的人挣不到钱，能养活他自己不用向家里要就不错了。不过我们的感觉是，女性打工者似乎多多少少都给家里挣了点钱，因为女的在外边的开销少一点。不过，不管怎么说，家里只要有人在外边打工，或多或少都会增加一点收入，只是有些人不愿意挑明而已。

三　生活状况

1. 居住情况

番响村的中间是一条水泥路，这条路是 1989～1991 年间修的，现在有些破损。水泥路是东西走向，把整个村子一分为二，大部分民居都坐落在水泥路的两侧，只有个别的几户人家居住在附近的山坡上或鱼塘边。从整个村落布局来看，大体上还算整齐，但显然缺乏全面规划，完全是自发的，所以难免有些房子盖得东一幢西一幢。另外，由于黎族人的传统建筑理念中根本没有院落这个概念，因而番响村所有的房子，不管是旧房子还是新房子，都没有院子，一幢挨着一幢，所以整个村落的布局看起来未免有些拥挤。

番响村最早都是茅草房，建房的材料是茅草、树枝、泥巴等，一家建房，很多人都来帮忙，一般一天之内就可以把房子建好。那时据说还有"隆闺"的房子。1956 年，白沙县政府为王国兴家人建了一栋瓦房，这栋瓦房不仅是番响村的第一栋瓦房，也是整个红毛地区的第一栋瓦房。之后政府又为番响村的两位军烈属家建立了两栋瓦房。这几栋房子建得非常结实，至今尚存，并仍在使用。

番响村最早自己动手盖砖瓦房的据说是王国光老人，时间大约是 1972 年。王老现在是白沙起义纪念园的看门人，想当年可是番响村有名的能人，尤其是他的木工手艺非常好，曾经还收过徒弟。之后便有人陆陆续续盖起了砖瓦房，但进展缓慢，直到 20 世纪 90 年代前期番响村还有不少的茅草房。

番响村大规模的民房改造始于 1998 年，这一年政府开始资助番响村的村民拆掉茅草房建砖瓦房，但不是给现金，而是给水泥和瓦，虽然不是全部，但也解决了村民的大问题。于是，在政府的资助下，一栋栋砖瓦房建起来了，整个村庄的面貌焕然一新，至今番响村已经找不到一间茅草房了，番响村村民的居住状况有了一个根本性的改变。

典型的番响村的砖瓦房是三开间，中间一间是客厅，旁边两间是厢房，总面积大概有 100 平方米。房子正前方是走廊，并立有几根圆柱子。客厅的陈设一般是正前方是个电视柜，上面摆有电视机、DVD、音响等家用电器，两边是木制的桌椅，与汉族人家客厅的陈设一般无二。桌椅、电视柜都是在市场上买的，完全是汉式的。客厅的墙上一般贴着日历、子女的奖状、毛主席像或者财神像；有的家庭墙上还挂着闹钟或挂钟。值得一提的是，番响村的每家每户，几乎都在客厅摆放电视机位置的上方紧挨着房顶的高处摆有祭坛，是用来祭祀祖先的。客厅内一般都摆有电扇、暖水瓶，有的人家还摆放有饮水机，但没有见有空调和冰箱的。讲究一点的人家，客厅的地板是瓷砖的，干干净净，进屋子的时候要脱鞋子，与城里人一模一样。客厅两边是作为卧室用的厢房，比较陈旧的房子，客厅与厢房之间是用木板隔开的；新一点的房子则是用砖墙隔开。每一间厢房，中间又被用木板或者砖墙隔为两半，这样两间厢房就成了 4 间卧室，之所以这样做，与番响村每家每户的人口较多而居住面积狭小有关。

番响村民居的厨房通常是与正房分开的，是单独一间小房子，而吃饭的餐厅则是和厨房连在一起的。此外，番响村的卫生状况在海南的黎村苗寨中算是相当不错的，几乎家家户户都建有厕所和洗澡间，蚊蝇也很少。

另外，番响村还有一幢三层高的楼房，这是王国兴的几个儿子王家贤、王刚等合盖的，他们每年过节或者有事时都要回来几趟，平时楼房总是大门紧锁。旁边还有三幢平房也是他们家的。这是番响村住房中的一个例外。

2. 服装饰品

番响村的黎族人在日常服饰方面已完全汉化，无论男女老幼，所穿所用都是市场上买的，基本上是市场上有什么，他们就买什么。倘若你进入番响村之后没有人告诉你这是一个黎族村庄，那么你一定会把它当做一个普通的汉族村庄看待。由于天气炎热，大部分人穿的都是拖鞋，还有一些老人孩子什么鞋子都不穿，总是光着脚走来走去。

那么是不是番响村的黎族人在服饰方面完全与汉族一致了呢？也不是。据我们了解，每当有重大的节日或者节庆活动，番响村的妇女都要穿上漂亮的传统民族服装。番响村一套完整的民族服装有 4 件，即筒裙、上衣、头饰、胸饰。筒裙和上衣上都有色彩艳丽的花纹和图案；头饰是围在额前的一块布条，上面挂着很多小饰品；胸饰是一月牙形的铝质金属片，上挂有众多的铝质小饰物。而男子的传统服装则已经没有人穿了。

3. 饮食情况

番响村村民的主食是米饭，米饭又分为干饭和稀饭，中午多吃干饭，早、晚多吃稀饭。吃的大米都是自己种的。偶尔也吃些地瓜、木薯、玉米、芋头之类的杂粮。蔬菜主要是白菜、豆角、西红柿、萝卜干、辣椒、葫芦瓜、茄子、丝瓜之类的常见菜，与我们日常餐桌上的蔬菜没有什么两样，所不同者，是他们经常吃些野菜，如百花菜、雷公根、敢翻（译音）、敢译（译音）、敢达（译音）、敢可白（译音）等，种类繁多，很多野菜他们都不知道普通话念什么。再者，由于离河很近，所以他们也经常下河捡一些螺、蚌做汤或炒着吃。他们的肉食主要是猪肉、鱼肉、牛肉、鸡肉、鸭肉、鹅肉，大都是菜场上买的，一般没有客人来都舍不得杀家里养的畜禽。由于附近多山，所以偶尔也有人从山上抓回山猪、蛇、山鼠之类的野味来吃。番响村种的果树不少，如荔枝、芒果、龙眼、菠萝蜜、杨桃、香蕉、菠萝等都有，但规模不大，所以很多水果他们甚至都不拿到市场上去出售，因为只够他们自己吃。在番响村边上，我们还发现了野生的柚子树、石榴树，其果实味道虽然差点，但尚能吃，也有小孩子摘着吃。逢年过节，他们也到市场上去买些外地产的水果来吃，如苹果、梨、葡萄等。

番响村比较独特的食品是糯米饼和"南杀"。糯米饼的做法是：先把糯米粉碎，再放入红糖，经过压、蒸之后就做成了糯米饼。"南杀"这种食品很多黎族地区都会做，很喜食，但各个地方做法略有不同，番响村的做法是：把生鱼或生肉洗干净，不用煮熟，再蒸上一锅热气腾腾的米饭与生鱼或者生肉搅拌在一起，之后放入密封的瓶子或坛子、罐子中，保存10天以上就可打开食用了，其味道酸酸的，颇为鲜美，但有些第一次吃这种食品的人往往吃不惯。

前已述及，番响村的村民嗜酒，主要喝的是自家酿的米酒或是本村买的米酒，家庭条件宽裕一点的也买啤酒喝，逢年过节或者有客人来，也买些市场上出售的白酒。每逢酒宴，座位上没有什么讲究，可以随便坐，妇女只要是能喝酒的都可以入座。在酒桌上，他们不划拳，但也劝酒，爱唱山歌，谁唱输了谁就喝酒。由于平时常常喝酒，番响村的人虽不能说个个海量，却也是非常能喝。

4. 出行

番响村从前的交通工具，据说是牛车。现在情况有了很大的变化，牛已卖得没剩下几头了，牛车已退出了历史的舞台，不见踪迹了。随着摩托车的普及，现在番响村的人最常用的交通工具就是摩托车了。番响村的人去得最多的地方就是新伟农场的市场，这里距离番响村仅仅 3 公里，骑摩托车 10 分钟就可以到达，极为方便。此外，手扶拖拉机也可算是交通工具之一，因为虽然它主要是用于耕田犁地，但偶尔也拉人，尤其是在人比较多情况下就用拖拉机拉。

番响村人日常生活就是在方圆几公里的范围内活动，很少出远门。县城距离番响村虽然只有 24 公里，但他们并不经常去，要去的话都是买大宗的东西或者办事，去的时候一般是坐海榆中线上来来往往的班车，但也有坐摩托车的。海口、三亚等大城市他们就去得更少了，就是去也主要是去看病或者办事。纯粹意义上的旅游还没有提到番响村人的议事日程上，因为他们的收入水平还不足以使他们做到这一点。去过大陆的人更是少之又少，打工的例外。

5. 通信

番响村的固定电话有 8 家有，但经常不通，据说是线路有问题，也有欠费的原因，总之是不太好使。

番响村手机的拥有量据村干部估计有 20 多部，也就是说有将近一半的家庭有手机，手机现在成了番响村主要的通信工具。

6. 文化娱乐

番响村村民日常的娱乐活动很单调，主要就是在自己家里看电视，或者聚在一起聊天。聊天的地点也不固定，一般是看到谁家家门口的人多，大家就往那里聚，对什么话题感兴趣就聊什么。男人们经常在晚饭的时候互相邀请，凑在一起边喝酒边聊天。政府也偶尔到村上来放电影，次数不多，时间也不固定，有时候一年放几次，有时候几年才来放一次。一般是政府有宣传任务才到村上放电影，目的是让村民们在看电影的同时受到教育。

唱歌、跳舞、打球这些文体活动也有，但通常不是自发的，而是县城或者镇上要组织民歌比赛、跳舞比赛、球类比赛了，番响村的村干部才组织大家一块演练。球类训练由于村里没有场地，所以他们一般都是到附近的红毛中学球场去训练。据副村长王家庞说，村里排练的竹竿舞，在一次红毛镇组织的民族舞比赛中还得过一等奖。

7. 医药保健

番响村的医药保健情况不容乐观，只有一名医生，一名护士。

医生名叫王昌连，已经 60 多岁了。1969 年初中毕业后，他在琼中县城学了两年医，学成之后回村里当了卫生员。卫生员干了 5 年，考上了行医执照，开始当医生，一直干到现在。但后继无人，村里无人学医。上面也不派医生下来。王医生的行医补助很低，据他说干一年省卫生厅只发给 120 元的补助，难怪没有人愿意当这个乡村医生。王医生一直要求镇卫生院给他在村里开个诊所，可镇上一直没有答应。现在他只能在家里给人看病，既不卫生也不方便。据王医生介绍，从前村里的疾病较多，有疟疾、霍乱、小儿麻痹、麻疹、百日咳等，现在基本上得到了控制，目前的常见病是感冒、发烧、皮肤病，他只看症状比较轻的病，略微重一点的就送往红毛镇卫生院。王医生给人看病，草药用得多，西药用得少。由于大家普遍都不富裕，所以用草药的钱病人可以随便给，给多少都行。另外，由于王医生是男性，所以他感到看妇女病不是太方便。最后要说的是，番响村委员会所辖的 4 个自然村，也只有王昌连这一个医生。

护士名字叫蒋菊芳，是个苗族人，4 年前从五指山地区嫁给了番响村副村长王家庞。她原先在通什卫校上过两年学，后又在海口市妇幼保健院和海口中医院实习了两年。其弟在村里开了个诊所，她还给弟弟当过护士。现在嫁到了番响村，她一面干农活、开小商店，一面给村民打针看病，家里也备有一些常用药。

村里还有几个岁数大一点的人懂得黎族草药，也能给人看病。比如说 48 岁的王丽霞就知道 30 多种草药，会看六七种病。她原是红毛镇罗坎村人，父亲会给人用草药治病，她小时候常看，也就学会了。她介绍说，她用的草药大都是生药，是把草药洗干净之后榨出药汁来给病人喝，也有的草药需要用罐子加水来煮，但这样的少一点。而且她只能看几种内科病，外科病就不能看了。她说现在的年轻人大都不懂黎族草药了，也不愿意学，连她自己的小孩子都不想跟她学，她用草药治病的本领恐怕是要失传了。

8. 教育情况

番响村的教育大致可以分为两大类，一类是传统教育，一类是学校教育。

传统教育主要是指家庭内部的伦理道德教育、生产技能教育和传统技能教育。家庭内部的伦理道德教育包括要孝顺老人、善待乡邻、兄弟姐妹之间要和睦，做人要老实诚信，不要偷盗、打架等；生产技能教育包括如何耕地、如何插秧、如何播种锄草、如何防治病虫害、如何收割、如何脱粒等农业生产方面的内容；传统技能教育包括如何编织、如何盖房、如何酿酒、如何制作食品、如何识别草药等。这些教育在任何一个黎村都存在，只不过各地略有差异而已；而且随着时代的变化，传统教育的内容也在不断变化，比如说原来要教男孩子怎样用牛耕地，而现在牛没有了，都用手扶拖拉机了，所以现在需要教的是如何使用手扶拖拉机。

番响村的学校教育是 1950 年以后的事情。现在番响村的孩子主要在村庄附近的红毛希望小学和红毛中学读书，走路十几分钟就能到，所以番响村的小孩子都是走读，没有住校的。现在番响村在红毛希望小学读书的孩子有 11 个，在红毛中学读书的有 7 个，还有几个成绩好的孩子在县城里的小学和中学读书。番响村没有幼儿园，红毛小学设有一个学前班。

红毛希望小学在番响村的南面，也就是在海榆中线的旁边，离番响村有 1 公里左右，番响村有一条小路通往红毛希望小学。红毛希望小学是 1991 年底开始筹建的，是由当时的团中央书记处书记刘延东在琼中县考察时候提出的。海南省当时的副省长王越丰同志非常支持，表示要建就建得好一些、大一些，于是计划投入资金 380 万元。资金的来源一部分来自海南省的彩票基金，大约有 150 万元，一部分来自省里各厅局的拨款。土地原是农场的，经协调无偿地给了希望小学。1994 年底，希望小学落成，其中的综合教学大楼投入最多，达 170 余万元。

学校现有一幢综合教学大楼，一幢创新助学楼，两幢教职工宿舍楼，5 间平房。5 间平房不是新建的，是原来农垦六院的制药厂，农垦六院撤走时将其送给了希望小学，作为学生的宿舍、食堂及教职工的工作间、活动室。

红毛中学位于番响村西面 1 公里左右，地势比番响村低，从番响村到红毛中学有一条小路通过，走这条小路只用十几分钟的时间就可以到达。学校有教职工 42 人，老师 38 人，职工 4 人；教师中有 2 个是汉族，4 个是苗族，2 个是壮族，其余为黎族。

9. 收入与支出

番响村村民的年人均现金收入，也就是在 400 元上下，一个五口之家，一年的收入大概就是 2000 元左右，而一年的开支却也不少，包括购买生产资料费、子女的教育费、各种各样的人情费等，也就把每年的收入花得差不多了，余下能够存入银行的恐怕不多了。而他们的一套住房按当地的价格计算，也就值两三万元，算上全部的家当，每个人家的全部家产应在三四万元上下。所以据我们观察和调查，番响村普通人家的经济收入也就勉强能维持一家人的温饱，这就是为什么许多人家一遇到需要花钱的大事，如盖房、生病、子女上中专等，就得到处借钱甚至卖牛。当然村中也有稍微富裕一点的，但大部分人家的生活水平是温饱型的，贫富差距也不大。

四 人口、家庭与婚姻

1. 人口与家庭

前已述及，番响村现在的人口数据有 3 个，孰是孰非，尚难判定，我们暂时以镇政府提供的番响村常住人口登记卡为准进行分析。

按照番响村常住人口登记卡，番响村现在有 301 人，其中男性 160 人，占 53.16%；女性 141 人，占 46.84%。在所有的人口中，18 岁以上的成年人 225 人，占 74.75%；18 岁以下的未成年人 76 人，占 25.25%。在全部家庭中，1 个孩子的家庭有 9 户，占 16%；2 个孩子的家庭有 16 户，占 26%；3 个孩子的家庭 19 户，占 31%；4 个及 4 个以上孩子的家庭 14 户，占 23%。从家庭规模来说，两代人的家庭占绝对优势，占到全部家庭的82%；三代人的家庭只有 11 户，占全部家庭数的 18%。没有四代人的家庭。

这里需要说明的是，国家给黎族的计划生育政策是：可以生育二胎，如果二胎都是女孩，则可以生三胎；第三胎无论男女，都不许再生了，违者属于超生，而且还要罚款。从登记卡上来看，有 2 个孩子和 3 个孩子的家庭基本上都是符合国家计划生育政策的；有 4 个及 4 个以上的家庭大都是父母年龄较大的家庭，据说那个时候计划生育政策没有现在这么严，生 4 个也不算超生。至于只生育 1 个孩子的家庭，并不是这些家庭的思想觉悟高，而是这些家庭的夫妻一般都比较年轻，暂时不想生育第二胎，再过几年他们还是要生育第二胎的。

2. 婚姻

黎族传统的通过"隆闺"恋爱结婚的方式，番响村解放前也有，但现在早已不复存在。据我们调查，现在番响村的择偶方式仍然是自由恋爱为主，也有通过人介绍的，但比较少；而有意思的是，自由恋爱的主渠道，近年来竟然主要是通过打工。

番响村的年轻人在初中毕业不能继续升学以后，大都选择了外出打工，而和他们一起打工的，大都是来自各地的未婚青年男女，双方在一起的时间长了，自然容易擦出爱情的火花。我们在调查中发现，近些年来，番响村娶妻的男子和外嫁的姑娘，几乎都是他们在打工时候认识，后来恋爱成家的。所以，通过打工给番响村的青年男女提供了一个与外界交往的平台和恋爱的机会，这倒是打工经济给番响村带来的一个意外的惊喜。

番响村人的通婚范围，首先是红毛镇的各个村庄，但其中有牙模、毛西、道响、坎茂、南美5个自然村不能通婚，因为他们自认为是同宗兄弟。其次，就是琼中县的各个乡镇。也有番响村的姑娘嫁到琼中县以外甚至嫁到大陆的，但人数很少。在通婚的民族成分方面，绝大多数番响村人的婚姻都是族内婚，也即与黎族结婚；但也有与汉族结婚，这样的人家大概有一两家，不住在村里；与苗族通婚的只有1家；与壮族通婚的有1家。番响村人在与外族通婚方面是十分开通的，也没有什么禁忌，他们认为只要男女双方愿意，就没有什么可说的了。

番响村的离婚案不多，但也有，我们调查到4个人。一个是男的，老婆不知道什么原因跑了；另外3个是女的，都是嫁到了外地，或者因为丈夫本人有问题，或者因为家庭不和睦而离婚的，这些人在离婚后都返回娘家居住。现在离婚的那位男士已经再娶了，而那3位离婚的女子则还没有结婚。

番响村也有老年丧偶的情况，通常是男的比女的先去世，留下女方。女方丧偶后一般不会再婚。

此外，番响村现在该结婚而没有结婚的男"光棍"有20多个，主要原因是贫穷，女方看不上这样的家庭，不愿意上门，这也是贫困农村地区普遍存在的一个问题。也有个别"光棍"是因为心理有问题，如见到女方不会说话，害羞。

五 节日、人生礼俗和日常生活

1. 传统节日

番响村的传统节日主要是春节、端午节、清明节。春节要过 6 天，从腊月二十九一直到正月初四，全家打扫卫生，杀鸡、宰鸭、煮干饭，聚在一起喝酒、唱歌。端午节和春节的内容差不多，只不过不如春节那么热闹，另外是一定要包粽子吃。清明节是全家老少一起上坟，之后晚上聚一下。这三个节日虽说是番响村黎族的传统节日，但明显是受到了汉族文化的强烈影响，反映了番响村很早就已经烙上了汉文化的烙印，而真正的黎族节日的内涵已经基本上荡然无存了。

番响村以前不知道有所谓的"三月三"，近些年来在政府的组织下，番响村开始过三月三，三月三这一天主要是进行歌舞表演。番响村的人认为三月三是苗族的节日，他们说以前只有苗族才过，现在他们过三月三也是学苗族的。

在汉族文化的影响下，番响村现在也开始过中秋节，这一天几乎家家户户都要从市场上买点月饼吃；番响村人过正月十五，他们把这一天叫小年，但不吃元宵。至于五一、国庆之类的节日他们是不过的。

2. 礼俗

番响村的小孩在过去一生下来就取小名，能走路的时候才起大名，现在因为要办户口，所以一生下来就要取一个正式的名字。小孩在出生 30 天的时候要过满月，杀鸡宰鸭，亲朋好友都要来祝贺，还要送小孩子红包。

在日常的交往中，亲戚朋友都是礼尚往来，一般去走亲访友，都要买上点饼干、糖果、蔬菜之类的礼品；而有客人来了也要杀鸡买鱼，设酒宴款待。去参加婚礼，男的一般带钱，包在红包里，普通关系的现在大都是给 50 元，如要多给自然更好。女的送酒、米的多，一般是送 10 斤酒和 10 斤米。请医生来看病，医药费要付，还要请医生吃顿饭。参加葬礼也要带上些钱或米酒，死者的家人一定要招待前来参加葬礼的人吃饭。

3. 日常生活

我们去番响村的时候恰逢阳历 7 月底，这是当地农活最忙的时候。天刚蒙蒙亮，勤劳的番响村村民就已经起床了，不吃饭就下地干活了。一干就干一两个小时，之后回来吃个早饭，就又匆匆忙忙下田干活。现在的农活主要是耕地、拔秧和插秧。耕地是男人们的事情，现在主要是用手扶拖拉机，但劳动强度仍然很大；拔秧和插秧是妇女的事，她们个个穿着高筒水鞋，头戴草帽，弯着腰一株株地拔秧、插秧，甚是辛苦。

中午时分，劳作的人们回来吃饭了。吃完饭后是午休，由于中午时分烈日炎炎，是一天中最热的时候，所以午休的时间比较长，一般要一两个小时。午休起来后人们又下田干活，一直干到太阳落山才收工回家。现在虽然已经分田单干了，但遇到拔秧、插秧这样的农活，番响村的村民仍然相互帮忙。今天你帮我干，明天我帮你干，往往是几家合在一起干活，既热闹又加快了劳动的进度。

在整个白天的大部分时间里，村子里只剩下不能干活的老人和小孩了，显得异常安静，很多人家甚至上了锁，只有看家狗横七竖八地躺在地上伸懒腰。

天擦黑时分，7 点半左右，番响村的人才开始吃晚饭，等晚饭吃完天就完全黑了。这时番响村的人或是在家看电视，或是出去串门聊天。大约10 点以后，人们开始洗漱，之后就上床睡觉了。

7 月底，番响村人一天的生活基本上就是这样度过的。

六　丧葬

番响村判断一个人是否死亡，是摸心脏和脉搏。在一个人临死之前，家人会围坐在四周，等摸到这个人没有脉搏了，家人就开始哭。死者死亡大约十来分钟后，家人便开始通知亲戚。

番响村不清洗死者的遗体，只是用毛巾把死者的脸擦一下，然后给死者换衣服。如果死者是男的，要给他换一件集市上买来的中山装；如果死者是女的，则换一套她平时穿的干净的民族服装即可。擦洗和换衣服的事并不会安排专人去做，一般只要是家里面结过婚的中老年人都可以。死者穿上衣服后，还要用其生前用过的被子盖上。

装死者的棺材有的是自己家做的，也有的是买来的。番响村的人去世，都是土葬，从来没有人火葬。选择墓地要找风水先生。家里有钱的，就找外村的水平高的风水先生。没钱的就找本村懂一点风水的人看一下即可。过去死者下葬后，是不立墓碑的，现在家里有钱的也会给死者立个墓碑，而一般的人家只要在墓上放两块石头即可，一块平放，一块竖放，这两块石头也是起一个墓碑的作用。下葬日期是固定的，即在死者去世后的第三天。

番响村人丧服的穿着是有讲究的。老人去世了，儿子不用穿丧服，儿媳及女儿要穿；妇女去世了，其丈夫不穿丧服；而男子去世了，其妻子要穿丧服。女子所谓的丧服，即是她们传统的民族服装，一般是正穿三天，待死者下葬后要反穿一个礼拜。如果死者是妇女的丈夫，双方感情好的话，那么有的妇女会将民族服装反穿三个月甚至三年。另外，在三天之内，不论男女，只要是死者的家人，都要头缠白布条，臂戴白布条，腰扎藤枝，光着脚。

死者的灵柩在未下葬之前，是停放在客厅里，不设灵棚，供人们凭吊。通常死者的男性亲属和女性亲属会围坐在灵柩两边以示哀悼。女的通常会大哭或者边哭边诉说死者生前所做的好事；男的则低头默默无语，默哀以示悲痛。无论男女亲属，进出停放灵柩的客厅都要跪爬，不能站立。出殡那天，死者的亲戚要跪在村头，大部分亲戚不用送至墓地，只送至村头即可。

人死之后，其家人会请道公来做仪式为死者送别，还要请乐队吹吹打打演奏哀乐。前来吊唁的亲戚一般不会空着手来，多少要带点肉。死者的家人会杀猪或杀牛，牛头或者猪头会供奉在灵柩的前面。死者的家人要招待前来吊唁的亲属和帮忙的乡邻吃饭，一般都要吃上三天，直到死者灵柩入葬。

七　宗教

番响村的祖先崇拜是非常普遍的。家家户户都在客厅的正中间摆放着祖宗牌位，每逢大年初一、十五以及清明节的时候就进行祭拜。

番响村里有土地公崇拜。番响村很早就有一个土地公小庙，是建在村尾，"文革"中被砸掉了，一直没有重修。2007 年，在包括村干部在内的全体村民的一致支持下，开始重修土地公庙。修土地公庙的费用来自全村，每家收 3 元，是村长主持收的，大家都很愿意修建，认为土地公是保护全村的，不认为这是迷信，尤其是村中的老人，态度特别坚定。据说，未重修土地公庙之前，村里出了很多不好的事，修了之后这样的事情就少多了。有人还说，如果头痛了，砍点柴供在土地庙前，这样头痛就会好，很灵。新修建的土地公庙位于村头的小山坡上，很小，只有1米多高、1米多宽，琉璃瓦装饰的屋顶，甚为精致。里面供着白胡子的土地公神像。神像前摆着几个祭器，祭器的前面有人砍来一捆小柴火供着。

道公番响村没有，不仅现在没有，据说解放前也没有，番响村的人要做法事，需要请外村的道公。道公做法事的时候一般穿平常的衣服，有时也穿花花绿绿的道袍。通常是有病看医生看不好了，就请道公来做法事。道公要杀鸡、念咒、搓饭团，用两个对称的木条向上扔，扔三次，看木条的正反面，以此来治病。也有的是夫妻双方结婚多年还不能够生育，便请道公来看是否有什么鬼附体，害得女方生不出孩子，求峒主和黎母婆以及好鬼来帮忙，让女方尽快生出孩子。法事做完后，请道公的人家要送道公红包、一包烟，还要请道公吃饭，并用车送道公回家。

八　民间文学

番响村原来有几个老人，很会讲一些传说、故事，现在他们都已去世，所以我们在番响村已经听不到传说和故事了。好在琼中县著名的民间歌手王梅燕就住在番响村，我们从她那里听到了不少黎族古老的民歌。

王梅燕，1970年生，原为红毛镇罗解村人，后来嫁给了番响村的王世归。王梅燕的歌都是自己平时跟别人学的。黎族人在干活的时候或者喝酒的时候都爱唱歌、对歌。王梅燕从小爱听爱学，加上记忆力特别好，于是学会了100多首民歌，其中有生产歌、酒歌、婚礼歌、儿歌、摇篮曲等。王梅燕不仅能唱民歌，还会自己编民歌。平时王梅燕在干活的时候唱，过年过节喝酒的时候唱，还经常参加各种各样的民歌比赛。1990年，年仅20岁的王梅燕参加了红毛镇全镇的民歌比赛，就获得了第一名；2008年琼中县举办的三月三民歌比赛中，全省有8个市县的歌手来参加比赛，王梅燕发挥出色，又获得了第一名，还获奖金1500元。王梅燕的民歌大多是用海南话唱的，也有少部分是用黎话唱的，但没有用普通话唱的。

九 文身

番响村本村的妇女据说在解放前就不文身了，番响村文身的妇女都是从外地嫁过来的。我们在番响村调查时，有幸还见到了两位 80 多岁高龄的文身老人，非常难得。一位老人叫王玉尾，一位叫程桂花。

王玉尾，现年 87 岁，原是五指山毛阳镇什益村人，1963 年迁来番响村。王玉尾是 8 岁时候文身的，是她母亲给她文的。文身的工具是藤刺、小木棒和木炭灰。文身的过程很快，一个钟头就文完了。文身的时候很痛，痛得她全身乱动，旁边则有人把她紧紧抓住。文完之后脸上流了很多血，还红肿，十几天才好。文身的部位在脸上及膝盖上，脸上是 4 道斜纹，左右脸各两道；膝盖上是一个类似"米"字的图案，左边膝盖文的图案比较好，右边膝盖上则文得不怎么成功。这些图案是什么意思，她也不懂，反正全村的女孩子文的都是这种图案。至于为什么要文身，她也不知，好像这是当地的一种风俗习惯，每个女孩子都必须文身，自己当然也要文了。文完之后没有什么仪式，文完也就完了。文身的季节老人记得是在农历的八九月份，多雨，天气凉爽，据说这个季节文身伤口不易发炎、感染。

程桂花，现年 83 岁，原籍是保亭县报岛乡。先后嫁了四次，由于不能生育，前三次都离婚了，1997 年嫁给了番响村王世归的父亲，当时王世归的生母已经去世，留下了几个孩子。程桂花老人回忆说，她是七八岁的时候文身的。当时给她文身的是她们村里一个专门给人文身的老人，而且她只文了脸。脸上的图案是 4 道斜纹，左右各两道，斜纹的中间有一个个的小点。文身的工具和王玉尾老人是一样的，都是用藤刺、小木棒和木炭灰。至于为什么要文身，她也不知道，只是当时村里的大人吓唬她说，如果不文身就会把一口大锅放到她的身上，要不就让国民党派人来把她抓走，因此她就只好文身了。文身只用了一个上午，没有觉得很痛。文身的时候也没有进行任何的仪式。至于文身的季节她也记不清楚了，只记得当时天气阴冷，比较凉爽。

(作者单位：海南师范大学文学院)

汉代海南六十五年经略史研究

张朔人

对于西汉海南置罢郡历史的研究，学者多对置郡时期的治理、罢郡原因加以探讨。如：林漫宙认为罢郡"阻滞了海南的发展"；① 高荣将罢郡原因归结为"狭隘的民族偏见"、"重西北而轻东南的边疆政策的制约"以及元帝时期"政治腐败、国势衰弱"等"诸多因素共同作用的结果"；② 李东屿认为珠崖之弃，开创了中国历史上"主动放弃领地统治权的先例"，进而对唐宋的民族政策产生了一定的影响；③ 李琳则从是时西汉政权及珠崖郡的政治、经济、军事诸方面着手，探讨罢郡的历史原因；④ 林日举将罢郡原因归结于政治失误、酷吏执政等方面，进而提出地方治理，"须政策得当，用官得人"的历史借鉴。⑤ 而对海南置郡动因的探讨，鲜有涉及。

基于此，本文认为，汉代对岭南地区广置州郡的最直接接动因是：本地区奇珍异宝的吸引，确保海上丝绸之路顺利畅通的客观需要。就罢郡后果而言，从区域层面上来说，延缓了海南地区封建化历史进程；就国家层面看，这成为后来历代王朝处理边疆事务的一个基本范式。

西汉武帝至平帝元始中，在今天的北部湾地区，以"日南障塞、徐闻、合浦"为起点港口的海上贸易，日益繁盛。在"黄支国……多异物，

---

① 林漫宙：《汉珠崖郡史话》，《海南大学学报（社会科学版）》1997 年 3 月号，第 67 ~ 71 页。

② 高荣：《初元三年汉弃珠崖郡刍议——兼论汉代边疆政策》，《中国边疆史地研究》1997 年 4 月号，第 22 ~ 28 页。

③ 李东屿：《贾捐之弃珠崖》，《新东方》2000 年 9 月号，第 56 ~ 59 页。

④ 李琳：《海南西汉珠崖郡罢郡历史研究》，《文博》2002 年 1 月号，第 42 ~ 48 页。

⑤ 林日举：《关于对西汉王朝在海南建立的统治及后期放弃的反思》，《琼州大学学报》2003 年 6 月号，第 85 ~ 89 页。

自武帝以来皆献见"、"大珠至围二寸以下" 等诸多奇珍异宝的吸引下，自汉武帝始，政府组织 "译长"、"应募者"（政府官员、商人、水手），"赍黄金杂缯"，以 "市明珠、璧流离、奇石异物" 和 "欲耀威德"① 为主要目的的汉代政府贸易团体，活跃在东南亚一带。与此同时，"其海南诸国，大抵在交州南及西南，居大海中洲上……自汉武已来朝贡，必由交趾之道"。② 这条集政府贸易与王朝朝贡路径为一体的水上路线，被称为 "海上丝绸之路"。即便在东汉时期，政府也为恢复这一通道，作出了积极的努力。建初八年（公元 83 年）"帝以侍中会稽郑弘为大司农。旧交趾七郡贡献转运，皆从东冶（今福州市）泛海而至，风波艰阻，沉溺相系。弘奏开零陵、桂阳峤道，自是夷通，遂为常路"。③ 可见，两汉王朝对该条线路的重视程度。为了便于叙述，本文将与岭南通道相连接的日南、合浦、徐闻对外港口，加上海上丝绸之路，视为三位一体的通道，命名为 "通夷道路"。

一　汉武帝对通夷道路的设计与海南开郡

1. 秦和汉代早期的岭南通道

为了 "利越之犀角、象齿、翡翠、珠玑"，秦始皇发动了对岭南地区的军事攻势。"使尉屠睢发卒五十万为五军……三年不解甲驰弩"，在史禄的指挥下 "以卒凿渠而通粮道"，解决了五军 "无以转饷"④ 的实际问题，不久南越平。秦始皇三十三年（公元前 214 年），"发诸尝逋亡人、赘婿、贾人，略取陆梁地"，⑤ 设置南海、桂林、象郡，"以谪徙民，与越杂处"⑥ 等举措，开始了中原王朝对北部湾一带区域的王化治理。此时，海南则属于象郡的外徼。⑦

---

① 班固撰《汉书·地理志第八下》，中华书局，1964，第 1671 页。
② 刘昫等：《旧唐书·卷四十一》，中华书局，1975，第 1750 页。
③ 司马光：《资治通鉴卷四十六·汉纪三十八》第 305 册，《景文渊阁四库全书》，台湾商务印书馆，1983，第 51 页。
④ 刘安：《淮南子》，《诸子集成》（七），中华书局，1954，第 323 页。
⑤ 司马迁：《史记·卷六》，中华书局，1959，第 253 页。
⑥ 司马迁：《史记·卷一一三》，第 2967 页。
⑦ 唐胄：《正德琼台志·卷三·沿革考》，上海古籍书店，1964。

秦、汉都城位于关中，因"瘴疠盛行"和南岭阻隔，与南越及海外联系十分不便。灵渠开通，使得关中—秦岭—汉中—洞庭湖—湘江—灵渠—湘桂走廊—鬼门关—南流江—北部湾水域的通道成为可能。

赵佗及其后继者割据南越长达"五世九十三岁"，与西汉政府关系，除高后时"禁南越关市铁器"交恶外，基本上遵循"愿长为藩臣，奉贡职"的承诺。这表明，其辖区内汉朝出洋通道，基本顺畅。及至其相吕嘉作乱，"王、王太后弱孤不能制，使者怯无决"，吕嘉交通"苍梧秦王及其诸郡县"，岭南局势一片混乱的状况下，汉武帝在元鼎五年（公元前112年）秋，正式派出以"路博德为伏波将军"、"杨仆为楼船将军"等五路兵马"咸会番禺"，元鼎六年冬，岭南悉平。①

2. 汉武帝重振通夷道路

如果说赵佗及其后继者在经营南越时期，北部湾一带的贸易具有零散的民间贸易性质的话，那么汉武帝时期，该地区的商业活动，则体现出强烈的官方色彩。

为了确保南北交通枢纽畅通，汉武帝着手加强对荆湘及岭南地区的行政建制建设。"番禺以西至蜀南者置初郡十七"，岭南的南海、苍梧、郁林、合浦、交趾、九真、日南、珠崖、儋耳九郡②就是在这一背景下建立的。

其中，以灵渠为枢纽的湘桂通道上郡县的设立值得关注，零陵郡设置最具代表性。该地东临桂阳郡、北接长沙郡、西有武陵郡、南抵交州刺史部。发源于本郡的湘水属北流水系，在其源头设置阳海山县（今广西兴安县南），顺水而下，分别建立零陵县（今广西兴安县北）、洮阳县（今广西全州西北）、泉陵县（今零陵县），进入长沙国境内入洞庭湖。在南流水系的漓水上设始安县（今桂林市），该水系南流经苍梧郡，与郁水在广信县（今梧州市）交汇后，一路顺郁水而下，过端溪县（今广东德庆县）、高要县（今肇庆市），至番禺（今广东广州市）；另一路，溯水而上，经猛陵县（今广西藤县）进入郁林郡的布山县（今广西贵港市），进入南流江至朱卢到合浦汇入北部湾水域。③

---

① 司马迁：《史记·卷一一三·南越列传第53》，第2967~2977页。

② 司马迁：《史记·卷三〇·平准书第八》，第1440页。

③ 参照谭其骧主编《中国历史地图集》第2册，中国地图出版社，1996，第22~23、63~64页；及班固撰《汉书》，第1595~1596页。

沿着北部湾水域的西部沿岸南行，九真郡和在帝国版图最南端的日南郡（今越南南部一带），其下辖的县均沿着北部湾沿岸分布。

表 1　元鼎六年新开郡县在通夷道路上分布

新开郡名	辖县数	通夷道路新置县名	备　　注
零陵郡	十	阳海山、零陵、洮阳、泉陵、始安	
苍梧郡	十	广信、猛陵	溯郁水而上
郁林郡	十二	布山	至布山入海
合浦郡	五	朱卢、徐闻、合浦	朱卢，今玉林
交趾郡	十	安定	
九真郡	七	胥浦、居风、都庞、咸骥、无编	无切、余发未确
日南郡	五	朱吾、比景、卢容、西捲	象林未确

说明：此表参照谭其骧主编《中国历史地图集》（第二册），第 22～23、63～64 页；及班固撰《汉书》，第 1595～1596、1628～1630、1750 页相关资料而制作。珠崖、儋耳二郡，详见表 3。

关于"障塞"，韦昭认为："中国为内郡，缘边有夷狄障塞者为外郡"；[①] 颜师古则从汉的制、律层面加以解释："汉制，每塞要处别筑为城，置人镇守，谓之候城，此即障也"，[②] "汉律，近塞郡皆置尉，百里一人，士史、尉史各二人，巡行徼塞也"。[③] 根据前人对于"塞障"的基本解释，王朝郡制设置中，对于内郡和外郡有着明显的区别：王朝内部郡县其主要功能是以治民为主要任务，而缘边夷狄处的郡县则以守土为主要职能。如此，"日南塞障"及其北边的九真郡，应该属于守土兼及护卫通夷道路的军事设置。推而广之，帝国在湘桂地区依内陆水路交通设置的大量郡县，除了治理地方事务之外，更多的是确保这条通道的通畅。也就是说，这些郡县基本职能中有明显的军事化倾向。

3. 海南开郡及其性质

与徐闻、合浦、日南港口一水之隔的海南，处在这条水上通道之上。"朱崖、儋耳二郡，与交州俱开，皆汉武帝所置。大海中南极之外，对合浦徐闻县。清朗无风之日，遥望朱崖州，如囷廪大。从徐闻对渡，北风举帆一日一夜而至"。[④]

---

① 班固撰《汉书·卷八》，第 241 页。
② 班固撰《汉书·卷六》，第 202 页。
③ 班固撰《汉书·卷九四上》，第 3766 页。
④ 郦道元：《水经注·卷三六·温水》，季羡林等主编《传世藏书》，海南国际新闻出版中心等，1996，第 260 页。

海南“颛颛独居海中”，“骆越之人，父子同川而沐，相习以鼻饮，与禽兽无异，本不足置郡县”、“其民犹鱼鳖”、[①]“本非冠带之国”。[②]“民俗略与珠崖相类”[③] 是《汉书》对丝绸之路上终点黄支国与起点的海南比较而得出的结论。

从这些典籍资料对于是时海南的相关描述中，可以认为武帝时期海南两郡设置，不属于内郡而属于外郡。这就是说，海南两郡的设立，治理地方事务不是其基本职能。从下文的叙述中，我们将发现海南两郡设置，具有明显的分工：儋耳郡主要负责维护通夷道路，因而与“日南障塞”性质相接近；珠崖郡主要是为了满足王朝对本地奇珍异宝的需求。

儋耳郡治“儋州义伦”，[④] 位于海南岛西部沿海台地，处于帝国通夷道路水路交通线上。1964、1972 年在临高县城北郊和调楼区抱才乡发现三个汉代军用炊具的铜釜；1982 年在今东方市沿海新龙区不磨乡也发现类似的铜釜。[⑤] 这些军用炊具，自北向南分布在海上丝绸之路东面水域的沿海台地上，另一侧面地佐证儋耳郡的军事性质。

珠崖郡治“琼山东谭”，[⑥] 位于本岛北部南渡江下流冲积平原右岸的珠崖岭上，该地与琼州海峡对岸的徐闻港口不远，虽然偏移海上丝绸之路的主航线，但它同位于珠三角的番禺郡一样，属于汉代重要的地方特产供应地。

所谓珠崖者，“（珠崖、儋耳）二郡都在大海中，崖岸之边出珍珠”，[⑦] 故名。此外，史书对该地的特色物产多有记载：“犀、象、玳瑁”、[⑧]“珠、犀、玳瑁”。[⑨] 为了满足宫廷对于奇珍异宝的追求，这是汉武帝于此地开郡的主要动因。

二　置、罢郡期间的海南治理

在中国古代社会，拥有珠宝数量的多寡，是衡量个人财富的一个重要

---

① 班固撰《汉书·卷六四下》，第 2834 页。
② 荀悦：《汉纪卷二一》，《景印文渊阁四库全书》第 303 册，第 400 页。
③ 班固撰《汉书·卷二八下》，第 1671 页。
④ 唐胄：《正德琼台志·卷二·沿革表》。
⑤ 转引自司徒尚纪《海南岛历史上土地开发研究》，海南出版社，1991，第 26 页。
⑥ 唐胄：《正德琼台志·卷二·沿革表》。
⑦ 唐胄：《正德琼台志·卷三·沿革考》。
⑧ 荀悦：《汉纪·卷二》，《景印文渊阁四库全书》第 303 册，第 346 页。
⑨ 班固撰《汉书·卷六四下》，第 2834 页。

尺度，秦汉时期尤甚。东汉安帝时期，都城洛阳甚至出现了"走卒奴婢被绮縠、著珠玑"[①] 的现象。尚宝风气的下移，与秦汉时代的长期积淀有着很大的关联。其间，秦皇、汉武不惜以战争的方式占有财富，对东汉尚宝风气的形成起到了推波助澜的作用。《淮南子》定性秦始皇平南越的战争为占有珠宝；而汉武帝开通通夷道路的举措，其实质是在秦始皇平南越的基础上，进一步扩大化。

1. 汉代海南县治分布情况

关于海南西汉二郡辖县数字，史载不一。《汉书》卷六四 贾捐之传认为："……儋耳、珠崖郡，皆在南方海中洲居，广袤可千里，合十六县"；而同书的《武帝纪》中，颜师古引《茂陵书》结论为"领县五"。郡人唐胄在其《正德琼台志》沿革表中加以归纳，"共领玳瑁、苟中、紫贝、至来、九龙五县。《贾捐之传》又曰：'山南县反'；又曰'九县反'。则，县不止五"。

在此基础之上，司徒尚纪认为"二郡领县十六"，并就史存县名进行归类，指出："珠崖郡下领五县"、"儋耳郡领三县"，"其它八县无考"。[②] 李勃在上述观点之上，从典籍出发，考证出 14 个县名及其分布和郡属关系，详见表 2。

表 2 西汉海南郡县分布

所属郡	县　名	今所在地
珠崖郡	暉　都	海口市琼山区龙塘镇博抚村珠崖岭上
	玳　瑁	府城或美兰区东北部沿海地区
	珠　崖	海口市北部
	颜　卢	海口市美兰区灵山镇多吕村
	紫　贝	文昌市文城镇内
	苟　中	澄迈县美亭乡东南隅
	山　南	陵水或三亚境内
	临　振	三亚市崖城镇东南百三十里
	永　丰	琼海市塔洋镇境内
	顺　朝	陵水县境内

---

① 范晔：《后汉书·卷五》，中华书局，1973，第228页。
② 司徒尚纪：《海南岛历史上土地开发研究》，海南出版社，1991，第25~26页。

续表

所属郡	县 名	今所在地
儋耳郡	儋 耳	儋州市三都镇旧州坡新村东 600 米处
	至 来	昌江县昌城乡旧县村
	九 龙	东方市境内
	乐 罗	乐东县乐罗镇

说明：本表根据李勃《海南岛历代建置沿革考》，海南出版社，2005，第 30～43 页相关内容制作而成。

论者在层累叠加的古籍资料之中进行考证和推理，试图说明本岛在汉武帝建立郡县制之际，已经纳入王朝郡县治理系统。事实上，是时的海南属于外郡而非内郡，故而相应的结论，也无法令人信服。

1.1 关于全岛式郡县设置

从表 2 可以看出，西汉时期本岛县的设置与分布，同当下海南沿海县市基本一致。但是，珠崖郡如何对岛东北的紫贝县东部及东南部的"永丰"、"顺朝"、"山南"以及本岛最南端的临振县进行治理？

对此可能的解释是：经由琼州海峡南侧缘本岛北部航行，到达文昌，并经由文昌到达东部各地。"'鲻（鳅）鱼喷气，水散于空，风势吹来，若雨耳……'。交趾回，乃舍舟，取雷州缘岸而归，不惮苦辛，盖避海鳅之难也"，[①] 这是唐代对于鲨鱼游弋于琼州海峡的描述。既然，唐代从交趾航海到广州，都要舍舟登岸，汉代琼州海峡交通状况可以想见。因而，通过水道来进行治理，可能性不大。

海南属于季风热带气候，半湿润气候区、湿润气候区覆盖全岛，故而森林茂密，瘴气极盛，东南一带因重湿和台风危害而人迹罕至。所以陆地通行，十分困难。两条通道都无法通行，所以，汉代全岛式的郡县设置，也只能属于一种主观探讨而已。

按照汉元鼎六年，在零陵郡内县治分布的情况来看，基本上沿湘水、资水及沟通南岭的交通要道上设置；番禺郡则是以五岭通往中原的三条通道、沿郁水设置。如此，海南不可能环岛设置。其分布重点应该是：岛西部、西南部的江河入海处冲积平原及溯江河而上的中游地带；南渡江中游以下及该河流下游冲积扇平原地带。东部及东南部

---

① 刘恂：《岭表录异·卷上》，《景印文渊阁四库全书》第 589 册，第 83～84 页。

鲜有涉及。

1.2　部分县分布及其与二郡的归属关系

紫贝县。"也称文贝、砑螺。海中软体动物名。壳圆质洁白，有紫色斑纹，大者至尺许"。① 根据《汉典》的解释，我们有理由相信，以海洋动物命名的县，应该分布在滨海，至少与水有着密切的关联。"因紫贝山而得名"，有悖于常识。

1983 年，在南渡江下游与流入东部近海水系交汇处的文昌县蓬莱镇群合村，出土了汉代五铢钱"十多公斤"。② 大量汉代钱币出土，说明此处人口较为稠密、交易比较频繁。溯南渡江而上来自琼州海峡的海产品以及来自东部近海的海产品在此交易，因而将该集市演绎成早期的县，值得探讨。

山南县。"海中洲上，以黎母山为主，环山列置诸县。山南县盖置于黎母山之南也"。③ 宁远河流域附近，1984 年 5 月，在乐东志仲镇潭培村一处山坡出土"朱庐执刲"银印章，这是汉代给立有军功德首领所封之印，④ 该区域与历史上的山南县有无关联，尚待求证。

苟中县，位于澄迈县美亭乡，该地南依南渡江，西北临近临高湾，与徐闻港仅一氷之隔。尽管其他佐证材料缺乏，从便于管理的角度来看，将它置于儋耳郡管辖，似乎更接近历史真实。临振县，与其同理。

现就典籍中仅存的县名与二郡的关系，重新变更。详见表 3。

表 3　海南早期郡县归属关系

郡　属	县　名	今　址
珠崖郡	瞫都	海口市琼山区境内
	玳瑁	海口市琼山区境内
	紫贝	文昌市境内

① 参见《汉典》电子版，http://www.zdic.net/cd/ci/12/ZdicE7ZdicB4ZdicAB206450.htm。
② 司徒尚纪：《海南岛历史上土地开发研究》，第 26 页。
③ 司马光：《资治通鉴·卷第二十八》，《景印文渊阁四库全书》第 304 册，第 511 页。
④ 《新华文摘》1985 年 10 月，第 74 页；海南黎苗自治州《自治州地方志通讯》（1985 年 2 月，第 64 页）认为是汉代封有功军事首领。海南省博物馆文物介绍资料，后经中国历史博物馆文物鉴定专家史树青教授鉴定，该印是西汉晚期中央朝廷封赐给当地少数民族首领之官印。

郡　属	县名称	今　址
儋耳郡	苟　中	澄迈县境内
	儋　耳	儋州市境内
	至　来	昌江县境内
	九　龙	东方县境内
	山　南	乐东县境内
	临　振	三亚市境内

说明：其他无考七县，应密集分布于南渡江下游滨海、西部沿江沿海台地。

2. 主要治理措施

平定南越之后，汉武帝于元封元年（前 110 年），设置珠崖、儋耳郡；汉昭帝始元五年（前 82 年）儋耳郡并珠崖郡；至元帝初元三年（前 46 年）撤珠崖郡。至此，西汉王朝 65 年的经略历史结束。由广置州郡到全面收缩的政策转变，使得对西汉王朝边陲政治设计的探讨尤显必要。

2.1　罢儋耳并珠崖

郡人唐胄在其《正德琼台志》卷二中，根据《汉书》贾捐之传的记载，将汉昭帝把儋耳并入珠崖归结为"自初为郡至昭帝始元元年二十余年间，凡六反叛。至其五年，罢儋耳郡并属珠崖"。这一结论，影响深远。本文认为，仅将撤郡原因归结于黎民反叛，是不够的。儋耳郡是否正常发挥其在丝绸航线上的作用，是事关儋耳郡废弃的一个重要因素。遗憾的是，史籍并没有相关的记载。为此，北部湾水域洋流和季风的研究，将为我们提供另一幅画面。

西汉时期，航海的技术并不发达，但充分依赖季风条件进行远洋航行的条件已经具备。北部湾海域在大气环流和季风的影响下，秋冬盛行东北季风，春末至夏盛行西南季风。由图 1 可以看出，东北季风期间，西风漂流明显，且水域西部海岸线（今越南海岸线）的流速要高于东部水域（海南西部海岸线），主航线西移明显。

在春末至夏季，西南季风盛行之际，此海域内在东北方向漂流影响之下并形成环流。图 2 所示，近海南西部沿海水域的流速最低。回合浦、徐闻两港船只，选择远离海南西部地区近海航道，是可行的。

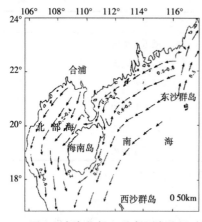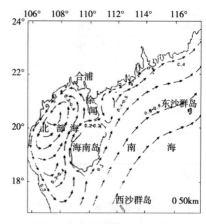

图 1　南海北部 1 月表层海流图　　　图 2　南海北部 7 月表层海流图

资料来源：引自申友良《南海丝绸之路第一港——徐闻港》，《中央民族大学学报（哲学社会科学版）》2004 年第 3 期，第 76 页。

如此，儋耳郡及其所属各县，在航行的实践过程中，日益淡出海上丝绸之路的主航线，无法发挥其应有的职能，从而使得汉武帝的最初设计成为一种摆设，撤郡也就顺理成章。

2.2　对珠崖郡的治理

"以其故俗治，毋赋税。南阳、汉中以往郡，各以地比，给初郡吏卒奉食、币物、传车、马被具"。[①] 汉武帝对于新纳入王朝体系的周边民族地区，政治上"以其故俗治"，经济上"毋赋税"的治理政策，是通过委派地方官员的方式加以实现。委派官员使得民族治理政策难以实现，也是新纳入民族地区不断"反叛"的根源所在。但是，它的实际行使范围应该是指内郡，外郡被排除于该制度之外。

海南新开郡县属于外郡，除上述的儋耳郡之外，珠崖郡属于帝国宫廷奢侈品的主要供应地之一。故而，在此谈不上治理，历史典籍也为我们提供了帝国在此强制征收奇珍异宝的种种手段。

武帝末年，珠崖郡太守孙幸贪婪民财，广征贡品向皇帝进献，引发了黎族人的反乱。孙幸"调广幅布献之，蛮不堪役，遂攻郡杀幸"。孙幸之子孙豹自领郡事，率善人讨击余党；遣使"封还印绶"，向中央政府"上书言状"。中央政府并没有就此次事件进行必要的检讨，相反，诏命豹为太守，

---

①　司马光：《资治通鉴·卷第二十一》，《景印文渊阁四库全书》第 304 册，第 384 页。

加大了武力统治的力度，使得"威政大行"，孙豹"讨击余党，连年乃平"。

此外，"吏卒皆中国人，多侵陵之"；① "中国贪其珍赂"；② "珠崖之废，起于长吏睹其好发，髡取为髢"；③ "朱崖人多长发，汉时郡守贪残，缚妇女割头取发，由是叛乱，不复宾伏"。④

在这种掠夺型治理理念之下，"数岁一反"成为珠崖郡的生活常态，海南的政治生态进入了恶性循环的怪圈。

元鼎五年（前112年）：汉出兵平南越；

元鼎六年（前111年）：建立包括珠崖儋耳在内的九郡；

武帝末年，珠崖郡杀孙幸，孙豹率善人讨击余党；

昭帝始元元年（前86年）：珠崖郡建郡20年间，共六反；

宣帝神爵三年（前59年）：珠崖郡三县反乱；

甘露元年（前53年）：珠崖郡九县反乱，汉遣都尉张禄率兵平定；

元帝初元元年（前48年）：珠崖郡又反乱，汉发兵击之；

初元三年（前46年）：珠崖郡山南县反。

无休无止的地方反叛，汉政府"兴兵击之连年，护军都尉、校尉及丞凡十一人，还者二人，卒士及转输死者万人以上，费用三万万余，尚未能尽降"。⑤

持续的战争将进一步加大汉朝在此经略的行政成本。海南地方对于中央财政的贡献在于"土贡"，即地方特产——广幅布、珍珠、犀牛、玳瑁等而已。而是时，"关东大困，仓库空虚，无以相赡，又以动兵，非特劳民，凶年随之"，汉元帝在"万民之饥饿"与"远蛮之不讨"⑥之间权衡，珠崖罢郡也就成为历史的必然。

三 罢郡的历史影响

"陛下祇畏天戒，哀闵元元，大自减损，省甘泉、建章宫卫，罢珠崖，

① 司马光：《资治通鉴·卷第二十一》，《景印文渊阁四库全书》第304册，第511页。
② 范晔：《后汉书·南蛮西南夷列传》，第2835～2836页。
③ 陈寿：《三国志·卷五三》，中华书局，1964，第1252页。
④ 李昉：《太平御览·卷三七三》，中华书局影印本，1960，第1722页。
⑤ 司马光：《资治通鉴·卷第二十一》，《景印文渊阁四库全书》第304册，第384页。
⑥ 司马光：《资治通鉴·卷第二十一》，《景印文渊阁四库全书》第304册，第384页。

偃武行文，将欲度唐虞之隆，绝殷周之衰也"。西汉在海南从广置郡县到全面收缩的政策转变，是中央政权在经历汉武帝时代的武力开疆拓土向国是衰微的后汉武帝时代过渡中，王朝政府在处理边疆事务时，由攻势而取守势的一个缩影。这一变化，主观上将海南排除于"王化"治理之外，使得海南在自我梗化的历史中摸索；最为重要的是，这种处理边疆事务的方式，被后来的王朝所效仿，成为历代政府在内忧边困之际，处理边疆事务的基本范式。

1. 对海南的影响

汉元帝罢珠崖诏书颁布之后，所见者"莫不欣欣，人自以将见太平也"，[①] 之所以如此，实出于人们对"介鳞易我冠裳"[②] 的恐惧。至于宫廷对于奇珍异宝的寻求，贾捐之"又非独珠崖有珠、犀、玳瑁也"可谓一语中的。

珠崖之弃，是否解决了"万民之饥饿"，不得而知。东汉、三国时期试图在岛内进行一定范围的行政建制，终究西汉辉煌难以再现。

及至梁朝大同年间（534~545），儋耳千余峒俚人归附冼夫人，[③] 海南才从梗化的历史中回归。正如郡人王佐所言，"自汉元之弃，至梁大同，凡五百八十年，而后内属"。[④] 毋庸讳言，罢郡之举，是西汉在海南掠夺性开发政策的自我修正。其直接后果，使海南重新回到原生态的生活环境中，减少汉黎之间的直接冲突；由于汉政府没有从政策层面加以修正，从而延缓了本岛封建化的历史进程。

2. 珠崖之弃，成为后来王朝处理边疆事务的成例

西汉在内忧边患之际，而采取废置珠崖郡的做法，不仅影响了海南的历史进程，也成后来王朝处理边务的基本准则。

武则天长寿元年（692），唐武威军总管王孝杰等率军击破吐蕃，收复四镇[⑤]（即安西四镇：龟兹、于阗、疏勒、焉耆）。在几度失陷的教训后，唐政府为巩固西疆的边防，遣军常驻四镇。"国家师旅岁出，调度之费狃以寖广，右戍四镇，左屯安东，杼轴空匮，转输不绝，行役既久，怨

① 班固：《汉书·卷八一》，第 3337 页。
② 苏轼：《伏波庙记》，载《民国王国宪：儋县志卷九》，成文出版社，1974。
③ 李延寿：《北史·卷九一》，中华书局，1974，第 3005 页。
④ 唐胄：《正德琼台志·卷三·沿革考》。
⑤ 刘昫：《旧唐书·卷五》，中华书局，1975，第 123 页。

旷者多"。神功元年（697），"以百姓西戍疏勒等四镇，极为凋毙"，出于对化外之地"得其人不足以增赋，获其土不可以耕织"的共同认识，狄仁杰希望朝廷以经边之故事为鉴戒，取"昔汉元纳贾捐之谋而罢珠崖郡"之策，放弃对安西四镇的直接经营，而效法贞观时期"拜李思摩为可汗"的羁縻政策，其建议因朝廷"不见纳"，① 而未产生甚大影响。

经历了安史之乱，如何调整四川西部"吐蕃城堡"，以免"蜀人复扰"，高适针对"以国家言之，不足以广土宇"、"邈在穷山之巅，垂于险绝之末，运粮于束马之路，坐甲于无人之乡"之地，采用"贾捐之请弃珠崖以宁中土"的做法，而"罢东川节度，以一剑南，西山不急之城，稍以减削，则事无穷顿，庶免倒悬"。② 该建议为朝廷所拒。

唐宪宗元和元年（806），"时河西党项潜导吐蕃入寇，边将邀功，及请击之"。杜佑认为"此盖未达事机，匹夫之常论也"，实为"疲内而事外，终得少而失多"。应在"安危利害，高悬前史"的前提下，取"贾捐之愿弃地于珠崖"之策，况且"党项小蕃，杂处中国"，应取"抚绥"政策，为宪宗所采纳。③

唐武宗开成五年（840），分布在今叶尼塞河上游的黠戛斯民族在破回鹘之后，遣使欲取安西、北廷之地，帝欲与之争其地。李德裕认为不可，并指出"纵得之，无用也"，"昔汉魏相请罢田车师，贾捐之请弃珠崖，近狄仁杰亦请弃四镇及安东，皆不愿贪外以耗内。此三臣者，当全盛时，尚欲弃之，以肥中国，况隔越万里，安能救之哉！"④ 派兵争夺其地，实为"持实费市虚事"。⑤ 唐武宗因之而罢师远征。

由此观之，"贾捐之之议"深刻影响着唐代的治边之策。更有甚者，在宋代，持此议者，居然影响着朝臣的个人仕途。

宋太宗至道二年（996），李继迁率万余众寇灵州，上召集诸臣谋划应对之策。参知政事张洎因揣度皇上之意，上疏引"贾捐之弃珠崖事，愿弃灵武以省关西馈运"，深为皇上所不满，进而使之仕途遭挫。⑥

① 欧阳修：《新唐书·卷一一五》，中华书局，1975，第 4210～4211 页。
② 刘昫：《旧唐书·卷一一一》，中华书局，1975，第 3330～3331 页。
③ 刘昫：《旧唐书·卷一四七》，第 3980～3981 页。
④ 刘昫：《旧唐书·卷一七四》，第 4522～4523 页。
⑤ 欧阳修：《新唐书·卷一八〇》，第 5337 页。
⑥ 脱脱等：《宋史·卷二六七》，中华书局，1977，第 9214～9215 页。

宋真宗咸平年间（998～1003），灵州弃守之事，再次引起朝议。时为左司谏、知制诰的杨亿，希望真宗对待灵州之事，应效法汉元帝，力排众议，取贾捐之之议罢珠崖。他认为灵州之地，"存有大害，弃有大利，国家挽粟之劳，士卒流离之苦，悉皆免焉"，进而提出"直须弃灵州，保环庆，然后以计困之尔"之策。① 经过李继迁、李德明的努力，在北宋的罢弃灵州政策之下，苦心经营，元昊于 1038 年正式在北宋西部建立了大夏国。九年后，北宋政权以"宋夏和议"为代价，实现了杨亿"贾捐之之议"，教训不能不说是惨痛的。

及至明代，贾捐之之议仍然左右着朝廷边事决策。明英宗正统十四年（1449），北方边事日急，而"湖广贵州苗贼寇扰"，尚宝司司臣夏瑄再次提出珠崖之弃的理由，"蛮夷之人，其地不毛，得之不足为益，舍之未足为损"，"其人如禽兽"。其解决办法为"凡边苗僻远之地，非要害者，给赐其苗长，免其赋役，俾各散去。照洪武年间，仍立其所信服者为宣慰等官，以统其众"。"命廷臣议行之"。②

如果说，清代早期在疆域的经营上与元代开疆拓土不分伯仲的话，那么，鸦片战争之后的晚清，在疆域处置上完全失去了往日的雄风。面对咄咄逼人的外国坚船利炮时，疆臣在处理领土问题上，骨子里已经浸淫了贾捐之的思想。19 世纪六七十年代，沙皇俄国和英国势力极力染指中国的西北边疆。而此时，刚刚走上军国主义道路的日本，以所谓的"琉球事件"为借口，侵略中国台湾，东南沿海局势骤显紧张。帝国内部在如何处理"海防"、"塞防"的问题上，难以决策。

直隶总督李鸿章权衡局势，在"海防西征，力难兼顾"③ 前提下，认为"新疆不复，于肢体之元气无伤"，故"移西饷以助海防"，④ 主张放弃新疆。在左宗棠的强大攻势下，迅速收复新疆，所以李鸿章此番言论，并没有产生实质性影响。尽管李的言辞映射出明显的湘淮派系之间的恩怨，但从国家层面来看，汉代罢郡影响至深。

及至抗日战争时期，1939 年 2 月 10 日，日本攻陷海口，次日占三亚，海南随之为日本占据。2 月 11 日晨，应外国新闻记者之询问，就日军在海

<hr />

① 脱脱等：《宋史·卷三〇五》，第 10081～10082 页。
② 《明英宗实录·卷一八五》，上海古籍出版社影印，1983，第 3708～3709 页。
③ 李鸿章撰，吴汝纶编《李文忠公全书·朋僚函稿卷一六》，第 17 页。
④ 李鸿章撰，吴汝纶编《李文忠公全书·奏稿卷二四》，第 19 页。

口登陆问题，国民政府军事委员会委员长蒋介石在重庆发表意见，其中，记者问及"日军在海南岛登陆，对于中日战争有何影响"时，蒋答曰："日军在海南岛登陆，对于我国抗战并无多大影响，因中日战争之胜利，必可决于大陆上军事上之行动，一岛之占领否，根本无关重要"。① 这可以说是贾捐之理论在抗战时期的翻版。是时，大陆的抗战力量占据重要成分，但是蒋的谈话，至少抹杀了岛内民众、海外华人华侨保卫海南支持祖国抗战的英勇事迹，从而产生了极为恶劣的影响。

（作者单位：海南大学海南历史文化研究基地）

---

① 沈云龙主编《海南抗战纪要》，《近代中国史料丛刊续编》第 71 辑，文海出版社，1971，扉页。

国民政府的海洋主张及对南海权益的维护*

郭　渊

20 世纪 20～30 年代，为保护海洋权益，国民政府根据当时国际社会领海、渔业区制度的发展形势，相继制定了关于中国领海、渔业区等制度，虽然这些制度在实践中很不完善，但毕竟使中国在维护海洋权益的过程中有法可依。国民政府的上述行为为对恢复南海秩序、捍卫主权起到了一定的积极作用。但是由于国民政府本身海上实力有限，其在实践所规定制度规范时，亦受到一定程度的局限。有的学者探讨了国民政府的领海制度及其划界，但毕竟篇数有限，且对国民政府渔业区的论述不多，[①] 而结合南海问题进行研究的成果更加少见。随着近年来对民国档案资料、老报刊的整理和挖掘，我们对上述问题进行认真研究可能会得出新的结论，这对于我国目前维护南海权益的斗争无疑具有积极意义。

一　领海制度及国民政府对南海权益的维护

民国成立之初的 1912 年，为保护沿海捕鱼业，海军部、外交部与农林

---

* 2009 年度黑龙江大学杰出青年科学基金项目"东西方列强与南海诸岛主权争端"（JC2009W2）的阶段性成果。

① 根据笔者的查阅，领海方面的研究仅见到台湾学者黄刚的《中华民国的领海及其相关制度》（台湾商务印书馆，1986）、刘利民的《简论民国时期的领海制度建设问题——以领海划界问题为中心》（《贵州师范大学学报（社会科学版）》2008 年第 1 期）；渔业区的研究有李士豪、屈若搴的《中国渔业史》（台湾商务印书馆，1980）、中国渔业史编委会编著的《中国渔业史》（中国科学技术出版社，1993），内中有对国民政府渔业区制度的论述，但篇幅较小。

部曾有筹设领海界限捕鱼章程之议。然而欲定捕鱼章程，必须先定领海界线。当时国际社会的领海宽度，因美、俄、英、法等强国的一直坚持3海里遂成为通行的标准。海军部倾向于制定较大的领海宽度："近来制造愈精，炮弹力所及越远……竟有多数会员赞成领海可推广至六（里）之说者，其实现在最大炮弹力所及竟可至十，似应照此推广方足以保我海权。"然而农林部致函外交部却说："领海界限各国通例为三海里，本国应否仿照办理……"① 这说明国民政府已经考虑到领海制度的问题，但内部意见并不统一，这次讨论最终也没有任何成果，可以说还处于无领海制度的状态。

　　领海制度提上议事日程是在1921年7月，海军部呈请大总统核准设立"海界委员会"，会同总统府、国务院、外交部、税务处等部处派员讨论领海界线。该委员会历时7个月，讨论了领海界线范围。曾有委员提出："领海区域，公法定为3海里，溯其规定之原因，究以当时炮力为准，衡今则炮力日增，应否推广此限。"但其他委员则认为"领海距岸3海里，虽不合现今之炮力范围，各国仍遵守无异"，因此提议："中国似难独异，至将来各国推广范围再行依例办理，此种权利例得保留。"会议遂决议："中国公海领界应照万国成例规定为距岸3海里。"② 我国沿海岛屿众多，领海界线如何划定，此次会议指出："各岛又各有领海之界，作法得由自身推出3海里，如此接续推出以为区划"。③ 1926年4月，海岸巡防处在致山东渔航总局函中提到了海界讨论和领海划界决议，该函明确抄送了山东的领海界线，并指出这一界线的来源就是海界委员会的决议。该函称："查本国领海界限，前于民国十年间奉大总统、国务院、外交部、海军部、税务处派员，按照国际法例，议划界线，呈报办法。十三年由海军部在海图上依议绘线，交院议决。是年三月十七日奉大总统指令，准如所请。"④

　　从这里可以看出，该决议是具有法律效果的，因为它经过了总统的批准。不过3海里规则确实没有以法律的形式向社会公布，只是海军部等机构事实上执行了这一决议。北伐战争胜利后、国民政府建都南京之初，海

---

① 黄刚：《中华民国的领海及其相关制度》，第50页。
② 丘宏达等：《现代国际法》，台北三民书局，1973，第366～367页。
③ 《咨财政部复对于各岛领海界限的划定》，《海军公报》第60期，1934年，"公牍"，第357页。
④ 《本埠新闻：巡防处函商防范外船捕鱼》，《申报》1926年4月21日，第13版。

军部、财政部分别以领海界线和缉私范围，呈请国民政府提交国务会议讨论我国领海宽度、制定范围，但由于当时条件尚未成熟，此议论遂寝。而对东沙、西沙、南沙群岛附近海域的管辖和治理，依然依照中国传统的历史性权利。1924 年 10 月 15 日，因日本侵渔我东沙海域，外交部照会驻中国日本公使，指出东沙岛为中国领土，"即与内地一律，不能任外国人民前往从事渔业"，希望日本公使饬知台湾地方官，令日本渔人速速退出该岛。后日本公使复照称，业已饬令石丸等人退出。外交部又致函海军部，通报与日交涉情况，指出："嗣后无论何国人等，非经中国政府允许，不得任意前往该岛，以杜侵越，而保主权。"①

20 年代末 30 年代初中国南部沿海因日本侵渔，形势渐为紧张。浙江省政府、上海市商会相继呈请行政院，指出日本渔轮越海捕鱼，始仅及河北、山东沿海一带，进而又侵及福建、广东，我与之交涉，彼竟称为公海，要求国民政府规定领海界线。国民政府亦逐渐认识到领海的重要性，"［领海］在对外关系上，有关于战时中立的权利，及平时渔业权利之处颇巨。在军事上与海军区域之划分，其相关系之处，亦复不少"，② 因此对领海在必要时要予以扩充，并妥为公布。1930 年，国民政府制定了《海关巡轮在本国领海内检查华洋船只应守章程》，提到"本国领海"，但未规定具体宽度。③ 1931 年 1 月 10 日，内政部、外交部、实业部等部门再次协商，"当经议决，以领海界限各国主张不一，按照国际公法暨各国惯例，均以 3 海里为原则，惟各为自卫起见，遇必要时，或可由国际公约原定 3 海里之界限，分别扩充"。④ 但又认为领海界线的划定，是在明确经纬度以及海上巡防任务之后的事，此事也未讨论出结果。9 月，内政部第 14 次国务会议决议，中国领海界线定为 12 海里，并责令交通部、海军部负责勘界事宜，并向国民政府呈上参谋部拟定的《领海界限草案》，这表明国民政府对领海的认识出现了重大突破。《草案》指出，我国是海上弱国，因此急需颁布宽领海法，以保护本国海权，沿海岛屿亦有"单独"领海，但洋中群岛，如东沙、西沙和南沙等，其领海如何划定，草案并未予以明确说明。

---

① 韩振华主编《我国南海诸岛史料汇编》，东方出版社，1988，第 272～273 页。
② 《中国领海界限范围》，《海事》第 4 卷第 9 期，1931 年，第 73 页。
③ 《中华民国法规大全》第 1 册，第 1279 页，引自刘楠来主编《国际海洋法》，海洋出版社，1986，第 100 页。
④ 《中国领海界限范围》，《海事》第 4 卷第 9 期，1931 年，第 73 页。

不久行政院对此进行了批复，称根据中央政治会议的决议，先规定海关缉私以 12 海里为范围，关于渔业界限，则另行审议。嗣后海军部鉴于领海界线国际多规定为 3 海里，我国既然已经加入有关国际公约，"自未便于 3 海里外有所增加，并以财政部所请规定缉私界程 12 海里，系领海范围以外之一种行政权"，[①] 因此呈请行政院国务会议议决。行政院批复由海军部、外交部、参谋本部重新进行研究，三部研究后，认为领海界限为 3 海里，尚属可行。国务会议议决照办，并责成内政部通知各省市。后为实施缉私规定，国民政府还通过一项条例，规定从我海岸（包括群岛在内）低潮线算起，在 12 海里内，海关有权缉私。如船舶逃税，也可以行使紧追权，即"追缉逃出外界"。[②]

此时，国民政府对《领海界限草案》规定 12 海里的领海宽度之说未予以采纳，而是对领海 3 海里宽度的规则具体地接受，并且谈到沿海、洋中群岛领海问题，但是未在领海之外设立渔区。这造成了我维护海洋权益时时处于被动情况。1932 年 6 月 4 日，广东省建设厅将盗采东沙海人草日人解送至日领事馆，以示抗议。6 月 14 日，日驻广州总领事对此狡辩，"［日人］至或谓距岛十海里或谓六海里，究竟其结果均在中国领海 3 海里外之公海正当采取"；因此坚称："敝国人采取海人草之地点在东沙岛海上 10 英里之公海，即根据国际公法上乃正当之采取"。当时我东沙岛虽未划定领海，但其附近海域我有传统历史性权利，又有缉私界程 12 海里之规定，为我渔业安全起见，我完全有权利禁止日人捕鱼活动，另根据我与各国签订的条约中明确规定，"外人在非通商口岸泊船购地营业，须经政府特准"，而东沙岛为非通商口岸，又是我国军事区域，更不许他国人等靠近作业，日人侵渔"地点系在东沙岛面积二十方里内，距离岛上置有灯塔处约八里，属在岛内范围，何得谓为公众海……环岛三面皆有坦如堤行，海人草即产生坦中，坦外水深均属数十丈绝无海草出产，公众海外更无海草可采，被捕日人既有海草连同被执，已足为偷采证据"。[③] 广东省建设厅多次致函日驻广东领事馆，但没有明显效果，日本仍坚持公海说，继续侵

① 傅角今：《我国领海界问题之研讨》，《地理教学》第 2 卷第 4 期，1947 年，第 8 页。
② 《海关法规汇编（民国时期）》，第 591 页，引自刘楠来主编《国际海洋法》，第 100 页。
③ 《日人盗采东沙岛海产毁坏我国渔船案件处理经过文书材料（之五）》，广东省档案馆：6 - 2 - 526。

渔东沙海域，盗采海人草。①

国民政府虽然对中国岛屿的领海划定进行了规定，但比较概括，未进行操作性的说明，这对我维护海洋权益来说有其不利的一面。1934 年 4 月 27 日，海军部在给财政部的咨文中对我国领海的有关规定提出了质疑，当时规定沿海岛屿可以有 3 海里领海，如果"间有领海由大地起已经超过 12 海里者，该处海面，是否于领海已经超过 12 海里之处，再行推出 12 海里认为缉私必要，系属问题。今概括言 12 海里，其海岸线无人居之处，及海外孤岛，无税课关系之地，是否亦本自卫主义，推出 12 海里，而不为指定地方，及其范围"。② 总之，领海各地经纬度需明确划定，才能使缉私等公务有确切的地理参照。

抗战胜利后，内政部应各方之请，曾召集有关单位会商领海界线的问题，当时农林部渔业司主张领海宽度应为 12 海里，但是行政院核定该案时，以"暂从缓议"予以搁置。史地专家傅角今对此批评说，在国际社会日益扩大领海管辖范围的浪潮下，我国还固守 3 海里领海的规定，有使我国海权损失之忧。在与他国有领海界限划定时，双方应协议划定，"我国领海规定所划之界限兼及他国领海时，自双方海岸低潮点起算，按半而平分之"，并举例说：如我国领海宽度为 12 海里，则我国南沙群岛之东与菲律宾巴拉望岛划界时，即可适用。他还认为，岛屿的领海规定应自岛屿的周边低潮线点，"依规领海里数向外起算"，"群岛则以其外围所有各岛之低潮点向外起算"，并认为我国南海诸岛的东沙、西沙、中沙、南沙群岛得"均依此而定其领海界限"。③

二　渔业区制度及国民政府对南海渔权的维护

我国海面广阔，渔业资源丰富，为沿海人民生活必需品之主要来源。广东省大渔场可以分为 5 个：以珠江口一带为中心区域、以汕尾港外 20 里为中心、以东沙群岛为中心、以北海为中心、④ 以海南三亚港南为中心等

---

① 韩振华主编《我国南海诸岛史料汇编》，第 278～282 页。
② 《咨财政部复对于各岛领海界限的划定》，《海军公报》第 60 期，1934 年，"公牍"，第 357 页。
③ 傅角今：《我国领海界问题之研讨》，《地理教学》第 2 卷第 4 期，1947 年，第 10 页。
④ 《广东沿岸渔业概况及计划》，《广东建设公报》（水产特刊）1930 年第 4～5 期，第 79 页。

区域。这些区域为渔船集中的地区，其他各地也有渔船出没。① 但是中国水产业生产落后，"采捕之法，今亦无殊乎昔，因循不改，卒致不能大有起色"。② 而日本的远洋渔业技术较为发达，在我东南沿海侵渔的主要为先进的汽船曳网渔业、机船底曳网渔业。为改变我国渔业生产落后状况，国民政府将渔区制度的制定提到议事日程上来。早在民国初期，北京政府曾讨论过"筹办领海界线捕鱼章程案"，当时各部会曾认为领海宽度 3 海里的原则是国际社会所公认，但都未曾明确主张依例采行，因此并无下文。③ 1914 年 4 月 28 日，公布了《公海渔业奖励条例》和《渔船护洋缉盗奖励条例》，只笼统提到"公海"、"洋面"、"海面"等词，没有指明具体范围和界线。

自 1922 年起，日本不断侵入我国沿海、东沙群岛和南沙群岛捕鱼，侵犯我国主权和渔业权。早在 1895 年日本占据台湾后，整个台湾都在它的殖民统治之下，不仅台湾附近海域的渔业惨遭破坏，而且日本还以台湾为基地，侵渔南海，出没于东沙群岛、西沙群岛、南沙群岛及其附近海域。1922 年，日本利用华人出面承垦西沙群岛，随后由台湾、日本运来 200 多人，在西沙群岛掠夺渔业资源和盗采磷矿。1925 年，由于省港大罢工，中国对在港英国人实行经济绝交，香港发生粮食危机，日本人趁机以供应粮食为条件，在香港取得了经营渔业的权利。这更加便利了日本人对我国南海渔业资源的掠夺。④ 1925 年日本在台湾设立蓬莱渔业公司，并在香港增设分公司，1930 年在东海、南海的渔获额达 100 万元，香港也成为日本渔业根据地。广东省档案馆藏档案中有一记录显示，日妇河村惠津在香港所经营的北海物产公司，销售东沙群岛所产海人草。

日本对我国东南、南部海域的侵渔，引起了各界人士的强烈抗议，纷纷要求政府采取措施明确我国渔业管辖范围。1924 年 5 月，有学者著文指出，日本渔业发达，产量甚丰，每年输入中国的水产品数量甚多，抢占中国市场份额；日本渔轮肆意到我国领海游弋，如果我国不采取措施护渔，"提倡外海渔捞，则渔业主权，将尽入他人之手，国权海权丧失殆尽矣"。

---

① 《广东渔业情形调查报告》，《广东建设公报》第 4 卷第 4 期，1929 年，第 193～194 页。
② 霍锐：《中国之渔业》（译自《远东时报》），《协和报》第 38 期，1914 年，第 50 页。
③ 丘宏达等：《现代国际法》，台北三民书局，1973，第 366 页。
④ 欧阳宗书：《海上人家——海洋渔业经济与渔民社会》，江西高校出版社，1998，第199～200 页。

为此，政府应尽快改弦更张，"设法奖励"，并提倡渔业教育，鼓励"私人设立公司，经营其事"。① 国民党海军部海道测绘局局长兼全国海岸巡防处处长徐继祥，在一份为日本侵入东沙群岛捕鱼、采矿一事的报告中提出："……事关渔律，似应由农商部就领海界经纬所在之处，援照各国捕鱼通则酌量扩充"，"并谕禁他国渔艇越界捕鱼"，"本国军部之舰船得于渔汛时巡行界线，执行禁阻……以保渔利。"② 但是上述主张并未被当局所采纳。海岸巡防处在致函沿海各省时却说："民国十年由外、海各部汇订领海界线，以为捕鱼标准。"这一决定遭到了渔业界人士的反对。江浙渔会会长邬振馨就指责这一决定："三英里之说亦当随时势为转移，故现在欧美学者已认卢氏此说为过去之陈言，不适于用。况东方有东方之形势，国际情形不能专步他人之后。"③ 他最后呼吁政府应与渔业界进行商量，领海界线"重新修正"，扩大领海界线以保护渔权。

在社会各界敦促下，国民政府在领海制度方面法律法规出台后，渔业区的有关制度规定也相继颁布。1926 年 9 月 14 日，国民政府颁布了《渔业条例》，对中国海域尤其是领海的渔业权利进行法律上的规定，"非中华民国人民，不得在中华民国领海内采捕水产动植物，及依本条例取得关于渔业之权利"；"渔业权视为物权，准用关于土地之规定"；"渔业权非经呈准不得分割或变更，其有与渔业权发生利害关系者，非经利害关系者之同意，不得分割变更或放弃之"等。④ 这对规范领海渔业生产，保护本国权益起到了积极作用。当时，台湾专卖局长日人池田等利用广东商人何瑞年，以西沙群岛实业公司名义，瞒骗政府，承办西沙群岛垦殖采矿各项，后因实况大白，国人反对，至 1928 年春广东省政府撤销原案。⑤ 1928 年 7 月 26 日，日渔商井出、荻野、星野三家，与澳门富美渔业公司经理萧佩璘协商，图谋组织合办的渔业公司，企图利用华人出面，攫取我沿海渔权。⑥ 渔业事务局为此展开调查，并准备将有关材料上报国民

① 郑颂平：《与友人论渔业书》，《学生文艺丛刊》第 1 卷第 5 期，1924 年，第 29 页。
② 李士豪、屈若搴：《中国渔业史》，台湾商务印书馆，1980，第 19～24 页。
③ 邬振馨：《本埠新闻商榷领海界线书》，《申报》1926 年 4 月 27 日，第 13 版。
④ 《渔业条例》，《司法公报》第 227 期，1926 年，"例规·民事"，第 18 页。
⑤ 《民政厅调查西沙群岛情形》，《广东省政府十七年年刊》1928 年 7 月 27 日，第 15～17 页。
⑥ 《世界经济要闻 日人攫取粤闽沿海渔业权》，《银行周报》第 12 卷第 32 期，1928 年，第 2 页。

政府，作为与日交涉证据。①

与此同时，国民政府加快相关渔业法制定工作。1929 年 4 月 23 日，国民政府立法院第 19 次会议，决定编纂《渔业法》、《渔会法》。10 月 26 日，经立法院第 56 次会议，议决通过两法。② 11 月 11 日，国民政府公布《渔业法》，规定中国管辖范围仍为 "领海"，对领海的渔业进行了必要的说明，其中第三条规定："凡在中华民国领海或其他公用水面，取得渔业之权利者，应依本法呈请该管行政官署核准登记，转报主管厅部备案。前项之呈请人以有中华民国国籍者为限。渔业登记规则由农矿部定之。"③ 这就从法律上保证了中国沿海渔民享有专属渔业之权，他国之人禁止在我领海范围捕鱼。1930 年 6 月，国民政府根据农矿部呈送的《渔业法》、《渔会法》施行规则草案，经审查议决修正，经国民政府第 79 次国务会议议决通过，④ 并决定于该年 7 月 1 日实施。⑤ 1933 年修正的《渔业法》，再次重申中国管辖范围仍为 "领海"。《渔会法》公布以后，有关各省也都派遣官员到县组织发展渔会。然而到 1934 年止，"渔会组织虽逐渐发展，然其组织健全者，实不多见"；另一方面是，公所制度虽 "已成为非法组织，但仍散布各地，隐具实力"。⑥ 例如，到东沙、西沙、南沙群岛海域进行捕鱼活动的，为闽粤沿海渔民，基本上是自发组织的。

进入 30 年代，日本大批渔船在我海面肆行捕鱼，我渔民难与竞争，渔权受侵。1931 年 3 月，财政部长孔祥熙提案国府会议，认为应该扩大我国渔业管辖范围："惟渔船捕鱼远在领海之外，若为防止外船侵渔，仅恃划定领海，仍属无济于事。因领海界线学说不一，而普通均以国境最外岛屿低潮水推出 3 海里为准，在此近岸范围内鱼类极少……故必顾全到领海附近我国渔船常到之公海，方可收效。"⑦ 孔祥熙提出取缔日轮侵渔办法：一是由外务部向日本使馆提出严重抗议，根据中日缔结的渔业条约，按照国

① 《日人越海捕鱼之调查，年获利三百万，我方调查准备交涉》，《海事》第 4 卷第 4 期，1930 年，第 79 页。

② 《呈国民政府缮具渔业法渔会法呈请鉴核由》，《立法院公报》1929 年第 11 期，第 348 页。

③ 《渔业法》，《行政院公报》1929 年第 100 期，"法规"，第 1 页。

④ 《国民政府训令（第 352 号）》（1930 年 6 月 12 日），《国民政府公报》第 494 期，1930 年，第 1 页。

⑤ 《国民政府令（定渔业法渔会法施行日期）》（1930 年 2 月 17 日），《国民政府公报》第 398 期，1930 年，第 1 页。

⑥ 中国渔业史编委会编著《中国渔业史》，中国科学技术出版社，1993，第 97 页。

⑦ 李士豪、屈若搴：《中国渔业史》，第 206 页。

际惯例，日本渔轮不得以中国领海港为渔业根据地，已来各渔轮，应即限期退出国境；二是由财政部通知海关，此后凡非正式商船确从外国口岸运来之鱼类又有资证明的，"一概禁止报关起岸"。该提案经同月召开的第 14 次国务会议通过。同年 5 月，国民政府公布领海界线及海关缉私界限，并由财政部通知海关禁止百吨以下国外小船进口，如果进口者视为洋货，每担征税 4.5 元。此规定发布之后，本国渔船进口又得以免税，"日鱼不能与华鱼竞争，大受打击"，① 日船"均束手无策，预备结束归国"。② 但是日方不甘心就此罢手，日轮为利所惑，将渔获转运大连，日本政府对之进行免税入口，在此地改装华轮，又得以免税进入上海等地。日本公使奔走京沪等处，向国民政府进行强硬交涉。国民政府被迫屈服，同年 5 月 30 日，财政部发出暂缓实行上述命令电文。此后日本等国入渔形势又复严重，我国南海诸岛及其附近水域亦成他国猎渔场所。1937 年 7 月，广东第九区行政督察专员呈报派员会查西沙群岛，据林岛渔民王家钦介绍，日本渔船每月常来西沙群岛三四次，放渔炮捕鱼，并抢夺渔民所得而去。法国舰船也常至此地，使我国渔民生产、生活受到威胁。③

抗日战争胜利后，国民政府农林渔业司主张将领海范围扩大为 12 海里（包括渔业管辖范围），国民党中央政治会议也以"暂从缓议"而搁置下来。④ 1947 年 3 月，在国民党六届三中全会上，陆幼刚等 34 人联名提议建设西、南沙群岛议案，以固国防。在六届三中全会行政院工作报告中，作出整顿疆域决议，根据"国界绵长，海岛罗列，陆地国界，诸待厘定，界务问题，日趋严重"等状况，决定设立方域司，以"勘定国界，收回主权，调整行政区划"。该报告认为，"我国领海范围，过去系照世界各国一般制度定为 3 海里，但未以外交方式正式通告世界各国，兹已不合时宜，业经内政部邀集外交、财政、农林、国防、交通及海军总司令部、水利委员会会商，令拟方案呈核。"⑤ 因此，国民政府欲作出"重划领海"的决定。但是，由于国民党不久发动内战，此事遂寝。

---

① 《中国沿海渔业之大危机》，《四海半月刊》第 3 卷第 9 期，1932 年，第 65 页。

② 李士豪、屈若搴：《中国渔业史》，第 209 页。

③ 韩振华主编《我国南海诸岛史料汇编》，第 210 页。

④ 刘楠来主编《国际海洋法》，第 103 页。

⑤ 中国第二历史档案馆编《中国国民党六届三中全会行政院工作报告（三五年二月至三六年一月）》，《中华民国档案资料汇编》第五辑第三编·政治（一），江苏古籍出版社，1999，第 610 页。

三 对国民政府海洋主张及实践的历史经验总结

19 世纪末 20 世纪初，国际社会对渔业的管制是设立领海乃至毗连区。在各国领海制度规定中，专属渔区和渔业保全区占有很大的比例。但是，在 1930 年国际海牙会议中，许多国家提出了扩大领海宽度，或者在领海以外设立沿海国可在其中对渔业或其他事项行使管辖权的毗连区的主张。由于英美等海洋大国的反对，会议未能就扩大领海宽度和设立毗连区的问题达成一致意见。在这种情况下，会后为了禁止和限制其他国家的渔民在其沿海海域捕鱼，一些国家谋求扩大领海宽度，还有一些国家采取了在海岸外划定渔区，以行使渔业管辖权的办法。

国民政府的领海、渔业法令和条例，与上述国际形势发展变化息息相关，也是国民政府对海洋权益维护采取的主动应对态度。20 世纪二三十年代，列强侵扰我海疆活动十分猖獗。每当中方提出交涉时，列强总是声称自己未在中国领海界内捕鱼。由于中国政府此前一直没有宣布领海界线，因而在抗议列强侵渔活动的交涉中经常处于被动局面。这种状况引起了各方的注意，特别是渔业界强烈要求政府早定界线，以资抵制。1926 年，国民政府有关部门拟定《勘定海界整顿渔业议案》，提交国务会议讨论。因国内形势的变化，该案并未付诸实施，但毕竟在陆地、岛屿领海的划定方面作出了积极努力。至 1931 年，国民政府规定并对外宣布，"领海范围为 3 海里，江海关缉私界限，则定为 12 海里，以示限制"。[①] 至此，中国领海界线才在法律上得以明确规定。当时政府在宣布领海界线时就指出了领海与维护海洋权益的关系，"日本渔船侵入我国领海，业已屡有所闻。中央各部为防范再有此等事件发生，特由各部会议，将领海界线明白订定，切实公布"。[②] 可见，领海界线的宣布正是为了从领海制度上抵制列强的野蛮侵渔行径。

在捍卫海洋权益过程中，国民政府逐渐认识到领海、渔业区制度的巩固，有赖于海洋生产的发展。马汉认为："从事与海洋有关职业的庞大人

---

① 李士豪、屈若搴：《中国渔业史》，第 28 页。
② 《申报》1931 年 5 月 10 日。

群，永远是海上权力的重要因素。而要发展壮大这种因素，就必须在本国拥有庞大的商业船队。"① 他所强调的就是海洋生产的发展，与海上权力巩固的联系。东沙、西沙、南沙群岛自古以来就为我国广大渔民所开发和经营，是中国自古以来拥有南海诸岛的历史性证据，更是中国政府西沙、南沙群岛划定领海、制定渔业制度必须予以考虑的因素。1935 年 3 月，第一集团军总司令部参谋林冠英、海军司令部参谋胡应球等人前往东沙群岛巡视，建议按照当时国际惯例把东沙群岛领海权定为 12 海里。同时将"东沙岛海产管理处"改名为"东沙群岛管理处"，加强海产开发，"以符行政上之设置，以杜外人借口"，② 经广东省建设厅呈请广东省政府审核，"俯准照办"。③ 1937 年 1 月 2 日，梁有成上书全国经济委员会，提出开发东西沙群岛的建议。广东商人自愿组织开源实业社，"专以采取并推销东西沙及团沙群岛之天然鸟粪为主要业务"。④

对于领海、渔业有关制度的实践，对民族海洋权益的保护，时人指出必须依靠海军力量的发展。然而由于国民政府海军力量基本上没有在东沙、西沙群岛出现过，商人每遇争端要求派舰保护，民国海军均以"无舰可派"之词加以拒绝，即便有驻岛的海军无线电观象台，也自称专司天气观测，武力保护力不从心。国民政府海军力量的薄弱，也使其在执行国家相关法律制度时变得虚弱无力。1930 年，国民政府"议决领海范围仍以距离海岸线三海里为标准，惟领海外九海里为 contiguous sea，此九海里并无完全主权，平时则为保护渔业及行使防疫、缉私各权，战时则不负责任。盖以我国海军力量之薄弱而责以保守十二海里之辽阔领海，实不可能也"。⑤

东西方列强染指中国南海海洋权益，是对中国领海主权、渔业权的侵犯，具有深刻的政治影响，它们至少破坏了中国领海主权的完整。法国、日本在南海的行为带有经济与政治双重目的。两国的侵扰含有争夺中国领海及岛屿的意图，其目的是欲扩大本国的地缘战略版图。20 世纪 30 年代

① 马汉：《海权论》，萧伟中、梅然译，中国言实出版社，1997，第 80 页。

② 梁权：《东沙群岛开发计划书》（1935 年 5 月），广州中山图书馆。

③ 《广东省建设厅厅长何启澧呈广东省政府文》（1935 年 5 月 13 日），广州中山图书馆。

④ 中国第二历史档案馆：《国民政府勘察开发西沙群岛的一组史料》，《民国档案》1992 年第 2 期，第 58 页。

⑤ 《日人盗采东沙岛海产毁坏我国渔船案件处理经过文书材料（之五）》，广东省档案馆：6－2－526。

法国欲占领西沙群岛为军事基地，其最有代表性的言论是，"西沙群岛地位之重要，实无法可以否认，一旦有警，如该地竟为他国所占，则对于越南之完整与防卫，将有绝大之威胁。群岛之情势，不啻为海南岛之延长，四面环海，不乏良港，敌人如在此间设立强固之海军根据地，将无法可以破之，潜艇一队，留驻于此，不特可以封锁越南最重要之会安海港，而东京海上之交通，将完全为之断绝"。[①] 法国从南向侵占西沙、南沙岛礁，日本南下侵染东沙、西沙群岛。从有关海洋制度性规定的角度说，当时中国虽然确定了领海制度，但是没有划定领海界线，日本政府据此认定中国只拥有3海里宽的领海。这事实上是剥夺中国政府自由划定领海界线的权利，也有助于日本暗中侵夺中国领海，因为把中国领海限定在越小的范围，对日本越有利，事实上等于扩大日本水上活动范围。与领海问题相关，岛屿纠纷也在列强侵渔过程中突显出来。西沙岛案发生后，法国、日本就曾否认该岛为中国所有，想方设法找证据以图为其所有，其目的当然很明显。

中国历史上有专门规定领海、渔业制度的国内立法，并一直维持到1949年新中国成立。从我国维护海洋权益来说，规定领海、渔业区的目的在于保护本国海洋利益，它的适用范围不仅包括大陆沿岸的一定宽度，而且也包括南海诸岛及其附近水域在内。这些法律法规为以后对南海诸岛及其附近水域有关制度的产生奠定了法律基础。然而国民政府对领海宽度为3海里规则的采用，并非根据中国具体国情而提出，只是"附和"英、美、日等海洋大国主张的结果。这一规则无法保证中国领海主权和利益，不仅对沿海渔业资源无力保全，而且对洋中岛屿（东沙、西沙和南沙群岛）及其附近海域资源的保护更无从谈起。1931年讨论领海界线时，国民政府参谋本部也曾提出："领海各国按其国情自由判定3海里、6海里及12海里各个不同，而领海问题与我国领土关系主权者，近年以来沿海万余里渔民之受日本之侵夺，不知凡几，亟宜判定'大领海，以防遏之'。"[②] 但国民政府最终颁布的是"领海3海里令"，究其原因是海军部的呈文中所说的："国际公约规定为3海里，本国既入国际公团，自不能于3海里外，有所增加。"[③]

---

①　胡焕庸译《法人谋夺西沙群岛》，《中国今日之边疆问题》，台湾学生书局，1975，第20页。
②　黄刚：《中华民国的领海及其相关制度》，第53页。
③　包遵彭：《中国海军史》下册，台北，中华丛书编审委员会，1970，第536页。

民国时期领海、渔业区问题并没有纳入政府重要的议事日程，政府关注领海、渔业区问题只是"宏观"、"笼统"的态度，其基本内容很抽象，缺乏实际可操作性，所以领海界线的划分一拖再拖。这为外国侵渔中国海域提供了口实。1933 年 5 月，日船"第十一松丸"在东沙群岛盗采海产被我抓获，国民政府虽提出强烈抗议，但日方称此处系公海，日人来采草与中国无关。① 列强在与中国交涉过程中从表面上看是所谓的条约，以及国际公法，但其骨子里是对其政治、经济追求最大化的利益诉求，是在国际公法和条约包裹之下的武力诉求。1933 年法国侵占我国南沙群岛时，把法国国旗非法升上去，却受到在南沙群岛的渔民们的反抗。事后，法国政府向南京国民政府交涉，反说中国渔船在南沙群岛向法国舰艇打炮，要求国民政府追查此事。② 国民政府因没有相关的法律规定，只好采取拖延态度，此事不了了之。至于那些直接或间接与领海有关的法律法规，也"多属应时之作，似乎未曾标明领海的宽限应为若干，也不曾有过相关的法律争议"。③ 中国南海传统权利因得不到国内法的确认和保护，反而使中国在对外交涉时处于被动状态。

（作者单位：黑龙江大学黑龙江流域文明研究中心）

---

① 《日人盗采东沙岛海产毁坏我国渔船案件处理经过文书材料（之二）》，广东省档案馆：6－2－522。
② 韩振华主编《我国南海诸岛史料汇编》，第 402～403 页。
③ 黄刚：《中华民国的领海及其相关制度》，第 155～156 页。

利玛窦中国叙事中的王弘诲

庞乃明

  利玛窦是第一个来华定居并终老于此的欧洲耶稣会士。从 1582 年到 1610 年，利玛窦的足迹遍及明代广东、江西、南京、山东、北京的不少地方，与数以百计的中国官员、士大夫友好交往，深入研究中国的习俗和法律，从而留下有关中国的丰富记录。这些以欧洲人为阅读对象的中国叙事不仅成为西方世界了解中国、认知中国的又一起点，而且也是考察基督教中国传教史和晚明中国历史的重要素材。利玛窦的中国叙事以利玛窦的南北活动为主线，以基督教的在华推进为依归，涉及晚明中国教会内外的诸多人物、事件，而有关海南籍官员王弘诲的记叙似可作为其中一个方面的典型代表。

一 利玛窦王弘诲叙事的动因

  利玛窦的王弘诲叙事是利玛窦中国叙事的一个组成部分。利玛窦的中国叙事主要包括在《利玛窦中国札记》和《利玛窦书信集》中。《利玛窦中国札记》是利玛窦晚年的作品，原稿用意大利文写成，后经另一来华耶稣会士金尼阁编辑补充，并翻译成拉丁文。该书卷首有《金尼阁致读者》，称利玛窦晚年"认识到自己的日子已临尾声，便着手以按顺序的叙述方式记录了这次传教的始末，以便给未来撰写教会编年史的作家们提供资料。有许多要记录的事件，除了他本人而外再没有一个人能够从初期开拓的迷雾中恢复其真相了，因为他是唯一参与这些事件的人。在他死前几个月或者不如说几天，他差不多已经完成了他的记述，同时留下一些空白以待用各个传教中心行将送给他的记录加以补充"。据此可知，利玛窦的撰写初衷一是为编纂教会编年史提供素材，同时也是为基督教的在华传播记录事件、保存真相，以便对近 30 年的中国传教状况作一总结。《利玛窦书信集》是利玛窦来华途中、主要是在华期间写给欧洲基督教会及亲友的书信总汇。按照《利玛窦书信集》中文翻译者罗渔先生的说法，利玛窦撰写书信的动机和背景基于三个方面：一是基于职责和尊敬长辈而写，一是基于孝悌而写，一是基于友爱而写。① 它是以书信的形式，将一段时间内发生在中国的与基督教传播有关的事情加以记录，是有关中国的狭义历史资料。利玛窦的"中国札记"与"书信集"互为表里，相辅相成，从而为我们提供了一个域外观察者有关中国的另一视角的丰富信息。

利玛窦的王弘海叙事主要集中在《利玛窦中国札记》里。由于保存至今的两封利玛窦撰于韶州的 1593 年书信和一封撰于南京的 1599 年书信没有提及王弘海，加之利玛窦撰于 1598 年的书信原本缺失，所以在《利玛窦书信集》中未见有关王弘海的叙述。通读《利玛窦中国札记》中的王弘海叙事，除具备以上中国叙事的一般特征外，似乎还有以下特殊考量。

第一，王弘海是利玛窦至此为止所能接触到的官阶最高的中国官员，他位居南京礼部尚书，秩当正二品。在王弘海慕名造访并主动表示友谊的情况下，利玛窦显然把这位来自朝廷的要员当做更值得期待的保护人，希望依靠王弘海的影响与能量推进基督教的在华传播。其实早在利玛窦等进入广东不久，他们已经采用了这样一种结交官员士大夫的方式，并在实践中尝到了甜头。如罗明坚、利玛窦刚到肇庆时，颇受当地士庶的干扰与阻挠，以致难以立足，因为得到肇庆知府王泮的保护，才使事态平静下来。"他那公认的权威、他在行政中诚实坦率的声誉，竟至使得人们此后不敢提到驱逐他的朋友的问题。他不仅公开支持和保护传教士，而且他的前例也促使别的官员去拜访他们，并起着同样有益的结果。"② 迁居韶州后，利玛窦等继续坚持上层路线，与韶州知府谢台卿、南雄同知王应麟、曲江知县刘文芳、英德知县苏大用等接触交游，"有了这些达官贵人作为保护人，

---

① 利玛窦：《利玛窦书信集》上册，罗渔译，台湾光启出版社、辅仁大学出版社，1986，第 28～29 页。

② 利玛窦、金尼阁：《利玛窦中国札记》第二卷第五章，何高济、王遵仲、李申译，何兆武校，中华书局，1983，第 167 页。

事业得到了发展，困难也减少了。"① 因此，利玛窦结交尚书王弘诲不过是这样一种传教策略的延续，只是王弘诲的官阶地位比此前结交的官员更高而已。事实证明，与王弘诲的交游确实为利玛窦的事业推进提供了诸多便利。

第二，王弘诲及其家人对欧洲的宗教文化由衷赞赏，似乎具备成为基督徒的潜在可能，因而成为利玛窦刻意"皈化"的重要对象。在韶州初次相见时，王弘诲就对欧洲宗教深表钦佩："这次访问中，他的主人谈到副长官曾告诉他说，神父们在夜里遭到强盗袭击和一些虐待。他深受感动的是，神父们不是为受辱而寻求报复，当这些人已经是被判处死刑的时候，他们却做到了把他们的袭击者从罚作船奴和终生徒刑的判决之下解救出来。这种宽仁使他相信，基督教义是难以理解的尽善尽美，他对这一点赞不绝口。"② 在此后的交往中，王弘诲"对神意和信仰的兴趣更浓厚了；因而从那时起，他总是很喜欢别人向他进一步讲解它"。③ 虽因"姬妾内宠的羁绊"，王弘诲最终未能入教，但在与王弘诲一家同赴南京的旅途中，利玛窦与王氏家人甚至仆人都建立了友好关系。王弘诲一家深受利玛窦的影响，为以后入教打下了基础。后来，王弘诲之子在北京接受洗礼，教名保禄。王保禄返回海南时，"道经澳门，谒视察员班安德神甫，请携带一神甫还乡，传布宗教。'安德以教团中神甫无一能作华言者，谢未允，然许将来不久遣居留内地之神甫一人赴海南岛。保禄力请派一澳门神甫往，并求丘良禀修士为通译。视察员喜，乃选曾往各处传教之马多禄神甫往。'……一六三二年抵海南岛，赖邱良禀修士之通译，为保禄全家讲说教义，未几，全家皆受洗。是为此岛开教之始"。④ 利玛窦的努力终于有了收获。

第三，王弘诲曾给利玛窦提供过诸多帮助。王弘诲是第一个主动提出带领利玛窦进京修历的明朝高官，这不仅点燃了利玛窦借此进身的一线希望，也使其后刻意以此自显、更加注重科技传教的分量。后来利玛窦进京之所以携带不少天文历算书籍，与他希望参与明朝历法的修订大有关系。自万历二十六年起复赴任开始，王弘诲就不断给利玛窦以各种实实在在的

① 《利玛窦中国札记》第三卷第三章，第 248 页。
② 《利玛窦中国札记》第三卷第七章，第 272 页。
③ 《利玛窦中国札记》第四卷第八章，第 371 页。
④ 费赖之：《在华耶稣会士列传及书目》上册，冯承钧译，中华书局，1995，第 222～223 页。

帮助。首先，他冒险带利玛窦进入南京，主动引领利玛窦进入北京。第一个提出带利玛窦进京的是肇庆知府王泮，但由于别人的劝告，王泮最后只允许传教士跟随自己的兄弟到自己的家乡绍兴走一遭。在王弘海带领利玛窦向南京、北京进发的时候，正值日本丰臣秀吉侵略朝鲜，两京的气氛十分紧张。官府实行严格的戒备措施，严禁窝藏任何有嫌疑的外国人。王弘海的这一举动着实面临一定风险。王弘海本来希望通过南京通政司的官员奏请朝廷准许利玛窦进京奉献，但是没有成功，只好借参加"万寿圣节"的机会亲自引领利玛窦入京。"此次北京之行虽未能使利玛窦实现其接触神宗皇帝的目的，但为他后来的成功居京打下了基础，意义堪称重大。"①其次，协助利玛窦定居南京并为利玛窦在南京官员中间揄扬。自北京返回后，利玛窦在王弘海的挽留与帮助下定居南京，并购得一处房产。王弘海不仅多次拜访、关照利玛窦，还把他推荐给自己的朋友，使利玛窦在很短时间内声名鹊起，成为南京官员士大夫争相拜访的对象和一些聚会场合的座上宾。利玛窦在 1599 年 8 月 14 日撰于南京的《利氏致高斯塔神父书》中说："我们在这里也甚得朝野人士的好感，且可说今年获得双倍的收获。"② 利玛窦在南京的成功与王弘海的协助、保护与揄扬是密不可分的。最后，继续利用关系人脉为利玛窦下次进京创造条件。如在利玛窦二次进京过程中帮助甚大的祝世禄就是通过王弘海结识利玛窦的。祝世禄不仅"提供了有利的证件，而且他还和许多人一起馈赠礼品来支付旅途的费用。不但如此，他还向北京的一位身居要职的大臣发出了推荐信"。③ 甚至在休致还乡前，王弘海还不断给北京的朋友写信推荐利玛窦。王弘海的帮助"在一定程度上决定了利玛窦在中国活动的成功"。④

第四，王弘海具有被利玛窦看重的高尚品质。与此前结识的大多数官员甚至一度过从甚密的官员士大夫相比，王弘海的人格品行似乎更值得称道。肇庆知府王泮是第一个与利玛窦晋接的中国官员，利玛窦等人之所以能在肇庆立足并打开局面，多赖王泮鼎力相助。但在麦安东神甫绍兴之行回到肇庆以后，王泮因为家庭的原因开始疏远教会。他拒绝利玛窦的中秋拜访，同时要求利玛窦等涂掉他刻印在地图和赠匾上的名字。广西巡抚吴

---

① 李明君、杨权：《王弘海与利玛窦首次进京》，《图书馆论坛》2007 年第 4 期。
② 《利玛窦书信集》下册，第 275 页。
③ 《利玛窦中国札记》第四卷第十章，第 383 页。
④ 周伟民：《王弘海与利玛窦》，《今日海南》1999 年第 1 期。

善接任两广总督后，王泮又借口新总督会因他容留外国人而招致麻烦，下令传教士全部返回澳门。经过利玛窦与罗明坚的苦苦辩护，王泮才稍加通融，他命令未经总督同意者必须离开，同时警告留下的神甫不得留居他人。这对肇庆教会是一个很大的打击。在利玛窦第一次来到南京时，原广东兵备道徐大任已升任南京工部侍郎。徐大任在广东任职时曾与利玛窦交游，利玛窦还赠送给他一个天球仪和玻璃沙漏。当他履新南京途经韶州时，曾想带利玛窦到南京，但韶州当时的情况使利玛窦不能接受邀请。这次来南京利玛窦很想求得徐大任的帮助，但徐大任却以外国人住在南京会引起骚动为词不予理睬，要求他立即离开；同时警告利玛窦的房东，不得继续把房屋租给外国人。利玛窦被逼得走投无路，只好返回南昌。与他们相比，王弘诲在与利玛窦交游时面临的危险并不算少，但他真诚、重诺，不离不弃，这正是利玛窦感怀至深的。

二　利玛窦王弘诲叙事的内容

经过金尼阁编辑补充的《利玛窦中国札记》采用第三人称叙事方式，以利玛窦为绝对的叙事主角，将利玛窦为推进中国传教事业而开展活动的各个细节和盘托出，从而为后人留下有关中国的丰富记录。在有关王弘诲的叙事上，《利玛窦中国札记》主要记录了以下几个方面的内容。

第一，叙述王弘诲的籍贯、职位官阶及仕宦经历。《利玛窦中国札记》第三卷第七章"夜晚的强盗"载："同一个时候，礼部的主管人，即第二级的官员叫做尚书的，从北京到达韶州。他奉旨正在赴广东省南海岸他的老家海南岛去，携带着妻小，扈从甚盛。"第四卷第一章"回到南京"提到王弘诲的起复："利玛窦……听说此人已被皇帝重新召回南京，主管第一部，叫做吏（礼）部的……尚书被皇帝召回官复原职，非常高兴，并希望这将成为升任北京相应职位的一个进身之阶，那会给他以阁老的最高权威。"第四卷第十章"他们再度启程去北京"言及王弘诲的休致："我们的朋友王尚书正回他的故乡。皇帝准许他辞官回乡，是因为一些同他竞争的大臣们妨碍了他晋升到他认为自己所应有的荣誉地位。"

第二，叙述王弘诲对欧洲宗教文化的认知了解。《利玛窦中国札记》第三卷第七章"夜晚的强盗"写道："最使他高兴的是对一些数学问题的解法，他在北京时就已听说了不少。离别前，他答应在他从故乡回北京的途中，将把利玛窦带到京城去校正中国历法中的错误。"通过这次访问，王弘诲还感受到了基督教义的"尽善尽美"。第四卷第二章"从南京到北京"记载："在他们所携带呈给皇帝的礼品中，有一个大木版，上面刻着世界地图，附有利玛窦神父用中文写的简略说明。尚书非常高兴地观看了这幅世界地图，使他感到惊讶的是他能看到在这样一个小小的表面上雕刻出广阔的世界，包括那么多新国家的名称和它们的习俗一览。他愿意非常仔细地反复观看他，力求记住这个世界的新概念。"第四卷第七章"利玛窦神父和一位拜偶像的和尚辩论"提及王弘诲因与利玛窦交游而改变了对欧观感："他们原先以为是蛮夷之道的，实际上并不如他们所想象的那么野蛮。"第四卷第八章"南京传教会的房舍"则记录了王弘诲对基督教的神异与兴趣："经过几个月的冬季和旅程，神父们到来了。他们一路通行无阻，甚至于不知道有危险存在，尚书得知以后，大为惊奇。他认为这完全称得上是一个奇迹。因此，他对神意和信仰的兴趣更浓厚了；因而从那时起，他总是很喜欢别人向他进一步讲解它。但是，使他认识信仰的真理是一回事，使他接受它的神圣义务那就意味着抛弃姬妾内宠的羁绊，则又是另外一回事了。""他听说上帝的仆人一来妖魔鬼怪就逃之夭夭，他又对神的威力和保佑大加赞赏。"

第三，叙述王弘诲对利玛窦推进事业的诸多帮助。如前所述，王弘诲为利玛窦第二次进入南京、第一次进入北京、定居南京及再次进京提供过实实在在的帮助。这些在《利玛窦中国札记》里都有详细叙述。第四卷第一章"回到南京"写道："在他们第一次拜访时，神父们就及时谈到他们自己的事情，并说他们很想去北京，给皇帝带去一些礼品。尚书要求看看礼品并大为高兴。为了使事情顺利进行，他们向他保证，他们所希望于皇帝的没有别的，只不过是他的友好，并且他们愿付这笔旅费，遵守必须注意的事项，做出一切必要的准备。尚书回答他们说，他很高兴不仅要他们陪他一起去南京，而且还一起去北京，他将到那里去一个月以庆贺皇帝诞辰。那将是第八个月的十七日，或者我们所说的九月十七日。他认为这会是向皇帝献礼的好机会。""在旅途中，他们商议了使这次计划得以愉快完成的办法。尚书建议，一座钟送给皇宫的主管，另一座钟送给宫中的一个太监。尚书想着他能帮助引见。""他们为此进行了商谈并决定从南京向皇帝呈上一份请求书。但这必须通过当地的官员进行。这位官员的责任就是从南京把这种公文送呈皇帝……但这种想法全部化为乌有了。因为这位通政使官员虽然是尚书的一个好友，但却无法说服他对于一个外国人给皇帝的请求书表示关心。为了补充他拒绝的理由，他建议尚书把神父们带去北京，在那里他更便于向皇帝呈上申请书，也许效果更好。"同卷第二章"从南京到北京"称："王尚书由于未能在南京实现他的计划而感到失望，但又不愿在受大礼之后食言，就决定带着神父们同他一起去北京。一旦到了那里，他认为可以通过与他关系友好的宫廷太监把礼品送给皇帝。"第三章"在北京的失败"又说，教士们到达北京后，王弘诲把他们安排在自己的尚书府，"并且立即向他所熟识的皇宫太监转上他们的申请。这个太监也答应尽力促成这样如此重要的事，并要求看看神父们和他们给皇帝带来的礼品。在约好的那天，太监和尚书一同到神父们的住处来看礼品"。但因利玛窦等并不具备能把水银变成白银的神奇魔力，这位太监对他们的请求撒手不管。王弘诲"对自己的努力感到绝望，所以想把神父们送回南京去"。因为"按照规定，期限一到，尚书必须离开"。

据《利玛窦中国札记》第四卷第四章"陆路去南京的旅程"记载，利玛窦从北京回到南京后，王弘诲"劝利玛窦神父在南京买一座房子……他很愿意他住在附近，以便保护他；还没有等到答复，他就把他府中的两个熟悉南京情况的官员找来，吩咐他们到外面租一座适合神父需要的房子"。"尚书作为神父们的保护人，听说他的同僚们对利玛窦神父的深情厚谊，开始表现出更大的勇气和决心。曾有些官员在对待这件事的态度上错误地影响了别人的，现在也都一致予以帮助。他们知道他们的尚书需要为神父们取得一个永久的地盘，因此表示尊重他，他们也都赞助此事。尚书这方面一旦掌握了别人的心意，想把他的副手的府宅让给利玛窦神父，当时这座府邸正空着。"同卷第十章"他们再度启程去北京"还记载，在王弘诲休致回乡前，又"向他在北京的朋友们发了信，推荐神父们到首都去工作"。

第四，叙述王弘诲与利玛窦的交游。《利玛窦中国札记》第三卷第七章"夜晚的强盗"首先叙述王弘诲与利玛窦的初次交往："从难以确定的这样或那样的来源，他听说到外国教士所表现的奇迹。他从来没有离开他所乘的豪华船只登岸去作正式回拜的习惯，然而他却确实到教堂去拜访了神父。不寻常的还有，他跟他们差不多谈了一整天，而且他十分大方地不仅表示友谊，还赠送贵重礼品……作为答拜，利玛窦神父决定登上他那艘美丽的大船，他在船上受到甚至超出他所预期的尊敬而又客气的接待，他们一直交谈到深夜。"第四卷第一章"回到南京"写道："王一到韶州，郭居静神父就去见他。他问到利玛窦神父，当他得知利玛窦在南昌省城时，他很高兴并说他将在那里会见他……王到达后，南昌府的神父们就去拜访他，并给他一些欧洲礼品，他特别喜欢他曾在韶州见过的玻璃三棱镜，他认为这是一块具有巨大价值的宝石。""在去南京的航程当中，他们和尚书更加熟悉了，并以适当的赠礼赢得了他的孩子和仆人们的情谊。"第四卷第四章"陆路去南京的旅程"记载，利玛窦从北京返回后，又和瞿太素一起"去拜会王尚书。他对他们取得的成就很高兴……尚书对这一切的反应是劝利玛窦神父在南京买一座房子……他很愿意他住在附近，以便保护他"。"他们刚刚回到他们的住处，尚书大人便来回访。他坚持摆出全副传统的礼仪来回拜，身穿高官所需的全身服装来向他们致敬。""回访之后，大人邀请利玛窦神父到他府里呆几天。他说他渴望邀他一齐观看本年第一个灯节，由他的家人在晚上所作的奇妙焰火表演以及他们为几个晚上安排的精巧的灯笼演出……尚书家人对他非常礼貌的接待和他所观看的景象，使他感到惊异，超出预料之外。""当大家得知关于尚书拜访了利玛窦神父的消息时，所有司法官和其他高级官员都来向他表示敬意。"利玛窦在南京的局面因此迅速打开。

需要注意的是，利玛窦的王弘诲叙事看似以王弘诲为中心，其实叙事的中心仍是利玛窦，是关于利玛窦为推进基督教在华传播而展开的肇庆—韶州—南昌—南京—北京一连串活动中的一些细节描写。王弘诲叙事不过是发生在韶州—南昌—南京—北京等几个节点上的诸多活动细节中的一小部分而已。正因为如此，利玛窦的王弘诲叙事在内容取舍、情景再现、细节编排、人物评价等方面，都以推进基督教的在华传播为依归，服务于利玛窦的总体需要。

三　利玛窦王弘诲叙事的价值

利玛窦曾对自己的中国叙事的价值颇为自信。他在《利玛窦中国札记》第一卷第一章"关于耶稣会所从事的中国传教事业——撰写本卷的理由及其方法"中写道："我们在中国已经生活了差不多三十年，并曾游历过它最重要的一些省份。而且我们和这个国家的贵族、高官以及最杰出的学者们友好交往。我们会说这个国家本土的语言，亲身从事研究过他们的习俗和法律，并且最后而又最为重要的是，我们还专心致意夜以继日地攻读过他们的文献。这些优点当然是那些从未进入这个陌生世界人们所缺乏的。"利玛窦的自信是有底气的。就王弘诲叙事而言，《利玛窦中国札记》中有关王弘诲的记录确实反映了历史真实。

　　首先，利玛窦与王弘诲确实有过一些交往，这在中文文献里已经得到证明。据艾儒略《大西西泰利先生行迹》载："越二十六年戊戌，王大宗伯忠铭者，素闻利子名，将入京，欲携偕往。过韶州，遂携郭子仰凤共到豫章，偕利子之京都……利子到京师，适关白倡乱，朝鲜多事，未有朝见之机，复同郭子南回……时王大宗伯正官南都，而大司寇赵公、大司徒张公、少司寇王公、少宗伯叶公群慕利子名，皆投刺通谒，迭为宾主。"所谓"王大宗伯忠铭"，即南京礼部尚书王弘诲，大宗伯乃礼部尚书之别称，忠铭为王弘诲号。张维枢《大西利西泰子传》的记载与此如出一辙，所据材料当出自艾儒略的《大西西泰利先生行迹》。王应麟撰于万历三十九年的《钦敕大西洋国士葬地居舍碑文》也说："宗伯王公弘诲，倾盖投契合之孚，相与泝游长江，览景建业。箴尹祝公世禄、司徒张公孟男，淹歇朋侪，相抒情素。"① 上述三种中文文献都已明确提及王弘诲与利玛窦的交游，说明利玛窦这方面记载的可靠性。

　　其次，利玛窦对王弘诲仕宦经历的叙述真实可靠。据《明神宗实录》卷212万历十七年六月庚寅条："升太子宾客、吏部左侍郎兼翰林院侍读学士掌詹事府事王弘诲为南京礼部尚书。"可知王弘诲确实担任过南京礼部尚书。又同书卷261万历二十一年六月乙未条称："准南京礼部尚书王弘诲回籍调理，候召。"则王弘诲确实于万历二十一年奉旨回乡，也正是在这一年的秋天，王弘诲于韶州途中与利玛窦首次交往。查《明神宗实录》卷301万历二十四年闰八月乙酉条："起原任南京礼部尚书王弘诲，不允所辞。"结合前引之艾儒略《大西西泰利先生行迹》，是王弘诲在多次推辞后确实起复为南京礼部尚书，并于万历二十六年起程赴任。正是在从广东到南京的水路旅程中，利玛窦与王弘诲深度交往，并且得到王弘诲的

　　① 钟鸣旦、杜鼎克编《耶稣会罗马档案馆明清天主教文献》第12册，台北利氏书社，2002，第206～207、232页。

诸多帮助。又据区大伦撰《赠太子少保南京礼部尚书忠铭王先生传》："会赍万寿表往返劳瘁，遂决归志。"① 是王弘海起复后确实曾代表南京各部赴京参加万历皇帝的万寿庆典，这与利玛窦的记载完全吻合。因为朝廷内部的政治斗争，王弘海在万历二十七年多次引疾乞罢，这在《明神宗实录》卷 332 万历二十七年三月甲午条、卷 335 万历二十七年五月丁巳条都有记载。至二十七年十月，万历皇帝终于准其所请，"以弘海先任秩满，给恩如例"。② 王弘海正式退休。所以《利玛窦中国札记》第四卷第十章"他们再度启程去北京"中关于王弘海休致回乡的记载也是真实可信的。

再次，利玛窦有关王弘海个人品行的描述准确可信。黄洪宪《碧山学士集》别集卷一《太子宾客礼部左侍郎兼翰林院侍读学士王弘海并妻诰命一道》曾赞王弘海"学识渊宏，器资醇笃"。焦弘《大秩宗尊师王公集序》称："公虽由禁廷登八座，而世有未尽其才之叹。当是时，巧者方睠顾回隐求市于世，公独白首一节，不少委蛇以苟登用，其见定矣。"区大伦《赠太子少保南京礼部尚书忠铭王先生传》亦云："论公品诣，砥行孤立。与人交，无私昵，而人莫能名其介；宅心平恕，休休有容，让人之能，掩人之过，而人莫能名其大；位在宗伯，怡然散地，未尝皇皇权要，求竟一日之用，而人莫能名其高。斯亦庶几古之博大真人哉，盖未易测量者也。"③ 如果说王弘海之门生故吏有意褒美师尊，其言不尽可信，则清人对王弘海的评价当客观公允，大体定论。乾隆《清一统志》卷 350《琼州府·人物》称："王宏海，字绍传，定安人。嘉靖进士，选庶吉士。海瑞以直谏被逮，宏海极力调护。及张居正用事，宏海作《火树篇》、《春雪歌》讽之。累升至南京礼部尚书，上疏请建储、朝讲等六事。因病乞休，致仕。"《钦定四库全书总目》卷 178《集部三十一·〈天池草〉提要》云："宏海初释褐时，值海瑞廷杖下诏狱，力调护之。张居正当国，又尝作《火树篇》、《春雪歌》以讽，为居正所衔。盖亦介特之士也。""介特"二字与区大伦之"砥行孤立"，异曲同工，不谋而合。甚至到了退休后的万历二十七年十二月，王弘海又上《致仕谢恩陈言疏》，以身疾喻朝政，希望万历皇帝"穆然深思，超然远览，念元气在民生则思以培养之，念治

---

① 《太子少保王忠铭先生文集天池草重编》，四库全书存目丛书影印清康熙刻本，卷首。
② 《明神宗实录》卷 340，万历二十七年十月甲申条，台湾中研院史语所校印本。
③ 《太子少保王忠铭先生文集天池草重编》，卷首。

体在君臣则思以联属之，念上下之荣卫不流则思以调停之，念中外之关膈不通则思以宣达之，将会推阁部大臣独断简用以司政本，录用先后建言诸臣因材授任以襄庶务，又亟下行取考选之令以通言路，速罢掊克聚敛之臣以除民害，[通融内外之出入] 以均货贿，检发先后之章疏以开壅蔽。"①身去庙堂而心怀朝廷，这又怎的一个"介特"了得！由此可见，王弘诲对利玛窦的冒险相助，不离不弃，既是出于对欧洲文化的赞赏、引用，也是其高尚品质的自然体现。

最后，利玛窦对明朝内外形势与政治生态的描述客观真实。如《利玛窦中国札记》第四卷第一章"回到南京"写道："他们一到南京，就惊奇地发现人人惶惧不安。日本人在武装侵犯中国的附庸国朝鲜中已越过国界。保卫朝鲜要花费大量金钱，而且还没有希望能阻止日本的进攻。由于这种情况，没有人愿意接待神父一行到自己的家中，因为刚刚通过一项新法律，严禁任何人窝藏一个衣服或容貌有嫌疑的人。就在几天以前，还捉到过几个日本间谍；他们正在城中游荡，观察各种情况。由于这样一项法律的实行，所以没有人敢于接待神父们；他们被留在小船里，天气酷热又没有任何保护。甚至尚书本人也不敢运用他自己的权威。"同卷第三章"在北京的失败"又说："在这个非常时期，战争就在墙外进行着，朝鲜的战争谣传日益增多，许多人死于战争，日本正准备侵犯中国。他还向他们肯定说，中国人对外国人不加分辨，认为他们全部相同，或者几乎相同，所以可能把神父们当作日本人。由于同样的原因和友人的劝告，尚书也开始认识到，使自己卷入外国人的事是很危险的，而且对自己的努力感到绝望，所以想把神父们送回南京去。"这些都真实反映了日本侵略朝鲜给明朝带来的巨大震撼。又如关于南京礼部尚书可以升任礼部尚书并最终有可能入阁的记载、明朝内部政治斗争影响王弘诲进一步升迁的判断都是相当准确的。兹举一例，张辅之《太仆奏议》（天启刻本）卷1《典礼大臣不胜险戾疏》，弹劾了礼部尚书李长春，其中提及万历十九年礼部尚书员缺时，"长春资望实出王弘诲下，而竟以争得之"，更从一个侧面证实了利玛窦这方面记载的可靠性。

利玛窦的王弘诲叙事确实为我们认知、研究王弘诲提供了不可多得的

---

① 《太子少保王忠铭先生文集天池草重编》卷2《奏疏》，"通融内外之出入"七字据《明神宗实录》卷342万历二十七年十二月庚寅条补。

重要素材。但其价值又不止此，透过利玛窦的王弘诲叙事，我们可以看到利玛窦的传教策略，可以感知中国士大夫对西学的态度，甚至可以揣摩他们对外观感的细微变化，王弘诲叙事的价值已经超出了叙事本身。如在《利玛窦中国札记》第四卷第一章"回到南京"里，利玛窦写道："像在过去的其他场合那样。有这样一位特殊的大官同行，要比护照更保险，实际上他们做这次旅行会使南昌的居住点更为安全，并加强了整个传教团的地位。没有任何官吏敢于反对朝廷尚书的主意。所出现的情况正是他们所盼望的，不管在韶州或是在南昌，再也听不到反对他们的窃窃私语了。"同卷第四章"陆路去南京的旅程"又说："要是没有尚书作为他的特别保护人的那种权威，不管是他自己或是他的教会就会无法进行活动。"这是分析、理解利玛窦走上层路线以推进在华传教事业的绝好材料。而通过王弘诲等人对欧洲科技的赞赏引用，对欧洲宗教以及利玛窦本人的好感、推重，又可进一步理解晚明士大夫面对西学的开明态度和他们逐渐变化的思想观念。正如《利玛窦中国札记》第四卷第七章"利玛窦神父和一位拜偶像的和尚的辩论"所说的那样，通过与中国士大夫的交游论辩，中国的欧洲形象有了很大改善，"他们原先以为是蛮夷之道的，实际上并不如他们所想象的那么野蛮"。因为利玛窦，传统华夷观念在这些人身上最早发生了变化。

（作者单位：南开大学历史学院）

张岳崧对海南的贡献

张献忠

一 张岳崧生平履历简述

张岳崧（1773～1842），字子骏，另字瀚山、澥山，号觉庵。出生于广东定安县（今海南省定安县）高林村。祖籍福建莆田县，宋嘉定年间迁琼。张岳崧自幼聪颖好学，"为文辄汪洋恣肆"。15 岁时，"应县试，邑令杨公奇其文，面试之，更数题，皆援笔立就"，张岳崧因此深得县令赏识。16 岁"补弟子员"，嘉庆六年（1801）优贡，嘉庆九年中举，嘉庆十四年，以一甲第三名及第，成为海南历史上唯一的探花。嘉庆皇帝也为海南出了个探花而高兴，太和殿传胪时，发出了"何地无才"之感叹。授编修。嘉庆十六年散馆一等，"告养旋里，寻丁外艰，服阕，充国史馆协修官"。嘉庆二十二年，充会试同考官。二十三年，充文颖馆纂修官。预修《明鉴》，因"按语错误"而被革职。① 对这一事件，《光绪定安县志》仅有短短 22 个字的记载："是岁，修《明鉴》，因按语错误，部议革职，躬自引咎，因赋归来。"相比之下，《清实录》的记载要详细得多，仅直接提及张岳崧的记载就有两大段：

> 嘉庆二十三年。戊寅。五月。戊戌朔。谕内阁、朕前阅范祖禹《唐鉴》。见其摘取有唐事迹。论列得失。有裨治道。因命馆臣仿其义例。作为《明鉴》一书。盖以取鉴前代。其善政则因以为法。其秕政则用以为戒。亦即殷鉴夏周鉴殷之意也。昨日馆臣呈进《明鉴》五

---

① 以上引文皆引自《光绪定安县志》卷 6《人物·张岳崧传》。同时有些内容并参照了《清实录》的记载，本文下面的很多内容虽然引自《光绪定安县志》，但也都参照了《清实录》。

册。于万历天启间载入我朝开创之事。后加按语颂扬。并论及前明用人不称其职。更为诞妄矣。我祖宗开基辽沈。其事备载于《实录》、《圣训》及开国方略。丰功伟烈。亿禩光昭。至《明鉴》乃系论列有明一代事迹之书。摘取一事。借鉴得失。非若编年纪月。事事胪列。今以兴朝之隆业。载入胜国卷中。于体例殊为背谬。如该总裁等豫行请上□日。朕必将不应编载之故。早为指示。乃并不奏明。率行纂辑。实属冒昧。所有该馆总裁曹振镛、戴均元、戴联奎、秀宁、俱著交部议处。总纂官朱珔、纂修易禧善、张岳崧、俱著交部严加议处。原书著发交该馆另行纂辑进呈。此数节按语系何人所撰。著军机大臣查明先行具奏。

癸卯。谕内阁、吏部奏、议处纂辑《明鉴》之总裁总纂纂修一折。朕前降上□日命馆臣纂辑《明鉴》一书。其体例原全仿范祖禹《唐鉴》。乃馆臣等意图卷帙繁富。以为书成奏请议叙地步。遂规仿通鉴辑览叙次。凡书内御批之关涉明代者。全行恭载。迨纂至万历天启年间。又不请上□日。辄以兴朝之隆业。载入胜国卷中。以致按语措词乖谬。该总裁等均有应得之咎。此内秀宁系满洲大员。武不能教训兵丁。文不能编纂书史。况于国朝事实。尤应加意审慎。乃漫不留心。其咎更重。秀宁、著降为头等侍卫。前往新疆换班。戴均元、本有革职留任之案。部议降三级调用。无级可降。著加恩仍改为革职留任。曹振镛、戴联奎、俱著加恩改为降三级留任。编修张岳崧、撰拟按语。论明熹宗用人不当。已属失辞。又以熊廷弼比方李光弼。尤为纰缪。著即照部议革职。易禧善、纂辑明神宗朝事迹。按语颂扬本朝。虽乖体例。词句尚无大谬。著从宽改为革职留任。侍讲朱珔、此数卷按语皆非其所撰。惟覆校时不为改正。亦属疏忽。著从宽降为编修。以示薄惩。①

从这两段的记载分析，虽然嘉庆皇帝斥责《明鉴》"体例殊为悖谬"，但笔者认为其真实原因不是体例问题，而是在论述明清易代的历史时触犯了清朝的禁忌，特别是张岳崧颂扬死于清反间计的抗清名将熊廷弼，"以熊廷弼比方（唐朝平定安史之乱的——笔者加）李光弼"，更为嘉庆帝所

① 《清仁宗实录》卷 342。

不容，因为这涉及清朝政权合法性的问题。由此看来，这一事件实际上是清朝文字狱的余绪。堂堂清帝国的探花、整日和文字打交道的翰林院编修、国史馆官员绝对不会犯"体例悖谬"的错误，按语也当是字斟句酌。张岳崧成了清朝文字狱的牺牲品。

被革职后，张岳崧赋闲在家，其间曾应邀主粤秀书院。① 道光元年（1821），"奉旨特召，起复原官"。道光二年，"充武英殿纂修官，教习庶吉士"。② 是年，"为四川乡试正考官"，③ "悉心校阅，合三场以定去留，又于各房遗卷搜罗殆尽，故所得多知名士"。④ 主持乡试完毕后，张岳崧"提督陕甘学政"，⑤ "裁汰棚规"，带头捐资修建学校和书院，"捐创乡会试资斧以资寒俊"，又作《训士录》一卷，"刊发诸生童"。⑥ 关中"士人文艺少经术，气尤拙于古作"，张岳崧提督陕甘学政后，"因劝之读书及诗古文辞书义外，特重经解诗赋之试……风气几乎变矣！"⑦ 道光五年，"入京供职，充文渊阁校理"。道光八年，"擢翰林院侍讲，充日讲起居注官"。道光十一年三月，授江苏常镇兵备道，"专管高邮以下河道"。⑧ 时逢江南地区发生水灾，"霖雨匝月，江河盛涨，所辖扬州一带堤工尤为险要"。张岳崧上任第二天就"乘小舸，冒风雨，渡扬子江，督率员弁竭力抢护"，扬州地区"卒保无虞"。⑨ 同年九月，受命与时任江宁布政使的林则徐"总司江北赈抚事宜"。十月，"林则徐简放河东河道总督"，张岳崧又和新任江宁布政使赵盛奎负责赈抚事宜。⑩其间，张岳崧"稽查户口，监放口粮，凡五阅月。复捐俸制棉衣数千领，疗饥凡数千颗，随在散给，全活甚多"，"事竣，升授两浙盐运使"。⑪ 在总司江北赈抚事宜期间，张岳崧还写了三篇《淮扬下河水利论》，系统阐述了他的水利思想，提出了"利害相因"的观

① 《光绪定安县志》卷6《人物·张岳崧传》。
② 《光绪定安县志》卷6《人物·张岳崧传》。
③ 《清宣宗实录》卷36。
④ 《光绪定安县志》卷6《人物·张岳崧传》。
⑤ 《清宣宗实录》卷36。
⑥ 《光绪定安县志》卷6《人物·张岳崧传》。
⑦ 路德：《柽华馆文集》卷1论说《纺镫课读图序》，光绪七年解梁刻本。
⑧ 张岳崧：《筠心堂外集·公牍偶存》，郭祥文点校《筠心堂集》，海南出版社，2006，第414~415页。
⑨ 《光绪定安县志》卷6《人物·张岳崧传》。
⑩ 《清宣宗实录》卷196、198。
⑪ 《光绪定安县志》卷6《人物·张岳崧传》。

点，认为水患频发的原因在于"民与水争地"，破坏了生态环境。他说：

> 窃谓下河之地，大半古时水道。自民与水争地，利其膏腴，平而
> 为庐舍，垦而为田亩，生聚既繁，州邑斯建。其实水无行道，泛滥为
> 灾，岁入租赋，不足供蠲贩之资。而灭顶堪杀，援手乏术。所谓利与
> 害相因，言利愈工者，被害愈重者也。假令下河之地，留其有余，使
> 水有所容，民不病溺，沉灾不作，经费无需……①

张岳崧从生态环境着眼分析水患频仍的原因，显示他的远见卓识。在
分析"利害相因"的基础上，张岳崧认为堤坝的修筑治标不治本，因而提
出了"引河以导水，浚湖荡以容水，疏海口以行水"②的防治水灾的措施。

道光十二年，张岳崧升浙江按察使。十三年，"授大理寺少卿，旋授
詹事府詹事。到任八日，擢湖北布政使"。③此时正值湖北发生水灾，张岳
崧还未到任就积极筹划，到任后一方面督率僚属修筑加固堤坝，另一方面
妥善安置灾民，制定了《留养章程》（共六条），章程比较详细规定了具体
的安置和救济措施。④道光十五年十月，"湖北巡抚尹济源、因病赏假"，⑤
张岳崧任护巡抚（即代理巡抚）。道光十八年，张岳崧上《议奏查禁鸦片
章程折》，主张严禁鸦片，并提出了具体的禁烟措施。⑥张岳崧还写了《匡
俗论》、⑦《断洋烟方论》⑧等，一方面论述吸食鸦片的危害，阐述禁烟之
策，另一方面指导吸食者如何戒烟。在《匡俗论》中，张岳崧提出了禁烟
的四条措施："遏其贸易"、"禁其造卖"、"示以禁法"、"讲明理义"。在
《断洋烟方论》中，张岳崧还提出了"屡经奇验"的戒烟的良方："今有
人日吸洋烟一钱，自今日始减去一二厘所减甚微，必不生疾；明日再减一
二厘，积至十日，已减去一二分，不满百日，便已全戒。其每日能减者得
效更速。倘瘾重，日吸三五钱以上者，亦如法递减，绝无不戒之理。"他

---

① 张岳崧：《筠心堂文集》卷4，郭祥文点校《筠心堂集》，第176页。
② 张岳崧：《筠心堂文集》卷4，郭祥文点校《筠心堂集》，第177页。
③ 《光绪定安县志》卷6《人物·张岳崧传》。
④ 《光绪定安县志》卷6《人物·张岳崧传》，具体措施见张岳崧《筠心堂外集·公牍偶
存》，郭祥文点校《筠心堂集》，第414~415页。
⑤ 《清宣宗实录》卷273。
⑥ 张岳崧：《筠心堂外集·附补遗》，郭祥文点校《筠心堂集》，第449~452页。
⑦ 张岳崧：《筠心堂文集》卷4，郭祥文点校《筠心堂集》，第179~181页。
⑧ 张岳崧：《筠心堂外集·公牍偶存》，郭祥文点校《筠心堂集》，第440页。

还协助林则徐禁烟。林则徐在其《林文忠公政书》及日记中多次提及张岳崧。张岳崧在湖北"凡五年，护理巡抚事三次，凡所设施，无不悉心筹度，务使实惠及民"。①

道光十九年五月，张岳崧"以丁继母忧奔丧归里"，② 道光二十二年，卒于家。丁忧居家期间，致力于家乡的教育事业，为海南作出了很大贡献。

张岳崧为官政绩卓著，因此受到道光帝四次召见。他在诗文书画方面也是颇有造诣，"平生淹贯经史，服膺程朱，诗宗汉魏，书祖欧柳，著有《筠心堂集》"。③

二 张岳崧对海南的贡献

张岳崧不仅为官一任，造福一方，而且始终不忘家乡，为家乡的文化教育和社会事业作出了很大贡献。

（一）在海南厉行禁烟

如前所述，早在任湖北布政使期间，张岳崧就积极地开展禁烟活动。在丁忧期间，他又致力于海南的禁烟运动。道光十九年（1839）五月十六日，张岳崧奔丧返琼途经广州时，林则徐亲自拜见他，与他商讨禁烟事宜，并请他丁忧期间协助办理雷州、琼州的禁烟事务。七月，张岳崧抵达琼州后立即开展禁烟活动，他"至雷至琼至县，各集乡绅，设局收缴烟具，发药劝戒，市民生童应试及赴乡闱者，俱要互结"。④ 他还多次写信给林则徐，汇报在海南的禁烟情况，并提出具体的禁烟措施。在《筠心堂外集·附补遗》中就有四封张岳崧居琼期间写给林则徐的信，其中第一封信中说："至洋烟一事，各县乡镇集市，人情顽昧，大费提撕。又绅士无多，而地方辽绝，极难周遍，崖、陵、昌、感尤似化外，查禁之难如此！"⑤ 鉴

---

① 《光绪定安县志》卷6《人物·张岳崧传》。
② 《光绪定安县志》卷6《人物·张岳崧传》。
③ 《光绪定安县志》卷6《人物·张岳崧传》。
④ 《光绪定安县志》卷10《纪事》。
⑤ 张岳崧：《筠心堂外集·附补遗·与林则徐书（四封）之一》，郭祥文点校《筠心堂集》，第453页。

于很多民船私通外夷、夹带鸦片，张岳崧在这封信中又提出：

> 管见以为似宜严禁民船，不准出洋，而限以月日，庶可免
> 此。……又查由琼出洋，往西南各国者，必以每岁十月后至来岁二月
> 以前，风色乃可行驶。如二月以后则不能行矣。似宜于此四个月内严
> 禁民船出洋。至二月以后，彼不过驶往东北广、潮、闽、浙等处，不
> 能自至外夷，可以不禁自止也……①

其他三封信也都谈及禁烟问题。

在对待海南烟民问题上，张岳崧并不一味地依靠严刑峻法，而是根据
海南自身的情况，晓之以理，动之以情，力行劝诫，他在《议设立收缴洋
烟公局启》中说：

> ……现省城设局大佛寺，逐日收缴。兹以雷、琼两府僻处海隅，恐
> 里闾无知，致罹重辟。以某生长斯邦，闻见最亲，情谊当切，重承面
> 谕，复札委候补孔训导归里，商同地方官，延集绅衿，设局分投劝谕。
> ……凡我同事诸君子，共矢实心，毋惜苦口敦劝，以及早禁戒，
> 庶几全性命而保身家。不然新诏一颁，严法必及缳首之祸，噬脐何
> 追？况皇上恩威震慑中外，梗化夷人尚知呈交烟土，而内地编氓犹而
> 沉迷不悟，法网甘投，是奸夷之不如，严法之所难宥也。在大宪，不
> 忍不教而诛，在我辈，亦岂肯是视死不救？②

张岳崧还制定了《公局章程八条》，③ 其中规定在府、州、县城设立总
局，在各乡设立散局，以有威望的绅士管理公局，负责鸦片收缴和断瘾药
丸的发放事宜；本人自缴，或他人代缴，均不追究姓名来历，其领断瘾药
丸者亦不究问；对于私通洋船和囤积贩卖鸦片者则严惩不贷。此外，章程
还规定了对催缴得力者、如实举报吸食兴贩和开馆之人者的奖励，对徇私
包庇者的惩罚措施。《公局章程八条》体现了张岳崧宽严相济、情法并重
的禁烟思想。

---

① 张岳崧：《筠心堂外集·附补遗·与林则徐书（四封）之一》，郭祥文点校《筠心堂集》，
　　第 454 页。
② 张岳崧：《筠心堂外集·公牍偶存》，郭祥文点校《筠心堂集》，第 443 页。
③ 张岳崧：《筠心堂外集·公牍偶存》，郭祥文点校《筠心堂集》，第 444 ~ 445 页。

（二） 编纂《琼州府志》

张岳崧丁继母忧期间，受琼州知府明谊之邀，编纂《琼州府志》，这就是有名的道光《琼州府志》。道光《琼州府志》共四十四卷，"分为舆地志、建置志、经政志、海黎志、职官志、选举志、官师志、人物志、艺文志和杂志等十志；内容则涵盖了沿革、星野、耆旧、列女等 88 个方面"，不仅 "是海南地方志中卷数最多、篇幅最长、门类最齐全、资料最丰富的地方文献"，而且内容比一般方志还要丰富。作者不仅参考了前代关于海南和涉及海南的各种方志，而且参阅了《本草纲目》、《政和草本》、《齐民要术》、《博物志》、《岭表录异》、《北户录》、《群芳谱》等书，广征博引，保存了大量的海南史地资料。①

（三） 热心海南教育事业，倡导捐资助学助考

张岳崧重视教育，认为 "人才之兴自学校始"。② 无论是在任陕甘学政期间还是湖北布政使期间，他都倡导捐资助学助考，募集资金修建学校和书院。对于家乡的教育事业，张岳崧更是非常关注。早在中举前，他就曾开馆授徒。在第一次丁忧和革职居家期间，张岳崧不忘致力于包括海南在内的广东省的教育事业，并在琼台书院、雁峰书院、羊城之越秀书院以及肇庆之端溪书院主讲，这一时期著名的清官文昌县人云茂琦就师从于他。在各书院主讲期间，"从游者数百，凡所至负笈恐后，与诸生朝夕讲授儒学大旨，以反身复性为主，格致诚正为功，所造就者极多"。③ 张岳崧任陕甘学政期间，云茂琦应邀襄助其校订经籍，后中进士，成为清代著名的清官。这与张岳崧的培养有很大关系。张岳崧还曾在琼山书院和琼崖书院主讲。

张岳崧热心于捐资助学，在任陕甘学政时，"廉俸有赢余，即分给书院，为推广修膏之倡……故窘如穷秀才时"。④ 对于海南的捐资助学更是作

---

① 陈耿：《博采众长的道光〈琼州府志〉》，《海南日报》2007 年 8 月 13 日。
② 张岳崧：《筠心堂文集》卷 8，郭祥文点校《筠心堂集》，第 278 页。
③ 《敕封文林郎翰林院编修庠生显考厚斋府君行述》，转引自范会俊《论张岳崧》，《海南师范学院学报》1990 年第 2 期。
④ 张岳崧：《筠心堂文集》卷 8《与梁蓼圃学博书》，郭祥文点校《筠心堂集》，海南出版社，2006，第 284 页。

出了很大贡献。因丁继母忧归家后，张岳崧倡导捐资助学助考，并于咸丰六年创设宾兴。①

为募集宾兴资金，张岳崧还曾作《劝续捐本邑宾兴费启》，其中写道：

> 琼环以海，定处其中。山川郁以钟奇，人文森而蔚起。巍科甲第，比肩于前；硕彦英髦，接踵其后。但以士半单寒，居邻僻远，重洋海角，秋风愁攀桂之期；万里都门，夏课怅忙槐之句。往往罄中人之产，不足观上国之光；穷白首之经，弗克奋青云之志。良可伤已，不亦惜哉！②

道光十一年，安定县曾经设立过宾兴，但是八年时间仅收到捐款千金，与事无计。为不使捐资助学半途而废，不使生员秀才因经济原因而放弃科考，张岳崧因此重新设立宾兴，发起劝捐活动。他还曾捐资重修琼州文庙。

（四）刊刻琼州籍先贤的著作，激励琼州学子

明代是历史上海南文化最为兴盛的时期，涌现出了大批进士和举人，其中有些成为著名的学者，他们留下了很多不朽的著作，但这些著作大都不是在海南刊刻，加之海南气候湿热，不利于文献的保存，因此海南学子并不容易读到先贤的著作。为方便海南学子诵读本地先贤的著作，张岳崧主持或倡导刊刻了海南先贤丘浚、海瑞、邢宥等知名学者的著作，这样做也是为了激励海南学子。他在《捐资重刊丘海文集序》中说：

> 学之兴也，其乡人宗仰先哲，往往尊其遗书，口沐手胝，流连讽诵。想见其为人，故有所观法激发，而成才也易；其衰也，反是。故遗书者，嗣囊哲迪，承学之端也。③

在张岳崧的倡导下，先后重刊了《丘海二先生文集》和《邢湄丘先生

① 宾兴是明清时期由社会捐资或地方官拨款创设的专门资助科举考生的公益性考试基金，参见毛晓阳《论清代宾兴的教育公益基金属性》，《考试研究》第4卷第4期，2008年10月。
② 张岳崧：《筠心堂外集·公牍偶存》，郭祥文点校《筠心堂集》，第445页。
③ 张岳崧：《筠心堂文集》卷5，郭祥文点校《筠心堂集》，第197页。

遗集》。其中《丘海二先生文集》的刊刻费用一方面来自丘浚和海瑞的后裔，一方面来自乡人的捐赠；对于《邢湄丘先生遗集》，张岳崧亲自搜罗考订，"别择数四，而淘其赝者"。① 除了刊刻先贤文集外，张岳崧还应族人邀请主持重修族谱并作序。无论是刊刻先贤的著作还是重修族谱，都不仅对海南学子有很大激励作用，而且为海南保存了文献，对海南的文化教育事业功莫大焉！

（五）提出以安抚为主和"安抚之策，必先自治"的治黎方略，有利于团结海南地区的少数民族

海南地区黎汉杂处，如何加强对黎族的统治，防止其叛乱，是历代王朝所关心的重要问题，很多有识之士都提出了治黎方略，如海瑞就曾有《平黎章》入奏。张岳崧也是非常关心海南的少数民族治理问题，他曾作《抚御琼黎论》。在这篇论中，张岳崧指出："自古安边之策，在于抚御。得宜在师不扰，民不劳，而成功者易。"对于海南黎族，张岳崧更是主张实行安抚之策。张岳崧认为黎族叛乱的原因在于汉族商民侵凌和隶卒的滋扰以及"汉奸匪徒"的煽动，他论述说："其起衅也，或就近商民，欺其愚蠢，难免侵凌。或防汛隶卒，利其物产，无不滋扰。又有汉奸匪徒潜匿其中，相为诱煽。往往啸聚焚掠，扰及居民，然终不敢离巢穴远处为害。"对于海瑞提出的"建城于黎中，并开十字道以通商贾行旅，使黎无可据之险，而行人往还，衣冠文化足以化之"的治黎的方略，张岳崧认为不可行。在"抚御"思想的指导下，张岳崧提出了"安抚之策，必先自治"的治黎方略。这类似于我们今天的民族区域自治政策，实属难能可贵。张岳崧认为即使发生黎族叛乱，也"不可兴师动众，不可征调远兵，不可深入，不可久屯"。②

张岳崧提出的治黎方略有利于加强海南地区的民族团结，这也是他对海南的一大贡献。

（作者单位：山东大学历史文化学院博士后流动站）

---

① 张岳崧：《筠心堂文集》卷10《邢湄丘先生遗集后跋》，郭祥文点校《筠心堂集》，第197页。
② 该段所有引文皆出自张岳崧《筠心堂文集》卷4《抚御琼黎论》，郭祥文点校《筠心堂集》，第184~186页。

论史图博对黎族方言体系建立的重大贡献*

高泽强（昂·德威·宏韬）

在史图博的《海南岛民族志》出版之前，人们对黎族社会历史文化的认识还是比较零碎的，很多文献都没有能够系统、全面地反映整个黎族社会的面貌，更不用说厘清黎族社会内容较为复杂的支系（方言）关系及其文化内涵了。因此，史图博《海南岛民族志》对黎族文化系统工程的构建和所反映的黎族社会面貌，可说是前无古人。直到 21 世纪的今天，凡研究黎族的专家学者或黎族文化的热心人，基本沿着史图博所构建的框架来对黎族社会历史文化进行研究。下面就黎族五大方言及史图博所撰黎族研究巨著《海南岛民族志》的贡献，作一些基本介绍和探讨。

一 黎族的基本情况及其五大方言

据 2010 年全国第六次人口普查资料显示，海南省的黎族人口有 127.7359 万（全国黎族总人口尚未公布），主要分布于 6 个民族自治县（琼中、保亭、白沙、陵水、乐东、昌江）和 3 个民族市（三亚、五指山、东方）。除海南岛外，贵州、广东、广西、浙江等祖国各地都分布有少量的黎族。黎族有自己的民族语言，属汉藏语系壮侗语族黎语支，是海南省使用人口最多的少数民族语言。大部分黎族在日常生活中均使用黎语作为主要的交流工具，只有海南省的万宁市黎族以及儋州市、琼中黎族苗族自

* 此文为广东普通高校人文社会科学民族学重点研究基地团队项目"史图博与《海南岛民族志》研究"（08JDTDXM85001）的阶段性成果。

治县、陵水黎族自治县少部分黎族转用汉语。中华人民共和国成立后，随着政治经济文化的发展，黎族群众与汉族群众交往频繁，大部分黎族人都兼通汉语。

黎族在海南岛分布较广、支系众多，除了在与外族（汉族、苗族、外国人等）交往时用一致的自称——"赛〔ɬai⁵³〕"外，内部还有不少的自称或互称，这些自称或互称都是黎族各大大小小部落的名称，一般都与居住的地理环境、地域分布、方言土语、服装服饰、风俗习惯、村峒组织和地名有关。这些特点使黎族在文化上分为五大文化，在语言上则分为五大方言，即哈〔ha¹¹〕方言、杞〔gei¹¹〕方言、润〔zɯːn⁵³〕（本地）方言、美孚〔moːi⁵³fau⁵³〕方言、台〔thai¹¹〕（赛）方言，各方言中又分有若干个次方言（土语）。在这五大文化或五大方言中，其人口比率和分布状况如下。

哈方言（或哈文化）黎族人数最多，约占海南黎族总人口近60%，主要分布于海南岛南部及西部的三亚、乐东、东方、昌江、白沙、陵水等市县，儋州、保亭、琼中、五指山等市县有少量分布。哈方言在黎语中具有很强的代表性，1957年国家帮助黎族人民创制的黎文就是以哈方言为基础，以乐东黎族自治县抱由镇保定村语音为标准音来创制的。哈方言分3个次方言（土语）：罗活（老勿）、博（哈应）、抱显（南劳）。罗活土语自称为"赛〔ɬai⁵³〕"，但被杞方言称为"哈"，主要分布于乐东大部、三亚北部、东方东部、昌江南部、白沙西部以及琼中、五指山、保亭的一些地区，是分布最为集中的一个土语。罗活土语内部又有罗活、抱由、多港（止贡）、志强（止强）、抱曼、抱湾、抱怀等以古峒名称呼的次土语。博（哈应）土语主要分布在三亚和陵水大部，乐东、东方、昌江、白沙、儋州、保亭等少部分地区，均处于黎族的边缘地带，分布地区最广，与汉族接邻或杂居。博土语在对外族时自称为"赛〔ɬai⁵³〕"，在对本民族其他方言土语时则自称为"哈"，但又被同方言的罗活土语称为"博〔boːŋ⁵⁵〕"，又因将"不"、"无"、"没"等否定词称为〔eːm⁵⁵〕（音近"应"）而被学者呼为"哈应"或"哈炎"。哈应土语有"捞"和"娄"（均为"吃"之意）两个次土语。抱显土语主要分布在三亚至乐东的宁远河一带，东方、昌江、白沙、保亭等市县均有少量分布，史图博在其《海南岛民族志》称为"南劳黎"。抱显土语在对外族时自称为"赛〔ɬai⁵³〕"，在对本民族其他方言土语时自称"哈"。

杞方言（或杞文化）黎族人数仅次于哈方言，约占黎族人口的 24%，主要分布在保亭、五指山、琼中等市县，乐东、东方、昌江、白沙、万宁、屯昌、琼海等市县的一些地区也有分布。杞方言在对外族时自称为"赛 [ɬai⁵³]"，而对本民族的其他方言（支系）则自称为"杞 [gei¹¹]"，故而得名。杞方言有 3 个土语：通什、堑对、保城。通什土语主要分布于五指山、琼中西部和西北部、保亭西部大部分以及白沙、乐东、东方、昌江的部分地区。堑对土语分布在琼中东部和南部、万宁西部，琼海、屯昌也有分布。操堑对土语的黎族群众在清代后期开始"汉化"，到中华人民共和国成立后，操该土语的黎族群众基本已改用汉语海南方言，只有极少数的老人会讲这种土语。保城土语分布在保亭东部及县城保城镇附近。

润方言（或润文化）黎族人数较少，约占黎族人口的 6%，主要分布在白沙的中部和南部。润方言有两个土语：白沙、元门。白沙土语主要分布在白沙的中部和南部，西部地区也有零星分布。元门土语分布在白沙县的东南部。润方言自称为"赛 [ɬai⁵³]"，但又被乐东地区的哈方言称为"尊 [hjɯːn⁵³]"，被五指山地区的杞方言称为"润"，故而得名。在古代，白沙地区为儋州所辖，儋州的汉族最早与润方言接触，后来哈方言也迁入儋州地区，为此儋州地区的汉族就认为润方言是"土著的黎族"，故又有"本地黎"之称。

美孚方言（或美孚文化）黎族人数较少，约占黎族人口的 5%，主要分布在东方东部和昌江西部的昌化江下游两岸地区。美孚方言自称为"赛 [ɬai⁵³]"，但又被哈方言称为"美孚 [moːi⁵³fau⁵³]"，他们也接受了"美孚"这一称呼，故而得名。

台方言（或台文化）黎族人数也较少，约占黎族人口的 5%，主要分布在陵水西北部、保亭东部，三亚、琼中、儋州、澄迈等市县的一些地方也有少许分布。20 世纪 50 年代黎语调查时发现该方言，因专家首先调查的地方是保亭黎族苗族自治县的加茂镇，故被称为"加茂 [khɯ⁵⁵vou⁵³] 黎"，但在大部分的出版物上多称为"赛黎"。台方言自称为"赛 [ɬai⁵³]"，年轻人则已变读为"台 [thai¹¹]"，故而得名。①

根据上述黎族的方言土语，可用下表直接勾勒出来：

---

① 高泽强：《黎族族源族称探讨综述》，《琼州学院学报》2008 年第 1 期。

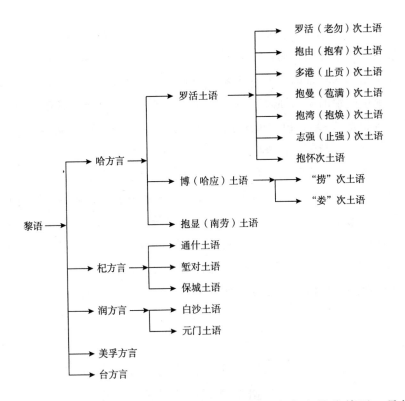

在黎语的五大方言中，哈、杞、润、美孚 4 个方言较为接近，虽然方言语音上有所差别，但 4 个方言之间语音有对应关系，基本可以进行一般通话。从语法、词汇、语音等要素上看，哈方言与杞方言很接近，润方言与美孚方言接近，而从声调上看哈方言和美孚方言完全相同。在 2300 多个常用词（包括一部分词组）中，哈、杞、润、美孚 4 个方言之间相同及相近的词都在 70% 以上，其中哈与杞相同的词达 81%，润和美孚相同及相近的词在 78% 以上。台方言是个较特殊的方言，与上述 4 个方言有很大的差别，相互间难以通话，词汇相差较远，一些同源词在语音上也存在明显的差别。台方言在 1600 多个常用词汇比较中，无论跟哪个方言比，相同词数都很低，最高的只达 44.9%（杞∶台），最低的只有 37.8%（润∶台）。[①]

在黎族众多文化中，黎语的"赛"与"哈"的概念也值得分析。"赛"是黎族的自称，是相对外族（如汉族、苗族、回族、外国人等）而言的，但在黎族内部也通常指居住在离海边较远而靠近山区的本族人。若从岛的沿海周边看，居住越靠岛中部山区的本族人，越会被居住在外部的

① 欧阳觉亚、郑贻青：《黎语调查研究》，中国社会科学出版社，1983，第 355～356 页。

本族人称为"赛"；而若从岛的中部山区看，居住越靠沿海周边的本族人，越会被居住在中部山区的本族人称为"哈"。正是基于这种认识，因而出现了像乐东山区一带的黎族被乐东沿海地区的黎族称为"赛"，然而被五指山、琼中一带的黎族称为"哈"的现象。居住地越靠海边越是"哈"而越靠山区越是"赛"，由此可见黎族内部的"赛"与"哈"概念只是一对相互的概念，它与黎族在海南岛居住的地理环境方位有关。

尽管黎族内部有五大支系（文化）或五大方言，并有不少的自称和互称，但在和外族交往时都一律称为"赛"，这表明了黎族内部的一致性和共同的历史文化基础。黎族"赛"的这个自称源远流长，"赛"的称呼在后来黎语中出现了不少的变读，如"dai^{53}"、"thai^{11}"、"tsai^{53}"、"t4ai^{53}"等。"赛"和"泰"、"傣"、"徕"等音比较接近，透过这些称呼也许对探讨壮侗语族远古自称有一定的帮助。[①]

二 史博图黎族地区调查前有关古籍
文献黎族的记载和分析

汉族（或中原人）和黎族及黎族先民的接触可谓源远流长，最早要追溯到西汉在海南岛设置珠崖、儋耳两郡时期。班固的《汉书·贾捐之传》中已经能够具体地将当时岛上的先住民称为"骆越之人"。当然这个称呼包括了分布于现今广东、广西以及越南北部所辖广大地区的古代民族。到东汉时，"骆越"称谓为"里"、"蛮"取代，如"建武十二年（前 36年），九真徼外蛮里张游，率种人慕化内属，封为归汉里君"。[②] 这里的"里"仍是泛指华南一带的少数民族，其中包括生活在海南岛的黎族先民。三国时"里"字转化为"俚"，"广东南有贼曰俚，此贼在广州之南……"。[③] 隋唐时，古籍文献中又出现"俚僚"、"夷僚"并称，同样泛指我国南方少数民族。到了唐后期，"黎"作为民族的族称第一次出现于文献上，

---

① 高泽强：《黎族族源族称探讨综述》，《琼州学院学报》2008 年第 1 期。
② 《后汉书·南蛮列传》卷 86。
③ 万震：《南州异物志》。

"儋、振夷黎，海畔采（贝）以为货"。① 宋代以后，各类古籍文献中普遍以"黎"代替了"俚"、"僚"，如宋乐史的《太平寰宇记》在卷169《岭南道十三》中叙述了儋州、琼州"生黎"的风俗，范成大的《桂海虞衡志·志蛮》篇中辟有"黎"专目，周去非的《岭外代答》、赵汝适的《诸蕃志》以及苏轼父子谪居海南时的诗文等均以"黎"字指黎族，于是"黎"称一直沿用至今。

历史上封建王朝和黎族及其先民接触的目的，最初不是出于要具体了解黎族社会的传统文化、社会模式、价值观念等，而是出于封建王朝开疆扩土后如何建立稳定的地方政权和统治黎族地区目的的。再是大多数的接触者、了解者或记录者，他们都是封建统治阶级的政治家、文人墨客，并非今人所谓的专家学者，他们的接触、了解和记录，不是真正意义上对海南岛、黎族地区、黎族社会进行全面的了解和忠实记录，所以造成有些文献是相互转载，有些甚至以讹传讹。不同历史时期的记录，其记录的对象是不同的。如"黎"这一族称的出现，其历史的背景和文化内涵并非一开始便是专指现今的黎族的。"黎"的族称若从历史变迁情况看，其所指的对象和范围，古时远为今日更广泛。这就是我们有必要从以下方面来对"黎"的族属指向及其历史沿革作些理顺的缘故。

第一，中原封建王朝对海南岛的统治是自岛西北起步，再向岛北和岛西发展，后再扩展到岛南部，这可从西汉时期海南岛所设立的郡县得到佐证，如儋耳、珠崖两郡以及至来、九龙、临振等县。唐代后，由于海上贸易的兴起，封建王朝重视对海南岛的经营，州县的设立渐渐发展到岛的东部如万州。州县设置的位置基本是位于近海和水陆交通方便的地点。当时的中原人抑或记录者，他们对海南岛少数民族社会状况的了解和认识，基本是沿着州县设置这条线走。唐代后期，"黎"这一族属称呼终于出现，然而分布于这条线上的人类共同体除了黎族的先民外，还有俚人（操海南话汉族和黎族的先民之一）、临高人的祖先、儋州人的祖先、哥隆人的祖先等，这些人所操的语言与中原人所操的语言差别很大，很多是不同的语支甚至不同的语族，根本不可能通话，基本是外语，所以被称作"鸟语"。记录者不是语言学家，他们把这些人当做少数民族或者"黎"来看待是非常正常的。到了明代，《明史·广西土司传·广东琼州府附》有载："熟黎

---

① 刘恂：《岭表录异》，北京鲁迅博物馆整理、标点，广东人民出版社，1979。

之，半为湖广、福建奸民亡命，及南、恩、藤、梧、高、化之征夫，利其土，占居之，各称酋首。"此语表明了此"熟黎"实为湖广、福建人，他们所操的语言也与南、恩、藤、梧、高、化等地同，此"熟黎"竟占整个"熟黎"之半，数量不可谓不多。到了清代仍有引用："……熟黎相传其本南、恩、藤、梧、高、化（州）……因徙长孙焉。"① 直到史图博到海南岛调查时，仍然把"临高人"称作"汉化了的黎族"。由此可见这些古籍文献中之"黎"，并非全是今日之黎族，当属泛称，当然也包括了当今黎族的祖先。

第二，到宋代，随着海南岛社会经济的发展，人们对海南岛上少数民族的了解比唐代人深入多了，不少文献辟有专论，并有了"生黎"、"熟黎"的论述。周去非《岭外代答》之"海外黎蛮"条中有载："海南有黎母山，内为生黎，去州县远，不供赋役；外为熟黎，耕省地，供赋役，而各以所迩，隶于四军州。"可见"生黎"、"熟黎"的划分是以"供赋役"、接受封建统治阶级统治和控制为标准的。"生黎"、"熟黎"这两个称谓自出现后，便频繁地在以后的各类古籍文献中被引用，一直到清代。根据海南历史的发展状况，"生黎"、"熟黎"在不同的历史时期其所指的对象和范围是不同的。宋代时期的"生黎"当指黎族，而"熟黎"则不一定，它应该包括了隋唐时期的俚人、临高人的祖先、哥隆人的祖先和小部分汉化的黎族。有文献载："俗呼山岭为黎，人居其间，号曰生黎。"② 黎语称"山岭"为"贺［hwou¹¹］"或"［hoʔ⁵⁵］"，从未有称作"黎"的。反观操海南话的汉族人，他们称山或岭为"岭［lʔja¹¹］"，海口市琼山一带的临高话也将"土岭"读为"［lɛŋ¹¹］"，读音都近似"黎"，可见呼山岭为"黎"者并非黎族，而是海南的汉族。应该说，这部分人原来也属于百越民族的后裔，他们向往汉文化（其实称为"中华文化"更准确），已自愿同化于汉族，认同汉族，所以他们已不是少数民族或黎族了。

第三，到了明代，"黎"所指的对象和范围就比较单一了些，"生黎"是指黎族，但"熟黎"除了指黎族外，依然还包括今生活于东方、昌江等市县所操"哥隆"话的汉族人。明代后期，哥隆人由于与汉族人民在经济文化上互相影响，民族特点日趋减少，不再被视为黎族了。到了清代，封

---

① 《古今图书集成·方舆汇编·职方典》第 328 册第 1389 卷《广东黎人岐人部》。
② 乐史：《太平寰宇记·岭南道十三》卷 169，"儋州风俗"条。

建地主经济在黎族地区得到进一步发展，虽然此时仍有"生黎"、"熟黎"乃至"半生半熟黎"、"三星黎"、"四星黎"、"生铁黎"、"生岐"之说，但其所指的对象基本都是黎族人民。此时，一些开发较早的"熟黎"地区，如文昌的斩脚峒，乐会县的大小踢峒，琼山县的清水、南岐、南坤等峒，会同县的麻白峒，定安县的南间峒，儋州的洛基、洛贺、羌花等峒，万州的卑纽、黎苎等峒，和当地汉族一样编入都图和载入黄册与鱼鳞册，不少人能"习书句，能正语"，有些土官的子弟还入县学、州学读书，政治上直接受封建王朝的统治，语言上渐渐抛弃母语，一些转操海南话、儋州话或临高话等，一些由于汉化而变成汉族，终于出现了"文昌无黎"的记载。至此，最后奠定了今人所见的黎族在海南岛的人文景观和地理分布局面。

自"黎"这一族属称呼出现后，不同的历史时期，其所指的对象和范围见下表：

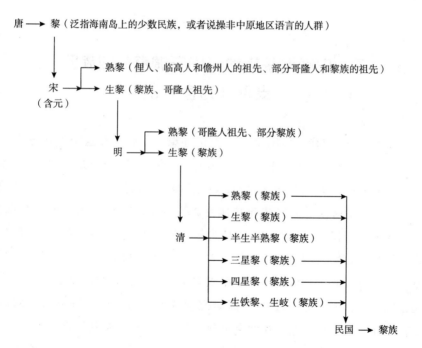

海南岛的社会历史发展是复杂的、不平衡的。由于历史上"黎"的称呼在海南岛是一种带有原始、野蛮、落后、未开化、禽兽不如等含义，具有很强的歧视性和污辱性，因此海南岛上很多人类共同体都尽可能地与

"黎"字划清界限，怕与"黎"字沾亲带故，岛上的居民（包括黎族）都尽可能地表白自己具有汉族的身份，都说是从福建来的，从甘蔗园村过来的。一般的黎族群众都会这样认为，是因在黎族地区长期居住后，自己才变成黎族。这从一个侧面反映了海南各族人民的历史情结和人文心态，同时也体现了岛上居民对中原文化、汉族文化的向往和认同。

对于黎族的称呼，除了封建统治阶级因黎族接受其统治的程度深浅不同而有"生熟"概念外，还有从风俗习惯上来称呼的："曰岐（杞）黎、曰佬（哈）黎、曰鬃黎，此熟黎也；曰下脚黎、曰大厂黎、曰小厂黎、曰霞黎，此生黎也。习俗大势相同，服饰居处各异。"① 也有从人体装饰上来称呼的，如儋耳黎、大鬃黎、小鬃黎、剃头黎等。更有从服饰特点上来称谓的，如长筒黎、短筒黎、吊庐黎、包卵黎，等等。由于记录者对黎族的社会历史文化缺乏深入的了解，故与黎族相关的称谓上虽然很多但相当混乱，未能反映出黎族社会内部实际情况。

三　史图博黎族地区田野调查和黎族四大支系（方言）的划分

20 世纪 30 年代，中国是一个内忧外患的年代，在这个即将发生重大历史变化的时候，长期居留中国并在上海同济大学任教的德籍教授史图博不顾个人安危，于 1931 年和 1932 年先后两次来到海南岛，以其丰富的知识和阅历，对海南岛的黎族和其他民族进行了较为详尽的实地田野调查。第一次他的行程较为匆忙，应该是为第二次的调查进行探路工作，但也形成了报告。② 第二次的调查历时 50 多天，所搜集和记录的内容极其详尽丰富，几乎遍及海南岛黎族地区。在积累了众多珍贵资料的基础上，史图博终于完成并出版了世界上第一部研究黎族的巨著——《海南岛民族志》，著作中还专辟一章"第二次海南岛旅行记"，详细记录其旅程。

史图博的调查和《海南岛民族志》的出版，第一次系统地、全方位地

---

① 《边蛮风俗杂抄·琼黎一览图》。
② 史图博、李化民：《海南岛人种学考察报告》，德意志东亚博物学民族学会五十周年纪念集刊，1933。

向世人展示了黎族及其各支系（方言）的文化传统以及各支系之间十分复杂的关系。调查中，史图博从物质文化如体质特征、服装服饰、房屋建筑、经济生活、生产用具、饮食、工艺等，到精神文化如宗教信仰、音乐歌谣、造型艺术、语言、传说等，再到制度文化如村峒组织、村长职责、习惯法、取名等，详尽记录，进行对比，从而在总体上对黎族形成了一个完整而系统的认识，并提出了黎族四大支系（方言）这个较为科学的结论。

　　根据史图博所划分的黎族支系（方言），可以用以下图表来表示：

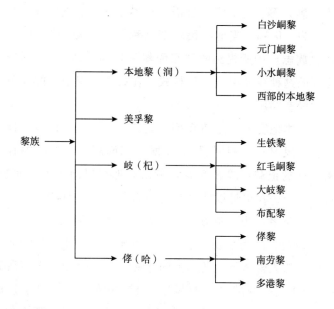

　　史图博对黎族各支系（方言）的这种分类是正确的。由于他的海南岛调查，两次均未完全进入今天保亭黎族苗族自治县、陵水黎族自治县境内，所以分布于这一地区的黎族另一个支系——台（赛）方言没有被他发现和认识，从而无法与其他黎族支系（方言）作进一步的比较，这确实有点遗憾。那么，史图博是真的没有发现台（赛）方言？答案是否定的。

　　近年来，海南省本地的黎族学者不断茁壮成长，他们因自身的有利条件，诸如有本民族文化背景的生长经历、有黎族地区农村的生产生活经验、精通本民族的语言等，在"黎学"研究这块园地相对于别的研究者具备了更多的"天时"、"地利"和"人和"。2002年底，海南省民族研究所曾进行一次规模不小的海南少数民族地区文化调查，该所科研人员黄文英助理研究员在琼中黎族苗族自治县调查中，就发现了该县几个乡镇都分布有台（赛）方言村庄，在他形成的《琼中县黎族"赛"文化情况汇报》中是这样描述的：

琼中县现有黎族五大文化中的侾、杞、赛三大文化集落。"赛文化"村庄分布在该县的松涛、黎母山、和平、吊罗山及中平等几个乡镇，而以松涛及和平镇村庄较多，形成千人以上甚至几千人的小聚居区。松涛乡纯赛方言文化村庄 5 个，赛汉杂居村庄 9 个……

松涛周边地区的汉民称黎民的裿裙为"襜"，而当地赛人妇女所着裿裙蓝色居多，占总数的 2/3，另 1/3 交织有红、蓝（黑）、黄等色彩的几何图案。因蓝（黑）等深色居多，且语言及风习等与邻近的侾、杞、本地等又不尽相同，为示区别，当地汉民将赛人称为"黑襜黎"。德国学者史图博《海南岛民族志》中所提到的"布配黎"指的当即"黑襜黎"。当地赛人原先所穿着的这种裿（黑襜）的样式，在如今的保亭县的加茂及保城镇的部分赛人中尚有穿用。

据一位身为本地赛人的松涛乡副书记说："黑襜黎自陵水保亭来，年代已不可考，但风习基本相同。"史图博《海南岛民族志》中有关"布配黎"部分有这样的记载："布配黎在荷山和那帮以南，是本地黎的邻居。根据他们自己说……在很早以前（超过一百年以上）他们的祖先从崖州地区移来的……"笔者认为，赛方言黎族人到松涛一带居住，当在明嘉靖十三年（1534）以前，因为明嘉靖十三年和万历二十七年（1599）沙湾、居林、居禄峒的黎族人曾举行过两次大的起义……1932 年史图博所到的"加禄峒"，应是史书上所载的"居禄峒"。如果松涛乡（加禄峒）的赛人原来（建松涛水库前）所住的村子是他们先人所开辟的话，那么他们的先人至少在明嘉靖十三年以前便在此生活。

在黎母山镇的南六田村，笔者有幸与一位 93 岁的老阿婆用赛方言攀谈，据老人说，她这代人的祖辈就自陵水七弓峒搬来这里了。来此原因为"走军走贼"来。她本人也是自七弓峒嫁到这里的。这个村早已消灭了茅草房，村中以操海南话为主，只有 50 岁以上的人尚能操母语。根据口音判断，他们当是从如今陵水的群英或保亭的保城和什铃搬来。时间当在冯五材征黎（1885）以后，保亭建县（1935）之前。

在和平镇及中平镇相连地带，有一个 4000 人左右的"赛文化"聚集圈，其中和平镇的长沙村委会的 5 个自然村的村民中，40 岁以上的村民尚能操母语。由于是"杞文化"环境中的"赛文化"小聚落，长期以来，赛杞和睦相处，相互通婚，形成了周边许多的赛杞杂居村。因此，在海南汉文化和黎族杞文化的冲击下，大部分人已改操海南话或黎族的杞方言，自己的母语因为交际范围的局限，被新中国成立后生长的新一代逐渐遗忘了。

至于台（赛）方言迁入琼中县的路线，黄文英是这样推断的：

> 如果"赛文化"进入海南岛的中部不是自岛北而来，而是如史图博所载及我们所访的当地群众所说的，是自岛的南部即古崖州及如今的陵水保亭往中部迁徙的话，则他们迁移的路线主要有四条：第一是自保亭的加茂、保城等地沿七指岭和吊罗山河谷越过吊罗山，进入琼中的吊罗乡、中平镇，再绕过黎母岭到达黎母山、松涛一带；第二条是自陵水的群英、祖关等地沿陵水的小妹河谷跨越吊罗山到达琼中的和平、中平等地；第三条自陵水的本号、提蒙一带沿黎跃岭河谷跨越吊罗山进入和平、中平等地；第四条自陵水的提蒙、光坡，跨越牛岭到达万宁南桥镇，进而沿河谷经三家罗进入和平、中平等地。《天下郡国利病书》就有"万州旧民黎九都，熟黎九十三村。西南鹧鸪啼洞（即今琼中长征，有赛人聚居），与陵水黎亭（在今陵水县提蒙一带，为赛人聚居地之一）等峒潜通"的记载。可见这两地之赛人古时是有往来的。

黄文英祖籍为陵水黎族自治县本号镇祖关村人，在琼中县调查时他能用自己所操的台（赛）方言和当地的中老年人交谈，由此他断定史图博所记录的布配黎，实际就是台（赛）方言。《海南岛民族志》有载："荷山的妇女，也几乎全部穿汉装的上衣和裤子，老人一般是穿裙子，但年轻人也在典礼时，特别是婚礼时还穿裙子。……在亚旺村买的裙子，长仅50厘米，但它可能是缺少上面那一幅，所以由宽35厘米的中间的一幅，和宽15厘米的下一幅构成……在冲威习的裙子与它完全不同，但也有独创性，长度有80厘米左右，其他的黎族当中仅有美孚黎才穿这样长的裙子。裙子的上下宽度都是100厘米……"① 黄文英认为这是典型的台（赛）方言的補裙。

在20世纪50年代的黎族社会调查中，也已发现琼中有台（赛）方

---

① 《海南岛民族志》，中国科学院广东民族研究所编印，1964，第194～195页。

言，调查材料有载：加茂方言（即台方言）"除了绝大部分分布保亭、陵
水两县外，尚有少数杂居于临高县五区番加乡和琼中三区长沙、长田两
乡"。① 可见当时调查组注意到了这一地区分布有台（赛）方言黎族，但由
于当时史图博《海南岛民族志》仍没有汉文的翻译本，汉文本直到1964
年才由中国科学院广东民族研究所翻译（油印本），所以没有能与《海南
岛民族志》记载中的各种方言土语进行一一对比，故调查者以为台（赛）
方言是最新发现的。

由《海南岛民族志》的记载，到50年代的黎族社会调查，再到黄文
英的研究，我们完全可以有理由认为：史图博在20世纪30年代已经发现
了黎族的5个支系，由此奠定了黎族五大方言的基础——本地黎（润方
言）、美孚黎（美孚方言）、岐（杞方言）、侾（哈方言）和布配黎（台方
言）。基于当时各方面条件的限制，他未能完全进入到今天的保亭黎族苗
族自治县、陵水黎族自治县的境内，所以没有发现在这两县交界地区仍分
布大量的"布配黎"，这才造成他不得已而把布配黎划归杞方言的缘故。
但是，他在"布配黎"一节中还是指出："布配黎同其他黎族有很多不同
点，语言也有些不同……我认为布配黎是岐黎当中最古老的支系……布配
黎已经深刻地受到汉族的影响，所以要确定布配黎和其他黎族的亲近关系
是很困难的。"② 可见史博图在要下结论时，态度仍是十分谨慎的。

四　黎族五大方言划分对后人的影响

当年史图博观察最细、着墨最多是润方言，其次是哈方言，再次是杞
方言和美孚方言，记录最少是布配黎（可能的原因是史图博将其作为杞方
言之一），这从《海南岛民族志》的记载中可以看出来。自《海南岛民族
志》出版后，人们对于黎族社会历史文化的认识、了解和认定，都没有摆
脱史图博所构建的框架。早在20世纪40年代，日本学者尾邦高雄就说过：
"史图博从整体上给我们一把打开黎族研究的钥匙。"可见其对后人的影响
之大。

---

① 中南民族学院本书编辑组：《海南岛黎族社会调查》，广西民族出版社，1992，第19页。
② 《海南岛民族志》，第193～194页。

20 世纪 40 年代抗日战争时期，为达到长期占领海南岛，掠夺海南岛资源，日军动用了来自日本国内以及中国台湾地区多家高等学府、研究机构的力量，派出几批专家学者如尾邦高雄、冈田谦、小叶淳等到黎族地区进行大量的典型调查，但最后也没有突破史图博的框架。20 世纪 50 年代中期，根据中央的指示精神，为了全面了解当时少数民族的社会经济文化现状，国家派出了大批专家学者奔赴全国各地少数民族地区进行社会调查。当年到海南岛对黎族社会进行调查的，主要为中国科学院少数民族语言调查工作队、中南民族学院、广东少数民族社会历史调查组等单位，专家学者对海南黎族苗族自治区（当时仍未更名为自治州）境内 22 个村点进行将近一年的经济类型和方言的实地调查，最后形成了《海南黎族情况调查》（油印本，共四册，第一册《合亩制地区》，第二册《"哈"方言地区》，第三册《"杞"方言地区》，第四册《"润"、"美孚"、"加茂"方言地区》）。1956 年 8 月至 10 月期间，中国科学院少数民族语言调查第一工作队海南分队，连同海南行署和黎族语文研究指导委员会派来参加的工作人员，共 50 多人，编为 3 个小组，分别出发到黎族苗族自治州各县，用"点面结合"的方法，进行黎语方言、土语的全面普查，最后也认为黎族内部可分为 5 个支系，2 个方言，4 个次方言，8 个土语，如下图表：

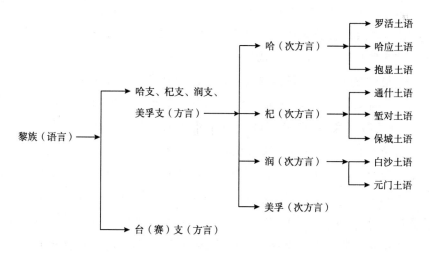

此次划分比史图博的划分更为仔细，更为具体，突出的特点：一是将黎语分为两个方言，哈、杞、润、美孚 4 个方言归类为同一个方言，台（赛）方言为单独一个方言，原因是 4 个方言相互间基本可以进行简单的通话，而台（赛）方言则难以与这 4 个方言通话交流；二是将哈、杞、

润、美孚 4 个方言降为次方言；三是对次方言的调查仔细到土语。1957年，国家即在此次语言调查的基础之上设计了《黎文方案》（草案）。30年代史图博的海南岛调查，50 年代国家主导下进行的黎族社会调查和黎语调查，都清楚地表明黎族有五大方言（支系）集团——哈方言、杞方言、润方言、美孚方言、台（赛）方言，黎族五大方言由此奠定了下来。

"文化大革命"结束特别是改革开放后，黎族的研究进入了新的发展阶段。20 世纪 80 年代《中国少数民族》、《黎族简史》、《黎语调查研究》、《海南黎族苗族自治州概况》、《海南岛历史上土地开发研究》等著作相继出版；90 年代《黎族》、《海南岛黎族社会调查》、《黎族文化初探》、《黎族大辞典》、《黎族史》、《五指山五十年》等著作不断涌现；进入 21 世纪后，研究黎族的著作更如雨后春笋般出现，先后出版了一批有影响、有分量的著作，如《黎族传统文化》、《中国黎族》、《中国少数民族大辞典·黎族卷》、《海南省志·民族志》、《海南黎族研究》、《黎族传统织锦》等等，各市县的地方志、自治县概况在各级政府的指导和支持下也先后编纂完成出版。这些著作不论从何种角度、方法、手段去叙述、描写、探讨、研究，基本都是按照黎族的五大方言来对黎族社会、历史、文化进行阐述的。

2007 年 4 月，"首届黎族文化论坛"在琼中黎族苗族自治县举办，海南省民族学会副会长兼秘书长王建成在论坛上就史图博的《海南岛民族志》曾表明自己的看法，他认为有以下几点：

一是对黎族进行了科学的分类。作者用丰富的民族学、民俗学、语言学知识，将黎族分成本地黎（润方言）、岐黎（杞方言）、侾黎（哈方言）、美孚黎（美孚方言）四种，加上中华人民共和国成立后认定的加茂黎（赛方言），基本涵盖了黎族各族群。

二是开创了黎族研究田野调查的先河。过去对黎族的认识，基本是停留在浮光掠影、道听途说上，往往是以偏赅全，主观性随意性强。史图博两次深入自北向南，从南丰等处开始，穿越今儋州、白沙、琼中、五指山、乐东、三亚、东方等黎区，进行了大量的实地观察和采访，记录了大量的民族学资料。

三是运用体质人类学等对黎族进行人体观察和测量。将黎族与高山族以及东南亚的许多民族进行了比较，就黎族起源问题提出了自己的假设，并引发民族学界对于黎族来源问题的长久争论。

　　四是史图博研究范围十分全面。关于黎族传统社会中的居住、农业、狩猎、交易、饮食、器物、工具、服饰、装饰、文身、歌谣、音乐、宗教以及精神生活、健康状态、民族性格等各个方面都有涉及。

　　五是史图博在研究黎族的同时还对海南的苗族、儋州人、临高人、客人、海南本地汉族、伊斯兰教人等进行了研究。[①]

　　我们认为这种评价是比较中肯的，它反映了国内学术界对《海南岛民族志》的基本看法，也点出了史图博《海南岛民族志》在对黎族文化的记录、整理、研究上的重大贡献。

（作者单位：琼州学院民族研究基地）

---

① 《首届黎族学术论坛》，民族出版社，2008，第14～15页。

1882 年美国人香便文海南岛之行日期考

辛世彪

香便文（Benjamin Couch Henry，1850～1901），美国传教士，1873 年来华，为岭南大学前身格致书院（Christian College in China）创办人之一，曾著有《基督教与中国》（The Cross and the Dragon）和《岭南纪行》（Ling－Nam）。[1]

1882 年 10 月，香便文在早一年上岛传教的美籍丹麦人传教士冶基善（Carl C. Jeremiassen，1847～1901）[2] 的陪同下前往海南岛考察旅行，考察经过写在《岭南纪行》一书中，成为该书的后半部分（17～27 章）。这是西方人穿越黎区的最早记录，1868 年史温侯（Robert Swinhoe，1836～1877）最远只到过琼中的岭门。[3] 不过，香便文《海南纪行》这一部分内容已于 1883 年分为四篇率先发表，前三篇题为《海南几瞥》（Glimpses of Hainan），发表在上海出版的《教务杂志》（The Chinese Recorder），[4] 末篇题为《海南纪行尾声》（The close of a journey through Hainan），刊载于香港

---

① Henry, B. C. , *Ling－Nam*, *or Interior Views of Southern China*, *Including Explorations in the Hitherto Untraversed Island of Hainan*, London, 1886. 书名直译是《岭南，或华南腹地览胜，包括在迄今未涉足的海南岛考察》，本人译为《岭南纪行》，后半部分译为《海南纪行》（原书 17～27 章）。

② 冶基善：美籍丹麦人传教士。冶基善于 1869 年来华，任粤海军舰长，缉拿珠三角一带的海盗。1881 年辞职进入海南岛做独立传道人，1882 年 4～5 月先行考察探索了黎区一些地方，同年 10 月陪同香便文进入黎区。

③ Swinhoe, Robert, "Narrative of an exploring visit to Hainan." *Journal of the North China Branch of the Royal Asiatic Society* (1871－1872)：41～91.

④ Henry, B. C. "Glimpses of Hainan", *The Chinese Recorder*, Vol. xiv, Shanghai, Vol. 14, pp. 165－185, 302－324, 335－365, 1883. 这三篇文章的内容分别是《岭南纪行》第 17～18、19～21、22～24 章。

出版的《中国评论》（The China Review）。① 这四篇文章收入《岭南纪行》时，只增加了两小段文字，其他内容几乎没有改动。

　　香便文书中没有说明他在海南岛旅行的具体起止日期和总天数，给我们留下了一处疑问。《海南纪行》译注完成后，我觉得有必要弄清楚这些具体时间。本文根据他在书中每日行程的记录，结合所能找到的当时其他相关文献，考订 1882 年香便文海南岛之行的日期和时间，以供治近代史及基督教入华史者参考。以下所引文献皆为本人翻译，但引文末括弧内所标为原书页码。

一　现有的材料和记录

　　有关香便文海南岛之行时间的直接记述，主要有以下 3 项材料。

　　1. 香便文《岭南纪行》第 17 章中说，这次旅行时间是 1882 年 10 月和 11 月：

　　　　直到三年前，海南岛腹地的外壳才被真正打破，对外界开放。做这事的第一人是冶基善先生，一位丹麦绅士，现在献身向岛内民众做独立的传教工作。1882 年 4 ~ 5 月间，他做了徒步环岛游，尝试在岛上旅行的可行性，他走过每一个地区都未受到侵扰，并证实那里的人很友善。这次由一个岛内外国人做的大范围旅行的记录，非常详细，令人充满兴趣。在过去的一年里，他已从岛北穿到岛南，再从东穿到西，在任何地方都未遇到特别的敌意。1882 年 10 月和 11 月，我有幸跟这位先生一道做了大范围旅行，穿越了这个岛的腹地，我就把这次的旅行记录续上。（p. 331）

　　2.《教务杂志》1882 年 11 ~ 12 月号"传教士新闻"栏中说，香便文于 1882 年 12 月 7 日返回广州：②

---

　　① Henry, B. C. "The close of a journey through Hainan", *The China Review, or notes & queries on the Far East*, vol. 12, no. 2 (1883 sep), pp. 109 – 124. 本篇内容即《岭南纪行》第 25 ~ 27 章。参看辛世彪中译文《海南纪行尾声》，载《海南历史文化》第 1 期，第 211 ~ 239 页，南方出版社，2010。

　　② "Missionary News", *The Chinese Recorder and Misionary Journal*. American Presbytery Mission Press, Shanghai, 1882, Vol. 13, p. 469.

广州。12月7日，传教士香便文从海南岛旅行归来，这次穿越之旅是在冶基善先生陪同下进行的。他们所到之处获得当地居民的极大好感，既有说海南话的汉人，也包括土著部落。冶基善先生诊治了无数的病人。书籍很容易就被买走了，处处热情好客，对待旅行的客人也如此。我们希望读到香便文先生对海南岛及岛上居民考察的记录。

3. 香便文在《基督教与中国》里说，他们在海南岛内旅行共计45天：[①]

两年前，我在冶基善先生陪同下去过海南，做了穿越该岛的大范围旅行。我在海南岛腹地度过了45天时间，在汉人和土著人中都住过，因此我可以从个人的观察和经历，说一说海南岛人的性情以及如何在他们中间开展工作；我可以强调说，整个海南岛——无论沿海还是腹地，无论山区还是平原——似乎都向基督教工作完全敞开了。

以上3种材料综合在一起，并非从12月7日往前数45天即可得到香便文旅行的准确日期。首先，香便文说他在海南岛旅行是10月和11月，并没有把12月包括在内。其次，香便文说得清楚，这45天是他在海南岛内旅行的时间，而不是往返海南岛的总时间，如果把12月7日作为旅行的最后一天，那他们登岛旅行的第一天就是1882年10月23日，可是香便文收集的植物标本清楚地记着，10月24日在临高收集到某些植物，根据《岭南纪行》中的记录推算，他们到达海口以后的第7天才进入临高县境内，这显然是不可能的。

因此，接下来我们要靠两种材料加以考订。一是香便文书中每天行程的记录，每天从哪儿到哪儿，住在什么地方，这是最重要的内证材料。二是在当时香港的植物学家汉斯博士（Dr. Henry Fletcher Hance, 1827～1886）的文章，因为香便文把他在海南岛收集到的植物标本全部赠送给汉斯做研究，汉斯将这些标本分类整理，发表于专业杂志，每一种植物都注明香便文收集的地点、日期等，这可以作为重要的旁证。

---

① Henry, B. C. *The Cross and the Dragon, or Light in the Broad East*, New York, 1885. p. 473.

二　香便文行程的描述

香便文在书中虽然没有说到任何一天具体是几月几日，但他提供了两种重要的时间信息。一是每天的行止，住在哪儿，在那里待了几天，我们可以据此推算出旅行的总天数；二是有两处提到在某地过星期天，这可以帮助我们推算出当天是几月几日，进而推算出该日前后的具体日期。

1. 从海口到儋州南丰

1882 年 10 月的一天，香便文从香港乘船前往海口：

> 我们从香港到海口的旅行，是乘坐一艘破旧的小汽船，船舱就在蒸汽锅炉上面。……傍晚时分，我们在开阔的锚地抛锚，港口的弊端立时显现。……我们乘坐其中的一只小船，到将近午夜才上岸，离我们下大船已有 5 个小时。在这番遭罪的航行之后，我朋友清洁、宁静、舒适的住处，对我是一个巨大的解脱。（p. 332）

此次随香便文一同来海南岛的还有几个说粤语的挑夫。从香港到海口，原文说海路有 290 英里，不管走了几天，这一段不算在 45 天之内，他们的行程是从登岛开始算起。

接下来他们考察海口及周边环境、历史人文，并做旅行前的准备，但没有注明天数。他们在岛上的旅行是走西线，从东线返回，这一路都记着当晚住哪里，住了几天，可以据此排列推算日期。书中涉及的地名我都做过实地调查，多数地名都已考订出来，古今地名不一致的，在叙述中注明原书所记历史地名，并用括弧标注今地名，有些暂时无法弄清楚，则用音译名，叙述文字中用括弧标出原文。

第 1 天从海口出发，当晚住海口西部的龙山（荣山）：

> 第一天徒步旅行 17 英里，止于"龙山村"（Lung – shan），村边有小溪流向大海，溪上有座石桥。（p. 345）

次日住澄迈县城（老城），从荣山到老城只有 5 英里：

> 城里的居民有礼而淡然地迎接我们。我们包下了整个旅店，这样

就觉得相对舒服些。(p. 348)

第 3 天住澄迈森山（福山），女店主泼辣能干，丈夫是鸦片烟鬼：

> 我们住在镇上最好的客栈里。据我们观察，海南所有的客栈都是
> 女人当家，这可能是她们自立的一个迹象。(p. 352)

第 4 天住临高船肚（皇桐），这地方离福山大约 6 英里：

> 几英里之后，我们来到一个叫"船肚"（Shün－tó）的小市镇，
> 这里我们住了一家上等客栈，干净舒适，又很安静，后面还有一个隐
> 蔽的门。(p. 354)

第 5 天住临高县城（临城），考察城内古迹，登高山岭。第 6 天到临
高美珠（波莲），因在此地诊治病人走不开，多住一天，一百多人得诊治：

> 我们本打算次日一早动身，但是散集回去的人已经把我们到来的
> 消息传开了，我朋友的医术在远近村庄都很有名。第二天早晨，我们
> 的门口挤满了热切而焦急的人。……于是，我们舍出一天，给他们治
> 病，锁上里面的门，让一个人守着，一次只许进几个人。(pp. 359－
> 360)

第 8～10 天住临高马停（美台），在这里休息并治病，从安息日（星
期六）到星期一共 3 天，有清楚的时间标记。

> 尽管他们一再请求，我们还是拒绝了所有的邀请，动身前往"马
> 停"（Ma－ting），离此地五英里远，我们希望去那里过一个安静的安
> 息日。(p. 360)

这一段说的依然是波莲，那天应该是星期五，由于治病太累，他们希
望到下一站美台过安息日（星期六），休息一下；次日就是星期日，香便
文和冶基善两位牧师要做礼拜。书中又说到，星期一美台有集市，他们详
细考察了市场，并且卖掉了带来的一部分书，当天也治病，治疗过的人比
波莲多一半；由于病人多，次日凌晨才脱身。因此他们在美台待了共计
3 天。

第 11 天住临高和舍，次日亦在和舍考察：

　　我们沿着缓坡下山，走了一英里半后到达"和舍"（Wo - she）镇，我们要在这里休息两天。(p. 365)

第 13 天住儋州那大，在这里治病、卖书，考察当地多种方言：

　　到了那大，我们发现正是繁忙开市的日子，街上挤满了赶时间专心做买卖的人。人们的数量之多，商品交换速度之快，以及整个城镇的面貌，使人感觉这里是个繁荣的地方。我们急于避开拥挤的人群，步行二十英里之后也很想休息一会儿，就走进了一家客栈。(p. 372)

第 14 天到儋州南丰，原文说因下雨滞留一周，但具体停留几天没有说明。因此，从南丰开始我们重新排列日期。

　　终于，耽搁了一周之后，天有些放晴，我们早晨就动身，希望天黑前能到达第一个黎村。(p. 402)

2. 从儋州南丰到海口

从南丰开始，第 1 天住志文（Chi - wán），因下雨滞留 3 天。

　　已经大半天过去了，我们全身湿透，筋疲力尽，又打着冷战。这里离镇上还有六英里，考虑到如果天黑下来，又阴沉沉的要下雨，全身衣服也是湿的，并且还可能找不到住处，我们就在"志文"（Chi - wán）村停下来，决定在这里过夜。幸好做了这样的决定，因为雨又下起来，在三天内不可能再往前走。(p. 404)

　　三天之后，尽管浓重的雾气依然在山间萦绕，我们还是动身往黎村走。(p. 406)

第 4 天住什满汀（Ta - man - teen），他们的到来在黎人中引起轰动：

　　什满汀（Ta - mán - teen）村距南丰十二英里，位于黎区边缘地带以内，在汉人辖区几英里之外。……我们要求见村里的头人，马上有人送我们到他家。头人当时不在家，但我们被毫不犹豫地请了进去，像回到家里一样。他的妹妹担当起女主人的角色，麻利地拿来

水、木柴及其他必需品。（p. 410）

我们一行（共十四人）的到来，在镇上引起巨大的轰动，几乎所有人都来看我们。（p. 415）

第 5 天住白沙县东北部的番仑，番仑是大村，他们住其中的一个小村：

几分钟后来到了一个小村子里，这就是那些被称之为"番仑"（Fan－lun）的第一个村庄。年轻活泼的黎人把我们带到此地最好的房子，我们进去后，按照待客的礼数，这房子和里面的一切就属于我们了。（p. 422）

第 6 天住福马（Fung－ma）：

步行三英里之后，我们又经过了两个村子，都叫"福马"（Fung－ma），我们在第二个福马村停下休息。（p. 435）

第 7 天到黎班，因下雨耽搁两天。此地去福马不远，俱在今白沙县细水乡合口村委会境内，因此第 7 日当天也应该算上：

到了黎班，人们带我们去的房子，虽然并不像我们离开的那座房子整洁吸引人，但也够大够舒适。（p. 440）

因为下雨，我们在黎班耽搁了两天，但这并不妨碍附近村子的人成群结队来看我们。（p. 443）

第 9 天住快丰（Kwai－fung），次日在那里过主日（礼拜天），这是第二个清楚的时间标记：

到达"快丰"（Kwai－fung）以后我们感到极大的轻松，这里是进入山谷以后的最后一个村庄。（p. 454）

星期天是在村子里过的。尽管人们对我们的宗教活动表现出极大的尊重，但是我们发现，让他们理解其中的含义是困难的，主要原因是我们不懂他们的语言。（p. 457）

第 11 天住琼中县红毛镇西北的打寒，这里的黎语跟白沙黎语不同：

休息一小时后我们继续上路，又翻过一道岭，走了一英里半路，到达"打寒"（Ta－hán）。……这里的人属于"干脚黎"（the Kon－keuk Les）部落，所讲方言与山岭那边的截然不同，我们的黎人挑夫只好讲海南话，这样他们才能听懂。房主和其他几个常跟汉人做生意的人，包括一个刚从海口回来的人，穿着汉服，但是大多数男人穿的衣服，如果可以称之为衣服，那就更为原始。（pp. 460－461）

第 12 天到牙寒，住在一个汉族商人家里，他们的穿越计划即被此人破坏：

我们来到"牙寒镇"（the town of Nga－han），它位于一条较大的溪流边上。我们的老黎人挑夫是我们在山岭那边遇到的一个鸦片烟鬼，他带我们去一个汉人家里，说是为了让我们住得更舒服些，但我们相信他是为了给自己弄一点鸦片。（p. 464）

第 13 天他们到牙寒南边一个村子的黎头家里，请他帮助物色说当地方言的挑夫，遭拒后折回，住在牙寒附近的一个村子，此村当为红毛镇的毛西：

黎头的村里没有可住之处，我们只好折回来，三次趟过宽阔的河流，在早晨路过的一个小村里过夜。（p. 467）

第 14 天开始返回海口，但没有走老路，而是从红毛往北走，当日住水乖（Shui－kwai）：

黎族老向导好像急匆匆要赶往下个歇脚的地方，我紧随其后，天黑前一个小时，我便到达一个叫"水乖"（Shui－kwai）的村子。尽管有前面的教训，但一进村子，老向导还是把我带进一户汉人家里。（p. 476）

第 15 天到岭门，在岭门停留两天，经历了很多事情：

就这样，我们一次次在臭气熏天的泥潭里挣扎前行，又一次次在溪流里把全身冲洗干净，终于隐约看到了我们的目的地岭门镇。……我们找了一处相对干燥的地方休息，是一个建在主房上面的小阁楼，有点像鸡舍。（p. 480）

经过两天半的休整，我们继续上路，穿过这片平原，直取东部的山脉。（p. 489）

第18天离开岭门向北，住屯昌县乌坡镇：

在道路崎岖的平原上走了十英里，我们来到了一个海南话叫"乌坡"（Au - pó）的市镇。一天的交易已经结束，但还是有成群的人聚集围观我们。客栈大都客满，这时候有一大群人带着稻谷和货物住在店里。在一座小房子里，我们总算找到了一个安身之所；这房子没有门，但好奇围观的人比我们更欣赏它。（p. 489）

第19天从乌坡经船埠坐船，一夜漂流到琼海嘉积，次日在嘉积考察集市，卖掉剩下的书和东西：

清晨，我们发现已经到了嘉积镇外的码头。从码头步行到客栈，我们差不多走了一英里，因此我们对镇子的规模有了一些概念。……我花了一整天时间逛街，带着大约三百册书和我们余下的所有东西，不费吹灰之力就处理掉了。（p. 492）

第21天住定安县居丁镇，第22天从居丁到定安县城（定城），乘船连夜返回海口：

第一天我们走了二十五英里，在"居丁"（Kü - ting）镇落脚，次日中午抵达海口河。我们从这里乘船，连夜驶往海口，清晨到岸，在我朋友的住处吃早餐。（p. 494）

以上从海口到南丰共走了14天，从南丰以后共22天，合计36天，这是非常清楚的。需要考订的是他们在海口住了几天，在南丰住了几天，以及每一天的具体日期。

三　具体日期推算及旁证

1. 日期推算

有4个时间标记可以参考：一是此次旅行在10～11月，二是在海南岛旅行共计 45 天，三是在美台的 3 天是从星期六到星期一，四是在快丰村的那一日是星期天。

我们把最后的一天（从居丁到海口）当做第 45 天，以快丰的那个星期日（倒数第 13 天）作为起点，在 11 月和 12 月初之间进行时间排列，发现那一天正好是 1882 年 11 月 19 日（农历光绪八年十月初九日）。旅行的后半段时间就是 11 月 18 日（周六）晚上到达快丰，12 月 1 日（周五）连夜返回海口。

然后从 19 日往前推，有另外一个重要的时间标记，在美台正好是周六、周日、周一，这个不会变，这样他们滞留在南丰的时间就可以推算出来。他们于 1882 年 10 月 28 日（周六）当天到达美台（原文说从美珠到马停 5 英里），31 日（周二）离开美台前往和舍，当日及次日都住和舍。11 月 2 日住那大。11 月 3 日（周五）到达南丰，滞留 6 天，11 月 10 日离开南丰到志文，后面的日期就都接上了。

最后，他们初到海口时待的时间也就清楚了，总共 3 天，具体日期是 1882 年 10 月 18 ~ 20 日（周三到周五）。

这样，香便文一行是在 1882 年 10 月 17 日（星期二）晚上到达海口港，次日凌晨上岸。他们在海南岛旅行的时间是从 1882 年 10 月 18 日（星期三）算起，12 月 1 日连夜也就是 12 月 2 日（星期六）清晨到海口，不计 12 月 2 日当天，共 45 天。具体行程及大事记见附录。

有一个问题，《教务杂志》1882 年 11 ~ 12 月号说香便文于 1882 年 12 月 7 日返回广州，这怎么解释？原来，香便文因为旅途的疲惫，加上从船埠到嘉积那一夜在船上受了风寒，11 月 30 日到达会同（今琼海塔洋）后本想取道文昌回海口，但因发高烧，不得不乘坐轿子加紧赶回海口：

> 我们本打算先去文昌，再从那儿返回海口，但是嘉积河上那一夜漂流的恶果，在我身上转成了严重的打摆子发高烧，这病把我放倒了。我们只好抄最近、最便捷的路赶回去。几天后，我的朋友也同样病倒了，因此这次旅行的结尾并不如开始时那么令人愉快。从会同坐上轿子，我们直奔距离海口河（the Hoi – how river）最近的地点。（p. 494）

接下来几天香便文在海口养病、恢复、整理材料，于 1882 年 12 月 7 日回到广州。香便文对于坐船到海口港的情形已经表现得深恶痛绝，加上身体不适，情理上不可能立即从海口坐船折腾到广州。12 月初这几天在香便文书中没有任何记录，自然也不可能算在穿越海南岛的旅行当中。而且根据书中的叙述推算，也没有超过 45 天的行程记录。

2. 旁证材料

香便文是植物学爱好者，来海南之前就曾在广东北江、连州一带收集过很多植物标本，交给当时在香港的植物学家汉斯博士①做分类研究并且发表。香便文在海南岛旅行 45 天，收集到 200 种植物样本，都带回去交给汉斯。汉斯将这些样本整理并做了植物学分类，发表在英国的《植物学报》（Journal of Botany：British and Foreign）上，每一种都注明香便文收集的地点、日期等。较重要的几篇是：1883 年的《中国植物志拾遗（八）》，发表植物品种 100 个，其中香便文 1882 年在海南收集的 5 个。② 1884 年的《几种中国榛木科植物》，发表植物品种 10 个，其中香便文 1882 年在海南收集的 3 个。③ 1885 年的《中国植物志拾遗（九）》，发表植物品种 59 个，其中香便文 1882 年在海南收集的 13 个。④ 1887 年的《中国植物志拾遗（十）》，发表植物品种 19 个，其中香便文 1882 年在海南收集的 2 个。⑤

---

① 汉斯博士（Dr. Henry Fletcher Hance, 1827～1886），英国外交官和植物分类学家。1844 年被派往香港做领事官员，1881 年在广州附近的黄埔任副领事，1886 年调任厦门代理领事并死于厦门，上任仅仅几周时间。他利用业余时间研究香港等地的植物，成为华南植物方面的权威，著名博物学家史温侯（Robert Swinhoe）对他极为推崇。有意思的是，作为植物分类学家，汉斯本人很少长途跋涉做调查，他主要通过通信方式，收集别人采集的植物标本，然后加以鉴定分类。汉斯最主要的成果是给 George Bentham 的《香港植物志》（Flora Hongkongensis：A description of the flowering plants and ferns of the island of Hongkong, 1861）作的增补，名叫《香港植物志补编》（Flora Honkongensis：A compendious supplement to Mr. Bentham's description of the plants of Hongkong, 1872）。汉斯收集分类的植物标本多达 22437 种。香便文收集的海南岛植物标本全部赠送给汉斯做研究了。

② H. F. Hance, "Spicilegia Florae Sinensis：Diagnoses of New and Habitats of Rare or Hitherto Unrecorded Chinese Plants（VIII）", *Journal of Botany：British and Foreign*, Vol. 21, oct. 1883, pp. 295 – 299；nov. 1883, pp. 321 – 324；dec. 1883, pp. 355 – 359.

③ H. F. Hance, "Some Chinese Corylaceae", *Journal of Botany, British and Foreign*, Vol. 22, aug. 1884, pp. 227 – 231.

④ H. F. Hance, "Spicilegia Florae Sinensis：Diagnoses of New and Habitats of Rare or Hitherto Unrecorded Chinese Plants（IX）", *Journal of Botany：British and Foreign*, Vol. 23, nov. 1885, pp. 321 – 330.

⑤ H. F. Hance, "Spicilegia Florae Sinensis：Diagnoses of New and Habitats of Rare or Hitherto Unrecorded Chinese Plants（X）", *Journal of Botany：British and Foreign*, Vol. 25, jan. 1887, pp. 12 – 14.

1885 年的一篇短文《中国的四种番樱桃属植物》,① 用拉丁语写成，所说的 4 个品种都是香便文收集的，其中 3 个品种在海南岛收集。

这 26 种在海南岛收集的植物按汉斯原文标注的收集时间排列如下：

1. *Jasminum* (*Unifoliata*) *microcalyx*，sp. nov. —1882 年 10 月 19 日香便文在海南海口 (Hoi – hau) 收集。

2. *Gossypii* sp. —1882 年 10 月 21 日香便文在海南临高 (Lam – ko) 收集。

3. *Loranthus* (*cichlanthus*) *notothixoides*，sp. nov. —1882 年 10 月香便文在海南临高 (Lam – ko) 收集。

4. *Helicteres spicata* Colebr. Var. ? *hainanensis.* —1882 年 10 月 24 日香便文在海南临高 (Lam – ko) 收集。

5. *Anisochilus sinense*，sp. Nov. —1882 年 10 月 24 日香便文在海南临高 (Lam – ko) 收集。

6. *Pteris quadriaurum* Retz. Var. —1882 年 10 月 24 日香便文在海南什满汀 (Ta – men – tin) 收集。

7. *Hygrophilia phlomoides* N. ab E. —1882 年 10 月 31 日香便文在海南临高 (Lam – ko) 收集。

8. *Ipomoea capitellata* Choisy. —1882 年 10 月 31 日香便文在海南和舍 (Wo – chi) 收集。

9. *Ipomoea pileata* Roxb. —1882 年 10 月 31 日香便文在海南和舍 (Wo – chi) 收集。

10. *Engenia* (*syzygium*) Henryi. —1882 年 10 月 31 日香便文在海南和舍 (Wo – chi) 收集。

11. *Chailletia hainanensis*，sp. Nov. —1882 年 11 月 1 日香便文在海南和舍 (Wo – shi) 收集。

12. *Linociera* (*Ceranthus*) *Cambodiana* Hance. —1882 年 11 月 1 日香便文在海南临高和舍 (Wo – shi) 收集。

13. *Suertia* (*Ophelia*) *vacillans* Hance. —1882 年 11 月 6 日香便文在海南南丰 (Nam – fung) 收集。

---

① H. F. Hance, "*Eugenias* quattuor novas sinenses", *Journal of Botany*: *British and Foreign*, Vol. 23, jan. 1885, pp. 7 – 8.

14. *Kleinhoriahospital* L. —1882 年 11 月 7 日香便文在海南收集。

15. *Sphenodesma unguiculata* Schauer. —1882 年 11 月 14 日香便文在海南土著黎人区什满汀（Ta‐men‐tin）收集。

16. *Thea bohea* L. —1882 年 11 月 14 日香便文在海南土著黎人区 Ta‐men‐tai 收集。

17. *GomphJiostemma chinense* Oliv. —1882 年 11 月 15 日香便文在海南土著黎人区番仑（Fan‐lun）收集。

18. *Quercus*（*Cyclobalanus*）*silvicolarum*，sp. nov. —1882 年 11 月 16 日香便文在海南土著黎人区收集。

19. *Diosspyros eriantha* Champ. —1882 年 11 月 21 日香便文在海南土著黎人区的红毛（Hung‐mo）收集。

20. *Plectraqnthus*（*Isodon*，*Euisodon*）*veronicifolius*，sp. nov. —1882 年 11 月 21 日香便文在海南土著黎人区收集。

21. *Eugenia*（*syzygium*）*myrsinifolia*. —1882 年 11 月 21 日香便文在海南土著黎人区的红毛（Hung‐mo）收集。

22. *Quercus*（*Pasania*）*litseifolia*，sp. nov. —1882 年 11 月 22 日香便文在海南土著黎人区的红毛（Hung‐mo）收集。

23. *Quercus*（*Pasania*）*Naiadarum*，sp. nov. —1882 年 11 月 26 日香便文在海南土著黎人区的山脚下收集。

24. *Melodorum*（*Eumelodorum*）*verrucosum* Hook. fil. & Thomas. —1882 年 11 月 28 日香便文在海南土著黎人区的红毛（Hung‐mo）收集。

25. *Eugenia*（*Syzygium*）*tephrodes*. —1882 年 11 月 30 日香便文在海南嘉积（Ka‐chik）收集。

26. *Myrica*（*Morella*）*adenophora*，sp. nov. —1882 年 11 月香便文在海南定安（Ting‐on）境内收集。

以上 26 条记录中，第 3 条和第 26 条没有注明具体日期，第 14 条、18 条和第 23 条没有注明具体收集地点。第 1、4 ~ 5、7 ~ 13、15 ~ 17、19 ~ 22、25 条，共计 18 条都与我考订的时间完全相合。其中第 15 ~ 16 条在同一天，地点应该都是什满汀，Ta‐men‐tai 当是 Ta‐men‐tin 之误。

1882 年 10 月 24 日香便文从澄迈森山（福山）到临高船肚（皇桐），10 月 31 日至 11 月 1 日在临高和舍，第 3 条说是 10 月在临高收集，应该说得过去。11 月 4 ~ 9 日香便文一行滞留在南丰（当时属临高，今属儋州），因此第 14 条应该也是在南丰收集。第 18 条笼统地说 11 月 16 日在黎区收集，他们当天在黎区的福马到黎班之间行走。11 月 25 ~ 26 日他们在岭门，这是黎区最北端，第 23 条也说得过去。第 26 条说 11 月在定安收集，当时的定安县范围很大，包括现在的琼中县全境和屯昌县一部分，可以是 11 月 20 日到 27 日的任何一天所经过的地方。因此这 5 条也不一定有问题。

　　问题出在第 2 条、第 6 条和第 24 条。据我考订，10 月 21 日是香便文一行开始穿越旅行的第一天，从海口出发到龙山（荣山）过夜，行走 17 英里（27 公里），4 天后才到临高境内，10 月 21 日无论如何不可能在临高。怀疑是香便文手写的标签 24 或 27 因看起来像 21，汉斯误认作 10 月 21 日。第 6 条标本说是香便文 10 月 24 日在什满汀收集的，这绝无可能，10 月 24 日应该在临高境内，从这一天到什满汀还有近 20 天的路程，肯定是汉斯把标签弄错了。第 24 条说是 11 月 28 日在红毛峒收集，这个也没有可能。他们在 11 月 23 日离开红毛，当晚住在水乖，其地在琼中北部，当在今湾岭镇境内。11 月 28 日这一天他们已经离开黎区了，更无可能在黎区的红毛。怀疑是汉斯把香便文手写标签 23 看成 28，因此出错。

　　以上 26 条材料中，有 3 条怀疑是汉斯弄错了标签上的日期或地点，5 条虽无具体时间或地点标记，但未必有问题，其他 18 条都与考订出来的日期相合。汉斯的文章可以旁证香便文 1882 年海南岛之行的具体日期。

结　语

　　我们不知道究竟是什么原因使得香便文没有在书中标注这次行程的具体日期，这本是轻而易举之事，也许他这样做是为了保证可读性，避免成为流水账似的日志或报告。香便文行文的简洁、流畅和优美令人称道，具有很高的文学价值。记者出身的前缅甸殖民者司各特爵士（Sir James George Scott，1851 ~ 1935）是很能写作的人，但他的《法国与东京》（France and Tongkin，1885）① 一书中关于海南岛的描写直接大段抄录香便文，对其文笔大加赞叹，可见其价值和影响力。尽管如此，香便文记下了

---

① Scott, Sir James George, *France and Tongkin: A Narrative of the Campaign of* 1884 *and the Occupation of Further India*, London, 1885.

他们在旅途中的行止等相关信息，当时的教会文献也记载了这次旅行，汉斯博士的植物分类论文中更保留了香便文采集的植物样本的时间、地点等。我们从内证外证两方面的材料加以考订，得出 1882 年香便文海南岛之行的具体日期，应该是比较准确的。

附录：1882 年 10 月 18 日至 12 月 1 日
香便文一行海南岛旅行大事记

日 期	路线及距离	事 件
前往海南岛 1882 年 10 月 17 日 周二 （光绪八年九月初六日）	香港→海口（290 英里） 1 英里 = 1.61 公里	香便文与几个说粤语的挑夫乘小汽船从香港到海口港，泊船于 3 英里外的海上，换小船登陆，将近午夜才上岸。住冶基善宿舍，其地当在今海口旧市区解放西路到得胜沙路一带
第 1~3 天 1882 年 10 月 18 日~20 日 周三、周四、周五 （农历九月初七~九日）	海口→府城（3 英里）	考察海口及周边自然、历史、人文，做旅行前的准备。海口街区，港口贸易。海南方言。海湾两旁漫步。大量水禽和野生动植物。大英山上的罗马天主教旧公墓。耶稣会士在岛上的活动。琼州府城。椰壳容器
第 4 天 1882 年 10 月 21 日 周六 （农历九月初十日） 开始穿越旅行	住地→盐灶→秀英→石山北部→荣山（17 英里）	从海口向西行。盐灶的制盐场，滨河入海处的海湾。秀英一带路上挑着乳猪、野鸟来海口贩卖的苦力络绎不绝。吃午饭时被鸦片烟熏。归化为汉人的临高人部落。过火山口北部的火山岩区，见到低矮的黑色火山石房子。夜宿荣山村小客栈
第 5 天 1882 年 10 月 22 日 周日 （农历九月十一日）	荣山→拔南（2 英里）→老城（3 英里）	早起品尝牛肉。从拔南乘小船向西行。见迎亲队伍。在东水港上岸，过一座方塔，从西门入澄迈县城。老城有城墙及东、西、南三个城门，北城墙上有"新通潮阁"。城内宛若植物园，男人多吸食鸦片。城南有两座桥，较矮者结构精美，建在瀑布上，桥侧有石塔

续表

日 期	路线及距离	事 件
第 6 天 1882 年 10 月 23 日 周一 （农历九月十二日）	老城→雷公埔（2 英里）→ 多峰市（2 英里）→火镜埔 （约 3 英里）→森山	在多峰市售书。中午至火镜埔，初尝椰汁。过简陋客栈。夜宿森山（福山）。女店主泼辣能干，丈夫是鸦片烟鬼。镇上人肤色黑，眼窝深，多讲临高语，懂海南话，有几个人会粤语
第 7 天 1882 年 10 月 24 日 周二 （农历九月十三日）	森山→船肚	走牛车路。澄迈与临高交界处的野兜树凉棚。宿船肚（皇桐），客栈既多且好
第 8 天 1882 年 10 月 25 日 周三 （农历九月十四日）	船肚→三盈→那北→临城	在三盈吃早餐。宽广肥沃的那北（博厚）平原正在割稻。破旧的临高县城。四个城门从不关闭。城中心有孔庙。八角塔。登高山岭。县令邀请。考察临高话
第 9 ~ 10 天 1882 年 10 月 26 ~ 27 日 周四、周五 （农历九月十五 ~ 十六日）	临城→美珠	在美珠（波莲）治病，盛况空前，无法离开，舍出一天治病。一百多人得诊治。售书
第 11 ~ 13 天 1882 年 10 月 28 ~ 30 日 周六、周日、周一 （农历九月十七 ~ 十九日）	美珠→马停（5 英里）	在马停（美台）过安息日，随后治病。病人更多。当地人乐买书。周一开市，考察集市 （这三天有清楚的时间标记）
第 14 天 1882 年 10 月 31 日 周二 （农历九月二十日）	马停→加来（13 英里）→ 和舍（约 8 英里）	凌晨四点离开，在加来吃早餐，考察早市。往和舍途中见客家人防御工事遗迹。沿途风景如画
第 15 天 1882 年 11 月 1 日 周三 （农历九月二十一日）	在和舍	考察和舍周边环境及植物。了解老客家、新客家移民的历史、人口及土客械斗
第 16 天 1882 年 11 月 2 日 周四 （农历九月二十二日）	和舍→那大（20 英里）	途中仅见小客栈，无房舍。起伏的草地。得白化病的水牛。从南丰往加烈（金江）运送黎货的水牛车。那大当日开市，人数众多。宿老客家人家。大雨中治病、卖书。那大的七种方言。德高望重的老房东。此地鸦片不甚泛滥

续表

日　　期	路线及距离	事　　件
第 17 天 1882 年 11 月 3 日 周五 （农历九月二十三日）	那大→南丰（10 英里）	离南丰三英里有巨型榕树。大雨，在南丰找不到客栈，宿于一间又湿又脏的空屋
第 18～23 天 1882 年 11 月 4～9 日 周六至下周四 （农历九月二十四～二十九日）	在南丰	考察南丰自然环境、黎货贸易及矿藏，了解黎情黎俗、打探路线及货币。"乾昌"店掌柜提供诸多信息。因下雨耽搁一周。南丰隔日开市，赶集者数百，黎人数十。黎女纹面。黎货少
第 24～26 天 1882 年 11 月 10～12 日 周五、周六、周日 （农历九月三十至十月初二日）	南丰→志文（约 6 英里）	乘独木舟过河。跋山涉水多次，宿志文村。因下雨耽搁三天
第 27 天 1882 年 11 月 13 日 周一 （农历十月初三日）	志文→什满汀（6 英里）	路上遭遇大量山蚂蟥。看到黎区野山茶。宿什满汀黎头家，其妹接待。此地属"黑闪黎"部落。见到船型屋。无偶像崇拜。女子纹面，男子剃头。砍竹竿撑床。黎人天生有礼貌。一锅充当百用。用网捕猎
第 28 天 1882 年 11 月 14 日 周二 （农历十月初四日）	什满汀→番仑（7 英里）	出发前挑夫闹事。7 英里内趟过 20 多条河。挥刀开路，吓跑黎人及其纹面美女妻。山坡上苗人小屋。尖桩篱笆带陷阱。宿番仑村，房东家 13 岁小女孩当家，20 岁少年管事。此地广种玉米。夜晚聚会。黎人问药，制作风湿膏
第 29 天 1882 年 11 月 15 日 周三 （农历十月初五日）	番仑→福马（3 英里）	因下雨，在番仑村考察。女子有三种服饰。小女房东被流浪狗咬伤脚，为其动手术、消毒。又拔掉一青年脚上的竹刺。吃野猪肉。中午动身，女主人送蓖麻油爆的米花。沿途黎人围观，见到白化病人。稻田里有稻草垛子。另见农田里的吓鸟装置。宿福马村。男子衣着原始，女子嚼槟榔

续表

日　期	路线及距离	事　件
第 30～31 天 1882 年 11 月 16～17 日 周四、周五 （农历十月初六～七日）	福马→甲口→黎班	离开福马时，廉价买到一副上好的鹿角。哑巴挑夫驮人过河。过甲口村，黎头盛情相邀，辞谢。又被领至快发村，坚辞。宿黎班村（下村） 因下雨耽搁两天。附近黎人来看望。此地黎人身体好，体型匀称。男子高而壮，有髭须。女子身材姣好。观纹面过程。研究黎人名称。欲买女装收藏，未得。物色到新的黎人挑夫
第 32 天 1882 年 11 月 18 日 周六 （农历十月初八日）	黎班→黎班老村→做歌→立志→加来→快丰（6 英里）	在黎班老村遇广东书生。黎班戴沉香木手镯。中午至加来，老黎人告以黎情。6 英里内涉水 30 次。宿快丰，这是进入山谷后的最后一个村子
第 33 天 1882 年 11 月 19 日 周日 （农历十月初九日）	在快丰	黎人彼此友好。有女人戴 20 只直径不等的项圈。房主家摆偶像。分发风湿膏。拔牙盛况。竹片制成的谱牒。房主杀猪款待。在村中主日崇拜 （清楚的时间标记）
第 34 天 1882 年 11 月 20 日 周一 （农历十月初十日）	快丰→水英→打寒	取道南下，过水头岭。小木屋中避寒。到水英，此地说另一种黎语，是红毛峒第一个村子。宿打寒，属"干脚黎"部落。村子曾遭匪盗烧抢。男人衣服更原始。女人不纹面，有人戴 25 个项圈，另有人戴大银耳环
第 35 天 1882 年 11 月 21 日 周二 （农历十月十一日）	打寒→牙寒	水深不能过，幸赖打寒黎人带路护送。眺望五指山，又看见昌化江和崖州河的源头。下山宿牙寒村，位于溪水边。老黎人挑夫引至一汉人家。房主的黎妻裸着上身走动。夜晚，房主讲前路匪盗出没。黎汉挑夫间因为食物起矛盾。房主力劝放弃穿越计划
第 36 天 1882 年 11 月 22 日 周三 （农历十月十二日）	牙寒→合老（3 英里）→毛西	早起渡河，经过三个村子到合老的黎头家。黎头不肯帮助物色挑夫，黎班挑夫受雇到此。原路返回，宿牙寒附近的毛西村，该村一年前遭匪盗烧抢。见到竹水桶

续表

日 期	路线及距离	事 件
第 37 天 1882 年 11 月 23 日 周四 （农历十月十三日）	毛西→瓦板（25 英里）→ 水乖（25 英里）	继续沿着黎母山向北走。中午到瓦板村，遇吸鸦片的汉人。在嘉积河上游，发现新的橡树品种。夜宿水乖村，这是最后一个黎村。村前有漂亮的瀑布，村后有高高的山峰。当晚挑夫迟到
第 38 天 1882 年 11 月 24 日 周五 （农历十月十四日）	水乖→岭门	水乖房东带路，抄小路往岭门。看到大量原鸡经过几个黎汉杂居的小村，中午到一个汉人村，遇人卖鹿骨架，索要天价。大雨中沿着泥泞道路到岭门，费劲才找到住处
第 39～40 天 1882 年 11 月 25～26 日 周六、周日 （农历十月十五～十六日）	在岭门	在岭门休息两天。晒东西，清点行李。劫匪警报，驻军滥杀无辜。考察岭门集市，有巨蟒出售。岭门镇附近村子有天主教堂。登高望远
第 41 天 1882 年 11 月 27 日 周一 （农历十月十七日）	岭门→乌坡（10 英里）	沿途有人挑着装骨头的篮子，当肥料拿去卖。夜宿乌坡，客栈大都客满。老板娘说粤语
第 42 天 1882 年 11 月 28 日 周二 （农历十月十八日）	乌坡→船埠→嘉积	看到平原上的槟榔园和山茶树林。莺茂岭森林覆盖。下午 4 点抵船埠，乘船顺流而下，遇到有毒的瘴气，清晨到嘉积镇
第 43 天 1882 年 11 月 29 日 周三 （农历十月十九日）	在嘉积	一整天考察嘉积集市。赶集者数以千计，货物多，生活必需品廉价。广东人控制生意。轻松卖掉 300 册书及剩余物品
第 44 天 1882 年 11 月 30 日 周四 （农历十月二十日）	嘉积→会同→居丁（25 英里）	从嘉积到会同（塔洋），县城破败不堪，见会同塔。从会同坐轿子往居丁，主路上满载货物的挑夫络绎不绝。夜宿居丁
第 45 天 1882 年 12 月 1 日 周五 （农历十月二十一日）	居丁→定城→海口	中午到海口河（南渡江）渡口，乘船连夜赶往海口，次日清晨抵达冶基善住处

注：香便文在海南岛旅行 45 天后，在海口休息一周，整理材料，于 1882 年 12 月 7 日回到广州。

（作者单位：海南大学人文传播学院）

约 稿 函

在海南省社科联和海南大学的关怀支持下，在国内和本岛从事海南相关领域研究的学者的共同努力下，《海南历史文化》（第二卷）如期面世。但愿它能够使一直关注海南历史文化的人们有所收获，对方兴未艾的海南研究有所贡献。

与第一卷和《海南历史文化研究集刊》比较，本卷在深入挖掘海南历史文化的同时，也将研究视角向 200 多万平方公里的海域——南海聚焦。"鉴于往事，有资于治道"是史学的价值之所在，也是本刊的学术追求。在当前海南正举全省之力建设国际旅游岛之际，海南历史文化研究基地渴望得到海南乃至国内外学者的鼎力支持，并坚持如下原则，定期办好《海南历史文化》，使之逐步发展成为汇集海内外海南文化研究资源的核心阵地和学术平台。

一　总体原则

1. 以海洋文明尤其是岛屿文明为语境，展开关于海南岛及其地缘问题的历史地理学研究，追寻海南这一特殊文化体系的文化基因；

2. 以民族文化尤其是黎族文化为语境，推广关于海南少数民族的非物质文化的田野考察、考古，开发海南先住民的文化资源；

3. 以历史文化尤其是移民文化为语境，进行关于海南区域文化历史研究，发掘其中的宗教、伦理、民俗、语言、艺术价值；

4. 以国际旅游岛建设为语境，打造海南文化的学术交流平台，促进相关研究成果的社会转化。

二　具体原则

1. 学术性：欢迎具有问题意识尤其是既具有深沉的历史感又具有鲜明时代感的创新性研究，以引发学术争鸣；

2. 资料性：欢迎各种实证研究而产生原创材料，尤其是既立足扎实的考证又能够细致思辨的成果，以供学术研究参考；

3. 知识性：欢迎能够将海南经验固化为普世化认识成果的作品，尤其是能够从海南历史文化中发掘出对于中华文化乃至世界文化具有普遍性的命题的作品，以弘扬海南精神；

4. 批评性：欢迎对海南历史上具有普遍意义的事件和问题直接发表意见的文章，以强化人文立场；

5. 兼容性：欢迎微观与宏观相结合的研究成果，既根本于海南历史文化的专业研究，又不局限于过于具体的专门探讨。

海南省历史文化研究基地

海南大学海南历史文化研究基地

二〇一一年十一月十日

编辑部地址：

海南省海口市人民大道 58 号海南大学海南历史文化研究基地（图书馆南馆）

邮编：570228　　　　　　　　电话/传真：0898 – 66188390

Email：hnhandc@ 163. com

图书在版编目（CIP）数据

海南历史文化 . 第 2 卷 / 闫广林主编 . —北京：社会科学
文献出版社，2012.4
ISBN 978 - 7 - 5097 - 3270 - 0

Ⅰ.①海…　Ⅱ.①闫…　Ⅲ.①文化史—海南省　Ⅳ.①K296.6

中国版本图书馆 CIP 数据核字（2012）第 056044 号

海南历史文化（第二卷）

主　　编／闫广林
副 主 编／刘复生　张朔人

出 版 人／谢寿光
出 版 者／社会科学文献出版社
地　　址／北京市西城区北三环中路甲 29 号院 3 号楼华龙大厦
邮政编码／100029

责任部门／近代史编辑室（010）59367256　　责任编辑／赵　薇
电子信箱／jxd@ ssap. cn　　　　　　　　　责任校对／杨俊芳
项目统筹／徐思彦　　　　　　　　　　　　责任印制／岳　阳
总 经 销／社会科学文献出版社发行部（010）59367081　59367089
读者服务／读者服务中心（010）59367028

印　　装／北京季蜂印刷有限公司
开　　本／787mm×1092mm　1/16　　　印　张／16.5
版　　次／2012 年 4 月第 1 版　　　　　　字　数／277 千字
印　　次／2012 年 4 月第 1 次印刷
书　　号／ISBN 978 - 7 - 5097 - 3270 - 0
定　　价／49.00 元